本书受河南省教育科学规划2024年度重大课题"……培养研究"（2024JKZB04）的独家资助。

服务拔尖创新人才培养的PBL教学模式构建与实践

吴殿朝　公钦正　尼涵●著

知识产权出版社
全国百佳图书出版单位
—北京—

图书在版编目（CIP）数据

服务拔尖创新人才培养的 PBL 教学模式构建与实践 / 吴殿朝，公钦正，尼涵著． -- 北京：知识产权出版社，2024.12． -- ISBN 978-7-5130-9725-3

Ⅰ．G649.21

中国国家版本馆 CIP 数据核字第 202476NL68 号

责任编辑：彭小华　　　　　　责任校对：王　岩
封面设计：张国仓　　　　　　责任印制：孙婷婷

服务拔尖创新人才培养的 PBL 教学模式构建与实践
吴殿朝　公钦正　尼　涵　著

出版发行：知识产权出版社有限责任公司	网　　址：http://www.ipph.cn
社　　址：北京市海淀区气象路 50 号院	邮　　编：100081
责编电话：010-82000860 转 8115	责编邮箱：huapxh@sina.com
发行电话：010-82000860 转 8101/8102	发行传真：010-82000893/82005070/82000270
印　　刷：北京九州迅驰传媒文化有限公司	经　　销：新华书店、各大网上书店及相关专业书店
开　　本：880mm×1230mm　1/32	印　　张：10.5
版　　次：2024 年 12 月第 1 版	印　　次：2024 年 12 月第 1 次印刷
字　　数：260 千字	定　　价：78.00 元

ISBN 978-7-5130-9725-3

出版权专有　侵权必究
如有印装质量问题，本社负责调换。

序　言

在当前知识经济时代背景下,创新成为推动社会进步与经济发展的核心动力。随着全球化竞争日益激烈,国家之间的竞争已演变为人才竞争,尤其是拔尖创新人才的竞争。拔尖创新人才是推动知识创新、科技创新的重要主体,如何培养拔尖创新人才是我国高等教育事业的一项关键任务。拔尖创新人才不仅要具有深厚的专业知识与技能,更要拥有创新思维、实践能力和持续学习能力。传统的教育教学模式过于注重知识传授与记忆,在一定程度上忽视了学生的主体性和创造性,学生在创新思维和实践能力的培养方面仍有不足。面对新时代发展新质生产力对高等教育提出的新要求,迫切需要一种能够有效激发学生创新思维、培养其创新能力和实践能力的教学模式。改革传统教学模式,探索适应新时代要求的拔尖创新人才培养路径,已成为当前教育综合改革的重要任务。

本书着眼于新时代高校拔尖创新人才自主培养的教学改革理论与实践创新,重点关注教学模式的构建。全书围绕一种以学生为中心、强调问题解决与实践应用的教学模式——PBL（Problem-Based Learning，基于问题的教学），来回应拔尖创新人才培养中"创新何以可能"的问题。PBL模式作为一种以学生为中心、强调问题解决与实践应用的教学模式，近年来在全球范围内得到了广泛的关注与应用。它通过设置具有挑战性和真实性的问题情境，引导学生主动探索、创新思考，从而培养其创新思维和实践能力。这一教学模式的引入，旨在打破传统课堂的局限，激发学生主动学习的热情，培养其跨学科整合能力和团队协作能力，进而为拔尖创新人才的成长提供坚实的支撑。

基于这一背景，本书对于PBL教学模式在服务拔尖创新人才培养中的构建与实践进行了深入、系统的探讨。全书共九章，可以分为四个部分。第一部分的重点是拔尖创新人才培养，阐述其战略意义与实践探索，这一部分包括第一章和第二章。第二部分侧重于PBL教学模式的构建，为本书第三至五章，主要探讨的问题为PBL教学模式构建的理论基础、服务拔尖创新人才培养的PBL教学模式如何构建以及具体实践。第三部分是实证研究的积累，提供了几个关于拔尖创新人才培养的案例，涉及拔尖创新人才成长的特质与类型、文理结合以及中英比较的拔尖创新人才培养，这部分内容集中于第六、七、八章。第四部分为本书的最后一章，主要立足教学改革，提出拔尖创新人才培养的综合改革展望。

本书开篇阐述了拔尖创新人才培养的重要性和紧迫性，分析了当前高等教育教学模式存在的问题与不足，如夸大教师作用不利于教学效果的充分发挥、教学环境的限制性导致课堂缺乏活力、对教材的过分重视抑制了学生个性的发挥，以及重结论轻过程的教学不利于学生创新能力的培养等。这些问题不仅影响教学质量和效率，而且限制拔尖创新人才的成长。因此，改革传统教学模式，探索适应新时代要求的拔尖创新人才培养路径显得尤为迫切。

本书详细论述了 PBL 教学模式的基本理念、特点以及构建策略。PBL 教学模式的核心在于通过设计具有挑战性和真实性的问题情境，引导学生主动探索、创新思考，强调学生的自主学习和团队协作，鼓励学生通过实践来检验和验证所学知识，从而培养其创新思维和实践能力。因此，要采用与 PBL 教学理念相适应的教材形式、授课方式与讨论形式，以及作业类型、实践训练和考核方式，建立"以学生为主体、以教师为主导"的基于探索和研究的教学模式。在此基础上，通过案例分析、实证研究等方式，进一步探讨了 PBL 教学模式在服务拔尖创新人才培养中的具体应用。

本书具有一定的理论价值和实践意义。在理论层面，系统梳理了 PBL 教学模式的基本理念、特点以及构建策略，为深入理解 PBL 教学模式提供了理论支撑。同时，深入分析了 PBL 教学模式与拔尖创新人才培养的契合点，为探索拔尖创新人才培养路径提供了新视角和新思路。在实践层面，通过案例分析和实证研究，得出 PBL 教学模式在拔尖创新人才培养中的具体应用和实践效果；关注拔尖创新人才培养的综合改革问题，为改革实践提供有益参考。此外，本书提出的 PBL 教学模式和拔尖创新人才培养路径不仅适用于高等教育领域，还可以推广到职业教育、继续教育等各个领域。通过增强这一模式的推广和应用，助力创新人才成长与发展，为国家经济建设和社会发展提供有力的人才保障。

随着教育技术的不断进步和教学模式的持续创新，PBL 教学模式在拔尖创新人才培养中的应用将更加广泛。未来，PBL 教学模式可能在以下几个方面取得更大的发展：一是创新教学方式，利用大数据、人工智能等对 PBL 教学模式进行进一步优化和创新。如通过智能教学平台为学生提供个性化的学习资源和路径规划，通过虚拟现实技术为学生创造更加真实的问题情境和实践环境等。二是培养跨学科整合能力，注重跨学科问题的设计和解决，鼓励学生跨越学科界限进行学习和研究。三是培养持续学习能力，在PBL教学模式中注重引导学生树立终身学习的观念，掌握有效的学习方法和技巧。

作为中国人民大学教育学院院长、教育评价研究中心主任，在吴殿朝教授邀请我为本书写序时，我很高兴。因为吴殿朝教授是我在华中科技大学教育科学研究院所带的第一届博士研究生，我们之间"亦师亦友"，吴殿朝教授一直致力于高等教育领域中的与"大学生"有关的问题的研究工作，取得了丰硕成果。本书是吴殿朝教授主持的河南省教育科学规划重大招标课题"河南省拔尖创新人才贯通培养研究"的阶段性成果，是对拔尖创新人才培养路径的积极探索与实践。PBL教学模式与拔尖创新人才培养的需求高度契合，为培养具有创新精神、实践能力和跨学科整合能力的未来人才提供了一条有效路径，是对PBL教学模式理论与实践的有益探索与拓展。

本书文风朴实，语言通俗易懂。不仅适合高等教育的研究者阅读，也适合于各级各类教育行政机关的管理人员阅读。我深信，阅读本书后，读者一定会收获颇丰。在此，感谢作者的辛勤付出，特此推荐。

谨以此为序。

2024年11月12日
于中国人民大学国学馆

前 言

国家发展靠人才，民族振兴靠人才。千秋伟业，人才为本。综合国力竞争说到底是教育竞争、科技竞争、人才竞争。以习近平同志为核心的党中央高度重视人才自主培养。党的二十大报告提出："全面提高人才自主培养质量，着力造就拔尖创新人才，聚天下英才而用之。"习近平总书记在中共中央政治局第五次集体学习时发表重要讲话，指出"进一步加强科学教育、工程教育，加强拔尖创新人才自主培养，为解决我国关键核心技术攻关提供人才支撑"。习近平总书记关于教育的重要论述，强调"培养什么人、怎样培养人、为谁培养人是教育的根本问题，也是建设教育强国的核心课题。我国建设教育强国的目的，就是培养一代又一代德智体美劳全面发展的社会主义建设者和接班人，培养一代又一代在社会主义现代化建设中可堪大用、能担重任的栋梁之才，确保党的事业和社会主义现代化强国建设后继有人"。要深入领悟深刻意涵，必须深刻把握该重要思想所形成的历史方位和现实境遇，牢牢把握教育的政治属性、人民属性、战略属性，加快实现拔尖创新人才自主培养。

　　加强拔尖创新人才培养，必须置于教育强国建设的背景下，在落实立德树人根本任务的进程中持续推进，本书着眼于新时代发展新质生产力对高等教育发展提出的新要求，以新时代高校拔尖创新人才自主培养的实践基础与教学探索为前提，聚焦于拔尖创新人才自主培养的教学改革，集中讨论服务拔尖创新人才培养的 PBL 教学模式的构建与实践问题。通过对当前高等教育教学模式下的教师和学生的调查，反映出相关问题，如教师作用的夸大不利于教学效果的充分发挥、教学环境的限制导致课堂无活力、对教材的过分重视抑制了学生个性的发挥、重结论轻过程的教学不利于学生创新能力的培养等。这些问题导致"教师累、学生苦、负担重、效率低"的局面。为此，尝试在高等教育引入 PBL 教学，把师生之间单纯扮演"教"与"学"的孤立角色，转变为共同参与、相互合作的平等关系。

　　立足于国内外学者界定的 PBL 教学，本书提出了 PBL 教学的内涵：PBL 教学是指学生在教师指导下，在开放情景中，通过多渠道主动地获取知识、应用知识、解决问题，模拟科学研究活动所设计和组织的一种课堂教学。在此基础上，探讨了 PBL 教学的含义：作为一种教学理念，PBL 是主体、素质和创新等教育思想的集中体现；作为一种方法，PBL 是多种教学方法的创造性综合；作为一种模式，PBL 是优化多种教学模式的结果。同时，在对 PBL 教学与 PBL 学习、探究教学、发现教学、传统教学（LBL）进行比较研究的基础上，分析了 PBL 教学的外延。

　　从高等教育教学培养目标及特点出发，本书认为，在高等教育开展 PBL 教学是适应高等教育学生身心发展和创新能力发展的需要，是提升高等教育教学质量的需要，是为社会培养动手能力强、综合素质高的应用型人才的需要,是提高学生的实践能力、创造能力、就业能力和创业能力的需要。实施 PBL 教学模式是对高等教育教学理论与实践的创新,任何创新都是建立在继承的基础上,对 PBL 教学的理论构建与实践探索起到重要启发和借鉴作用的理论有很多,PBL 教学过程具有强调师生通过教学交往获致共同发展的本质特点以及强调学生学习的主体性、创造性和实践性等突出特征,为此,本书从建构主义教育论以及创造心理学理论两个方面寻找 PBL 教学的理论根基,把两种理论与 PBL 教学有机地结合起来进行研究。

  教学理论的研究最终是为了指导教学实践,否则,理论也就失去了其本身的价值和意义。探讨 PBL 教学的目的在于使现实的教学向合理化方面发展。为此,本书建构出 PBL 教学的实践模式,包括课堂教学模式和课外课题活动模式两种。课堂教学的一般程序为:情境导入,主动探究;互动合作,启发思维;形成结论,有效迁移;合理评价,体验成功。课外课题活动模式的基本程序为:提出实际教学问题;建立假设,提供素材;拟订计划,制订措施;小组研讨,验证假设;交流、辩论,总结提高。PBL 教学的方法包括:案例教学法、研讨法或问题研讨教学法、启发性讲授、PBL 学习。当然,在 PBL 教学模式下,既要处理好多元化的教学模式的优化问题,也要处理好在教学目标与教学内容多样性的形势下,PBL 教学方法的合理优化组合与灵活运用的问题。

  本书指出 PBL 教学模式结构主要由"问题(课题)—质疑(论证)—概括(推理)—探究(集材)—练习(巩固)"组成。为让理论回到实践中去并进一步提升理论,本书还在知识产权专业这块"试验田"中,就高等教育开展 PBL 教学进行了具体的实践探索。本书从知识产权专业是旨在培养具备良好的政治素质、法律素养、专业技能和外语能力，适应社会主义现代化建设和知识产权事业发展需要的高素质复合型人才的教学特点出发，结合知识产权专业教学中存在的制约其教学效果发挥的诸多问题，将PBL教学这一新的教学模式、教学理念、教学方法引入知识产权专业的教学和人才培养中来，既取得了一定的教学效果，也存在一些需要进一步解决的问题。

拔尖创新人才是新时代青年的领跑者，在高校中发挥榜样作用。基于"双一流"高校"十佳杰出青年"的特性研究，通过分析"十佳杰出青年"的共性特质与个性化特征，梳理出高校拔尖创新人才具备的特质，以及三种成长成才类型，即综合发展型、兴趣发挥型和独辟蹊径型。进而从学校、教师、学生层面提出了大学生成长成才的相关建议。

人文社会科学在高校人才培养体系中发挥着重要作用。对理工类高校人文社科拔尖创新人才大类培养的实践进行案例研究，发现当前存在的问题包括：大类专业设置泛化，分流难以匹配学生志趣；课程方案不够合理，成效无法满足现实需要；主管学院压力较重，管理未能形成组织认同；迷茫焦虑情绪蔓延，竞争容易诱发心理问题等。应当以顶层设计为引领，打造有序全面的大类布局；以发掘志趣为核心，科学引导学生分流；以平等尊重为旨归，实行自由开放的人本管理；以学科融合为导向，构建多元特色的课程体系。

新文科建设是在特定时代背景之下提出的一项人文社会科学改革实践任务，其核心和关键任务是对文科人才培养进行清晰认识、深刻理解与彻底变革。对牛津大学和中国人民大学 PPE 专业人才培养方案的分析发现，PPE 专业集中体现了人文社会科学从传统文科到新文科的蜕变历程，既实现了从单一学科到跨学科交叉融合、从知识逻辑到应用逻辑、从培养文科专业人才到造就综合性高素质人才的三大转向。从中英比较结果看拔尖创新人才培养与教学改革的前景：注重跨学科的知识体系、实践应用能力以及全面发展的人格素质的培养；以"多"学科知识罗列的课程结构转变为不同学科知识的"跨"学科交叉融合；统筹运用"教师中心"和"学生中心"的多元教学方法；总体规划人才培养的结果评价、过程评价、增值评价与综合评价。

本书在高等教育教学改革的维度上，聚焦于服务拔尖创新人才培养的PBL教学模式构建与实践，与此同时，必须认识到在实践层面上的拔尖创新人才教学改革，需要更为宏观的组织与制度环境改革作为有效支撑，换言之，如果不能实现教育综合改革，仅仅实施拔尖创新人才的教学改革将过于狭隘。正是从这个意义上，党的二十届三中全会审议通过的《中共中央关于进一步全面深化改革、推进中国式现代化的决定》中明确提出："加快建设高质量教育体系，统筹推进育人方式、办学模式、管理体制、保障机制改革。"因此，针对教学改革，对拔尖创新人才培养的综合改革进行展望是十分必要的。高校分类为拔尖创新人才培养的教学改革提供类型指导，家校社协同为拔尖创新人才培养的教学改革创设良好环境，学科专业优化调整为拔尖创新人才培养的教学改革提供重要抓手。

本书是河南省教育科学规划2024年度重大招标课题"河南省拔尖创新人才贯通培养研究"（2024JKZB04）的阶段性成果。课题负责人为中原工学院法学院、知识产权学院吴殿朝教授。本书主要撰稿人为吴殿朝、公钦正、尼涵，各章的主要完成者分别是：第一章（吴殿朝、公钦正、郭战伟），第二章（任志帅、公钦正），第三章（吴殿朝、郭战伟、姜明靖），第四章（吴殿朝、尼涵、姜默晗)、第五章（吴殿朝、尼涵、张申是）、第六章（张海峰、公钦正）、第七章（公钦正、张海峰）、第八章（公钦正、段怡珂、尚明启）、第九章（吴殿朝、公钦正、李少博）。本书由吴殿朝负责统稿。课题组竭尽全力，希望在拔尖创新人才培养、高等教育教学改革和 PBL 教学模式方面有所建树，但由于学识有限、时间有限，难免存在疏漏，敬请读者批评指正。

目录
CONTENTS

第一章 拔尖创新人才培养的战略意义与时代要求 ‖ 001

一、教育强国背景下立德树人赋能拔尖创新人才自主培养 / 001

二、形成和发展新质生产力要求高等教育有所作为 / 016

三、研究设计 / 036

第二章 拔尖创新人才培养的实践基础与教学探索 ‖ 052

一、以"立德树人"为遵循推进拔尖创新人才培养 / 052

二、新时代高校拔尖创新人才培养的实施概况 / 061

三、高等教育教学模式的教与学情况现状调查 / 076

四、科教融合在拔尖创新人才培养中的实践 / 090

第三章　PBL 教学模式构建的理论基础　‖ 113

　　一、PBL 教学模式的起源与发展 / 113

　　二、PBL 教学模式的核心要素 / 124

　　三、PBL 教学模式的理论支撑 / 131

第四章　服务拔尖创新人才培养的 PBL 教学模式构建　‖ 142

　　一、拔尖创新人才的特征与能力需求 / 142

　　二、PBL 教学模式的适应性分析 / 149

　　三、PBL 教学模式的构建策略 / 153

第五章　服务拔尖创新人才培养的 PBL 教学模式实践　‖ 167

　　一、知识产权专业 PBL 教学的提出 / 167

　　二、知识产权专业 PBL 教学的实践过程 / 170

　　三、知识产权专业实施 PBL 教学的效果 / 175

　　四、知识产权专业实施 PBL 教学有待讨论的问题 / 177

第六章　高校拔尖创新人才成长的特质与类型　‖ 180

　　一、高校拔尖创新人才成长类型的研究设计 / 184

　　二、高校拔尖创新人才成长类型的共性特质 / 185

　　三、高校拔尖创新人才成长成才的类型划分 / 190

　　四、推动高校拔尖创新人才成长的关键要素 / 204

第七章　文理结合的拔尖创新人才培养案例研究　‖ 207

　　一、理工类高校人文社科拔尖创新人才大类培养的实践探索 / 209

　　二、理工类高校人文社科大类培养的现实困境 / 213

　　三、理工类高校人文社科大类培养的实践对策 / 219

第八章　中英比较的新文科拔尖创新人才培养案例研究 ║ 223

　　一、中英比较的新文科拔尖创新人才培养研究设计 / 226

　　二、中英比较的新文科拔尖创新人才培养案例分析 / 229

　　三、从中英比较结果推断出拔尖创新人才培养与教学

　　　　改革的前景 / 242

第九章　立足教学改革的拔尖创新人才培养综合改革展望 ║ 250

　　一、高校分类为拔尖创新人才培养的教学改革提供类型

　　　　指导 / 250

　　二、家校社协同为拔尖创新人才培养的教学改革创设良好

　　　　环境 / 256

　　三、学科专业优化调整为拔尖创新人才培养的教学改革

　　　　提供重要抓手 / 258

结　语 ║ 265

参考文献 ║ 267

附录：调查问卷 ║ 285

致　谢 ║ 315

第一章
拔尖创新人才培养的战略意义与时代要求

一、教育强国背景下立德树人赋能拔尖创新人才自主培养

人才是第一资源,拔尖创新人才是"第一资源"中的"稀缺资源",牢牢掌握拔尖创新人才的自主培养能力,对于扎实推进教育强国建设具有战略意义。落实立德树人根本任务是建设教育强国的核心课题,也是推进新时代拔尖创新人才培养工作的基本遵循。一方面,中华民族伟大复兴是一个长期的历史过程,建设教育强国,就是要面向 2035 年,我们自主培养的人才有能力完成"两个一百年"的伟业。落实立德树人根本任务,直接关系到能否培养出一代又一代"听党话、跟党走",将个人价值同党和国家前途命运紧密联系在一起的有用人才。另一方面,坚持马克思主义指导地位,就是要将我们党领导人民形成的教育发展智慧,自上而下转换成更具基础性、

普适性的知识。❶ "立德树人"源自新时代党领导教育事业发展的战略部署和生动实践，理论容量十分深厚，实践空间十分广阔。因此，新时代推进实践基础上的理论创新，理应将"立德树人"作为统摄教育强国背景下拔尖创新人才培养的思想指引和理论支撑。

（一）立德树人赋能拔尖创新人才自主培养的时代方位与指导价值

党的二十大报告将教育强国明确为到 2035 年"建成"的目标之一。2024 年是党的十八大到 2035 年建成教育强国的"时间中点"。过去 12 年，立德树人根本任务落实工作成效显著，立德树人成为党的教育方针的重要理论创新，成为国家教育事业发展的重大战略部署，贯穿于新时代教育观念、体系、制度、内容、方法、治理现代化变革的方方面面。这是立德树人发挥的作用、奠定的基础。未来 12 年，立德树人根本任务落实工作关键紧迫，必须从 2035 年和 2050 年中国实现现代化的使命任务出发，回到教育强国建设在满足要求中的基础性和支撑性作用，重新思考新时代新征程立德树人根本任务何以落实。❷ 到 2035 年和 2050 年，今天在校园中的学生将成为全面推进中华民族伟大复兴的中流砥柱。这一代人的理想信念、学识本领对于第二个百年奋斗目标的实现至关重要，同时，国际局势复杂化、价值选择多元化、国家战略人才需求、技术快速迭代等时代特征，也迫切需要人才，尤其是拔尖创新人才的自主培养。这是立足时间中点，立德树人根本任

---

❶ 刘建军. 深入理解"建构中国自主知识体系"[N]. 中国社会科学报, 2023-01-03 (1).

❷ 邓友超. 落实立德树人根本任务再出发 [J]. 人民教育, 2024 (7): 卷首.

务落实工作必须解决的新问题。

把握"立德树人"理论价值的前提是正确认识和落实立德树人根本任务的内涵要求。一方面，落实立德树人根本任务的生态化、格局性、涵养性。教育的最高境界是"春风化雨润物无声"，立德树人就是完成这个工作、达成这个目标的系统工程。理解立德树人，绝不能孤立地理解为一项关于教育的独立工作，落实立德树人根本任务，要构建起教育领域的"生态圈"，哪怕没有外部力量的推动，立德树人根本任务依然可以逻辑自洽地有序运转，生机从内部持续迸发。这就要求必须在教育理念、教育内容、教育方式、实践养成、制度保障上，形成始终以立德树人为牵引的拔尖创新人才培养"大格局"。另一方面，落实立德树人根本任务的科学化、针对性、精准性。从现在起至2035年，时间紧任务重，越是靠近目标，就越需要去符号化、理论支撑、精准实施。教育不是在真空中运行的，教育规律寓于社会运行规律之中，❶要加强教育学科、心理学科等相关学科的理论支撑作用。要面向未来把握时代发展趋势对人的现代化产生的新要求，以此为基础夯实拔尖创新人才工作。要从2035年中国基本实现现代化的目标出发，解剖分析"总"目标对拔尖创新人才培养的各项"分"要求，解决2012年到2024年在微观操作层面出现的"大水漫灌"问题。

"立德树人"是教育的根本任务，包括针对拔尖创新人才的教育。"立德"与"树人"是"立时代之德"与"树时代新人"的有机统一，❷必须坚持系统观念、大教育观，将拔尖创新人才培养

---

❶ 周光礼.习近平总书记"双一流"建设思想研究［J］.清华大学教育研究，2022，43（3）：15-22.

❷ 冯建军.立德树人的时代内涵与实施路径［J］.人民教育，2019（18）：39-44.

活动置于社会变革和教育强国建设的总体框架之中。为了彰显落实立德树人根本任务的生态化、格局性、涵养性和科学化、针对性、精准性要求，应当科学把握立德树人赋能拔尖创新人才培养的三个理论维度与六个核心关注点。

第一，立德树人赋能拔尖创新人才培养的顶层设计。立德树人根本任务在教育事业中强调统领性，以立德树人为思想统领，坚持把立德树人成效作为检验学校一切工作的根本标准，使之贯穿教育的全员、全过程、全要素；同时，立德树人工作的开展依托于中国特色社会主义制度优势，在工作格局、队伍建设、支持保障方面提供制度保证。相应地，价值观念和制度完善是拔尖创新人才培养在顶层设计维度的核心关注点。

第二，立德树人赋能拔尖创新人才培养的育人体系。立德树人根本任务在纵向学段上强调贯通性，以大中小学思政教育一体化建设为开端，提出全面建设大中小学育人一体化的战略目标；同时，立德树人工作在横向主体间强调协同性，追求形成家庭、学校、社会教育要素递进循环的大教育格局。相应地，学段贯通与主体协同是拔尖创新人才培养在育人体系维度的核心关注点。

第三，立德树人赋能拔尖创新人才培养的关键环节。立德树人根本任务在培育对象上强调适配性，把握青年学生的思想行为特征及变化趋势，提供针对性科学化教育；同时，立德树人工作在育人方式上强调创新性，不断增强人才培养方式的思想性、理论性和实效性。相应地，适配的选拔机制与创新的培养模式是拔尖创新人才培养在关键环节维度的核心关注点。

（二）立德树人赋能拔尖创新人才自主培养的理论探索

"立德树人"是具有鲜明中国特色的教育概念，是一个从政治政策话语延伸到学术话语的提法，目前，学界对"立德树人"及其与教育强国建设、拔尖创新人才培养的关系研究主要集中在三个方面。

一是关于习近平总书记围绕立德树人作出的系列重要论述的学习研究。党的十八大以来，习近平总书记围绕立德树人作出了一系列重要论述，系统阐述了"培养什么人、怎样培养人、为谁培养人"等重大教育理论和实践问题。直接关于习近平总书记关于"立德树人"重要论述的学习研究成果主要以期刊论文的形式呈现，较有代表性的著作是《习近平总书记重要论述讲义》（本书编写组）、《深入学习习近平关于教育的重要论述》（教育部课题组）。这两本著作较为系统、全面地对总书记关于立德树人的系列阐述和部署作出了总结、归纳和研究。此外，中国教育科学研究院将对"落实立德树人根本任务"的学习研究作为习近平总书记关于教育的重要论述学习研究内容，认为习近平总书记关于立德树人的重要论述，是对我国优秀教育传统的创造性继承，是马克思主义关于人的全面发展思想的中国式创新性表达，是新时代中国特色社会主义教育发展的行动指南。[1] 程广云等认为，习近平立德树人教育重要论述深刻回答了新时代中国特色社会主义教育"立何德、树何人"的时代之问，是对教育本性的匡正和回归。[2] 楚国清认为，立德树人是新时代我国高等教育发展的鲜明特征和主题，要深入学习习近平总书记关于立德树人的重要论述，大力提升新时代高校立德树人成效。[3] 王蓉等则认为，深入学习研究习近平

---

[1] 吴安春，姜朝晖，金紫薇，等. 落实立德树人根本任务——习近平总书记关于教育的重要论述学习研究之十 [J].教育研究, 2022, 43 (10): 4-13.
[2] 程广云，张子夏. 立何德树何人——对习近平立德树人教育重要论述的思考 [J].学术研究, 2022 (2): 1-5.
[3] 楚国清. 大力提升新时代高校立德树人成效——学习习近平总书记关于立德树人的重要论述 [J].北京联合大学学报（人文社会科学版），2021, 19 (3): 1-6.

新时代立德树人重要论述，对于推进新时代我国教育改革创新、实现党和国家人才培养目标具有重大战略意义。❶

二是关于立德树人的内涵与外延、理论与实践、历史与现实的解读研究。当前，学界对于立德树人的概念阐释、理论来源和思想演变的相关研究较为丰富，学界认为，习近平总书记关于立德树人重要论述具有丰厚的理论源泉，是对马克思主义教育理论、中华优秀传统德育思想和中国共产党思想政治教育理论的创新发展。相关研究主要集中在三个方面。

首先是立德树人的概念内涵，学界普遍认为应当从明确"立什么德"、"树什么人"、"立德"与"树人"的关系等基本问题出发，探究新时代立德树人的科学内涵与现实要求。比较有代表性的观点有：冯建军提出，"树什么人"的回答是培养德智体美劳全面发展的社会主义建设者和接班人，成为"担当民族复兴大任的时代新人"；"立什么德"的回答是构筑共产主义理想信念、牢固确立社会主义核心价值观、厚植中华传统美德、弘扬民族精神和时代精神、树立全球观念和生态意识，进而提出立德与树人之间的有机一体关系，即尽管立德与树人各自都是动宾结构，但不宜分开理解，德和人是一体关系，立德树人是"立育人之德"与"树有德之人"的有机统一。❷ 王嘉毅则提出，立德与树人是一个有机的整体，要培养能够担当民族复兴大任的时代新人和全面发展的社会主义建设者和接班人；坚持社会主义核心价值观教育为立德之基，明确中华优秀传统文化教育为立德之要，倡导公民道

---

❶ 王蓉，韩振峰．习近平新时代立德树人重要论述探析［J］．北京交通大学学报（社会科学版），2021，20（2）：135－140．

❷ 冯建军．立德树人的时代内涵与实施路径［J］．人民教育，2019（18）：39－44．

德教育为立德之核。❶

其次是立德树人的历史渊源。学界普遍认为，对"立德树人"内涵的正确把握不能无视历史，更不能无视理论的传承性，习近平总书记关于立德树人教育思想的论述，具有深刻的历史积淀。王鉴等将中国共产党立德树人教育思想的发展区分为从自在到自觉两种基本样态和初创、规整、重构、形成四个发展阶段，进而回顾和总结了中国共产党一百年来立德树人教育思想创新发展和实践变革的基本经验。❷ 冯建军梳理了自中华人民共和国成立至今，中国共产党对于"培养什么人""怎样培养人""为谁培养人"的答案，并指出在不同历史阶段，尽管对这些问题的回答体现着时代的差异性，但"为党育人、为国育才"的初心与立场始终没有变。❸ 戴锐等则追溯到了"立德树人"概念在中华优秀传统德育文化和历史上首次出现的记录及其意义，并指出推动"立德树人"成为学术命题及一个重要论域的，当属 2007 年 8 月 31 日胡锦涛同志在全国优秀教师代表座谈会上接见全国优秀教师时发表的讲话。❹

最后是立德树人的马克思主义理论指导。学界普遍认为，习近平立德树人重要论述是习近平新时代教育观的集中表达，马克思主义理论和中国共产党人的德育思想是其形成的重要理论来源。张善喜认为，习近平关于立德树人重要论述以马克思主义教

---

❶ 王嘉毅，张晋. 立德树人的科学内涵与现实要求 [J]. 中国电化教育，2020（8）：1-6，40.

❷ 王鉴，姜纪垒. 中国共产党立德树人教育思想的百年历程与基本经验 [J]. 教育研究，2021，42（7）：16-26.

❸ 冯建军. "培养什么人、怎样培养人、为谁培养人"的中国答案 [J]. 教育研究与实验，2021（4）：1-10.

❹ 戴锐，曹红玲. "立德树人"的理论内涵与实践方略 [J]. 思想教育研究，2017（6）：9-13.

育理论为底色，以中国共产党思想政治教育理论为底气，实现了马克思主义教育理论的中国化时代化，推动了中国共产党思想政治教育理论的守正创新。❶ 袁振国认为，把立德树人作为教育的根本任务，是对中华人民共和国成立以来，特别是党的十八大以来教育改革发展经验的高度凝练和集中表达。❷ 戚如强认为，立德树人思想是对马克思主义、我国优秀传统育人文化和中华人民共和国成立后党的几代领导人德育思想的传承与升华，深刻回答了新时代中国特色社会主义教育究竟要"立何德，树何人"的问题。❸

三是关于落实立德树人根本任务与教育强国建设的分析研究。一方面，落实立德树人根本任务的实践路径，健全立德树人系统化落实机制。学界普遍认为，立德树人作为新时代中国特色社会主义教育的宏伟蓝图已经绘就，关键在落实，难点也在落实。相关研究基本从健全立德树人的系统化落实机制、推进家校社协同育人、发挥"三全育人"指导作用等方面阐释落实立德树人的实践路径。袁振国等认为，落实立德树人这一根本任务，机制建设不可或缺，要完善动力机制，协调立德树人工作的近期与长远目标、个体与整体利益；提升各主体立德树人的能力，使价值教育"喜闻乐见，入脑入心"；协调各种力量，形成合力，落实、落细立德树人根本任务。❹ 冯建军认为，立德树人的实施路径包括构建学校实施立德树人的主渠道，发挥家庭在立德树人中的奠基作用，

---

❶ 张善喜. 习近平关于立德树人重要论述的理论来源与创新发展[J]. 思想教育研究, 2023 (11): 32-37.

❷ 袁振国. 立德树人的理论内涵与落实机制建设[J]. 人民教育, 2021 (Z3): 41-44.

❸ 戚如强. 习近平立德树人思想的理论渊源与精神实质[J]. 马克思主义研究, 2018 (7): 35-42.

❹ 袁振国，沈伟. 立德树人的落实机制：现状、挑战与对策[J]. 苏州大学学报（教育科学版），2021, 9 (1): 1-8.

重视实践育人，发挥社会合力育人的作用，以学校、家庭和社会为载体，通过教育引导、实践养成、制度保障，构建德智体美劳全面培养的体系，培养德智体美劳全面发展的社会主义建设者和接班人。❶ 高国栋提出，高等教育落实立德树人根本任务，高校应加强党委对立德树人工作的领导，提高政治领导力；抓住立德树人工作重点关键环节，提高工作针对性；健全立德树人工作落实机制，提高制度保障力；建立立德树人工作考核评价体系，提高评价专业化，不断增强立德树人工作的实效性。❷ 朱忆天等认为，要以学生需求为导向探索创新思政教育的方式方法，加强师德师风建设提升教师队伍思想政治素质，促进校园文化建设营造育人的良好环境氛围，构建思想政治工作全员、全过程、全方位育人大格局。❸ 韩健文等则认为，贯彻落实立德树人根本任务的有效路径，从高校管理者、教师和学生三个主体入手，通过加强党的领导，提高立德树人的政治站位；通过加强师德建设，把握立德树人的工作方向；通过加强思想政治教育，紧盯立德树人的教育目标；通过加强制度保障，健全立德树人的有效工作机制。❹

另一方面，厘清教育强国与立德树人的关系。相关研究认为，新时代中国教育的核心目标，就是落实立德树人这个最根本的任务，也是教育强国最核心的课题，进而对立德树人与教育强国的关系，以及立德树人对教育强国建设的支撑作用进行了分析。

---

❶ 冯建军. 立德树人的时代内涵与实施路径 [J]. 人民教育, 2019 (18): 39–44.
❷ 高国栋. 高校立德树人工作的理论内涵与路径优化 [J]. 思想教育研究, 2020 (12): 146–150.
❸ 朱忆天, 李莉. 习近平立德树人重要论述的生成逻辑、核心意蕴与践行路径 [J]. 河南师范大学学报 (哲学社会科学版), 2022, 49 (3): 17–23.
❹ 韩健文, 谢洪波, 蒋茵婕. 新时代高校立德树人的实现路径 [J]. 学校党建与思想教育, 2021 (6): 30–32.

倪海东认为，培养什么人、怎样培养人、为谁培养人的问题是教育强国建设的核心课题。高校在教育强国建设中，要深刻认识立德树人的理论品格，深入把握立德树人的着力方向，扎实推进立德树人的实践探索，教育引导青年学生自觉把个人理想追求融入国家和民族的事业中，肩负起培养社会主义建设者和接班人的重要任务，为推动中国特色社会主义教育强国建设贡献力量。❶ 王正平认为，立德树人是建设教育强国的根本任务，加快建设教育强国进一步凸显了立德树人的重要使命。❷ 束永睿等则认为，建设教育强国是中华民族伟大复兴的基础工程。党的二十大报告指出，要坚持教育优先发展，加快建设教育强国。立德树人是发展中国特色社会主义教育事业的根本任务，我们应当准确理解加快建设教育强国的价值意蕴，深刻把握加快建设教育强国过程中落实好立德树人根本任务的极端重要性，深入探讨落实好立德树人根本任务要解决的重点问题。❸

通过对关于立德树人和教育强国建设相关的文献梳理，不难发现，目前的研究忽视了立德树人在教育强国建设中的核心地位和关键作用，没有很好地呼应和阐释建设教育强国与落实立德树人根本任务之间的关系，相关研究成果也是寥寥无几。这一现象进一步导致了两个突出问题。一是研究视野局限于思想政治教育中，尤其是高校的思想政治教育中，从高校思政教育的角度出发对立德树人相关问题加以阐述，如相关研究涉及的加强文化建设、

---

❶ 倪海东. 深入落实立德树人根本任务回答好教育强国建设的核心课题 [J]. 学校党建与思想教育，2023（23）：1-3.

❷ 王正平. 教育强国建设凸显立德树人重要使命 [N]. 中国教育报，2023-09-21（7）.

❸ 束永睿，胡秋梅. 在加快建设教育强国新征程中落实好立德树人根本任务 [J]. 思想教育研究，2023（7）：101-105.

加强队伍建设、思政课创新、思政工作创新发展、媒体融合发展等方面单一维度研究，没有放在整个教育背景下进行多维度的审视，内容建构不够全面、研究站位有待提高。二是落实立德树人的实施路径没有达成较为全面的共识，不同研究之间在回答这一问题时的前置逻辑有所差异。有些学者将重点放在落实立德树人根本任务的各个环节上，提出了加强理想信念教育、加强师德师风建设、加强文化建设、培育和践行社会主义核心价值观、加强对网络媒体的运用、制定科学的评价体制机制等维度的实施路径；有些学者将关注点放在落实立德树人根本任务的各个主体上，分析家庭、学校、社会在其中的功能作用，这种思路的差异导致了关于落实立德树人根本任务的结构和内容不够完整、系统。

（三）立德树人赋能拔尖创新人才自主培养的评价改革

教育强国建设是国家现代化建设中的先导工程，这是因为中华民族伟大复兴是一个长期历史过程，需要一代又一代的时代新人接续奋斗。要确保自主培养的人能够听党话、跟党走，始终认同党和国家的发展事业，就必须将落实立德树人根本任务作为教育强国建设的核心课题。高等教育是意识形态斗争的"前线阵地"，青年大学生正处于全面发展的人生关键阶段，必须将高等教育作为整个教育系统落实立德树人根本任务的龙头来抓。评价是指挥棒，有什么样的评价导向就有什么样的工作方向，要将评价作为高等教育落实立德树人工作的突破口和关键抓手。

从 2012 年党的十八大召开到 2035 年建成教育强国，2024 年恰好处于时间中位上。前 12 年的立德树人根本任务落实工作成效显著，"立德树人"成为贯穿于整个党和国家教育事业的重大理论与实践创新，为后 12 年的创新发展提供了制度前提和建设基础。同时，国际形势的复杂性、强国建设的紧迫性，也使得后 12 年落实立德树人根本任务迫切需要压实工作责任、创新工作方式，使评价在建设、改革中的作用充分激发出来。

从已有调查情况来看，我们认为，当前立德树人落实机制建设和立德树人工作评价的问题突出表现为三个方面。一是评价碎片化，重具体轻整体。立德树人是一项涵养教育生态的工作，在高等教育各项工作的推动中发挥着贯穿性、统领性作用。当前，有些高校对立德树人根本任务的评价存在"分化"倾向，表现为针对某一件事情设计出一项具体评价指标，各项举措之间零散错乱、条块分割、内容散碎，缺乏整体性规划，导致评价活动随意、评价指标松散、评价标准不统一。评价碎片化影响了高校及时全面地梳理总结立德树人机制建设、政策举措等方面的成效及问题。二是评价"两张皮"，重德育轻"五育"。立德树人是一项以育人为主线的工作，人的全面发展是出发点和落脚点。当前，一些高校仅将立德树人作为"本科教学新要求"审核项目中的要素之一，并使之同"学生发展""课堂改革"等评价内容相并列。将立德树人简单视为思想政治工作，且思想政治教育与专业教育"两张皮"的问题依然较严重，有"窄化"立德树人内涵的倾向，在一定程度上曲解了立德树人的本意，未能充分体现其"五育并举"的内在要求。三是评价符号化，重形式轻成效。立德树人是一项以人为本、铸魂育心的工作，取得成效的关键在于受教育者的全面提升。当前，一些高校围绕"立德树人"开展了形式多样、种类丰富的活动，行动策划者、实施者的积极性也很高，但或多或少存在"剃头挑子一头热"的问题，作为学生的受教育者在此过程中是被动的、消极的、淡漠的。学生不积极参与，学生的学习愿望、行动兴趣和主观能动性得不到发挥，立德树人的落实就停留在符号化的水平上，虚化为一种缺少育人成效的热闹形式。

评价是对特定对象的价值作出判断的技术过程，发挥提供决策依据、推进改进优化的建设性作用，任何评价活动都有基本的价值判断，都反映行动者的认识水平。高校立德树人评价工作存在分化、窄化、虚化的问题，最关键的原因有三个方面。

一是对立德树人的内涵认识不够准确。立德树人要引导高校建构起内部有机联系、长期有序运行的教育生态和教育格局，而不是一项短期的、孤立的教育工作，否则，关于立德树人的评价就会变得具体而琐碎。立德树人要推动高校"五育并举"，培养德智体美劳全面发展的社会主义建设者和接班人，而不能简单等同于思想政治教育，否则，关于立德树人的评价就会被简化为思想政治教育评价。立德树人要达到打动受教育者，让学生在思维、情感、行为等方面发生改变的目的，而不能只追求形式的繁多、过程的热闹，否则，关于立德树人的评价就会浮于表面、抓不到关键，难以发挥"以评促改""以评促建"的作用。

二是对立德树人的地位把握不够到位。针对立德树人根本任务设计评价机制、实施评价活动，必须正确认识立德树人在教育体系内外的地位和意义。对内，要立足教育看教育，把立德树人内化到大学建设和管理各领域、各方面、各环节，体现其统领性、全局性地位，否则，关于立德树人的评价就会简化、碎片化，影响评价的系统完善。对外，要牢牢把握教育强国建设的政治属性、战略属性，从国家利益、政治安全、战略发展方向的大政治上看教育，体现立德树人的政治性、战略性地位，否则，关于立德树人的评价就会弱化、虚化，难以充分发挥评价的激励、问责、改进、提升作用。

三是立德树人评价工作在技术上存在困难。"立德树人"是一个源自中华传统文化、注入党的红色基因、体现教育时代特征的原创性观点和标识性概念，具有鲜明的中国特色；同时，落实立德树人根本任务还是一个长期动态反映时代要求、铸魂育心强调价值追求的过程。这都决定了对"立德树人"的评价在技术上是有难度的，既难以同世界其他国家产生直接的同型对比，也缺乏有效、足够的显性评价指标。此外，落实立德树人根本任务是一项"有底线""有红线"但是没有上限的教育工作，如何将立德树人"软目标"变成评估"硬指标"，由相对抽象变得可操作落实，形成相对通行、统一的评价考核标准，目前还缺少必要的科学研究结果予以支撑。

立德树人落实工作是有基础的，我们要清楚认识到未来的工作要求和当前的工作弱点；更要以评价为切入口，强调立德树人落实工作的可操作性。基于调研和分析，我们认为，在教育强国背景下，从评价入手继续推进立德树人根本任务，有三个方面的关键任务。第一，重塑立德树人的评价理念。将立德树人的本质内涵、地位意义作为落实根本任务的工作思路和基本要求，融入评估指标体系设计中，构建以立德树人成效为根本标准的评估体系。突出统领性要求，在审核评估过程中以立德树人为思想统领，坚持把立德树人成效作为检验学校一切工作的根本标准，使之贯穿评价的全员和全过程、全要素，确保高校筑牢社会主义办学方向。突出生态性要求，打破以往认为人才培养仅由分管校领导和教务部门负责的惯性思维，引导高校认识到立德树人工作是党委领导、校长主抓、院长落实、全员参与的全校性工作，必须通过自上而下的系统设计来全面夯实人才培养根基、营造立德树人的大生态格局。突出人本性要求，学生是立德树人成效的最终受益者和检验者，完善立德树人审核评估，要发挥教育者的主导性和学习者的主体性，将观测点集中在学生是否德智体美劳全面发展上，关心并回应学生的发展需求与成长期待。

第二，明确立德树人的评价对象。在立德树人评价机制建设和评价活动开展过程中，最关键的评价对象是学校、教师和学生。改革对学校的评价，在办学理念、领导力量、资源投入、运行体系等方面设置观测点。强化学校顶层系统设计，把立德树人成效作为检验学校一切工作的根本标准，通过"评价"工作，引导高校统筹推进教书育人、管理育人、服务育人的作用。同时，把课程建设及其评价作为落实立德树人根本任务的突破口，充分发挥所有课程育人功能，以此形成课堂内外培养目标一致、职责分工合理、育人合力显著的立德树人工作格局。改革对教师的评价，将立德树人理念融入教师职前培养和准入、职后培训和管理的全过程。把师德师风作为评价第一标准，把认真履行教育教学职责，践行教书育人使命作为评价教师的基本要求，突出学术质量导向，全面展现教师在教书育人、科学研究和社会服务方面的能力贡献。改革对学生的评价，创新德智体美劳过程性评价办法，完善综合素质评价体系，根据学生身心特点，科学设计德育目标要求。从学业投入、教育体验、教师评价、资源与服务支持等维度，分年级、院系分析了解在校生学习体验，立体多维视角检视高校人才培养成效。

第三，革新立德树人的评价技术。在强化立德树人评价的指标和制度建设时，做到明线与暗线相结合、正向与负向相结合，完善评价技术和评价程序。增设立德树人"负面清单"观测点，以强化立德树人统领地位，监督高校办学的"底线和红线"问题。坚持问题导向的评价思路，严把高校正确办学方向，落实人才培养底线要求，建立师德失范行为通报警示制度，及时发现和妥当处置教育中出现的思想政治、道德品质等负面问题。建立学校自评报告档案，高校以立德树人成效为根本标准，全面梳理总结学校立德树人举措、成效和短板问题，完善立德树人工作机制，推动各领域、各环节、各方面的育人资源协同、贯通与融合。建设稳定评价程序，强化评估整改，让高校立德树人审核评估"长牙齿"。不仅要通过评价列出问题清单，更要就问题清单中的各项问题一纠到底，随机督导复查"回头看"，采取必要的问责措施，切实让立德树人评价的"软目标""硬起来"。

二、形成和发展新质生产力要求高等教育有所作为

新质生产力是实现中国式现代化和高质量发展的基础，新时代的新任务、新使命呼唤新质生产力的形成与发展。新质生产力由创新起主导作用，摆脱传统经济增长方式、生产力发展路径，具有高科技、高效能、高质量特征，符合新发展理念的先进生产力质态。从2023年9月首提新质生产力，到在中央经济工作会议部署发展新质生产力，到中央政治局集体学习时的系统阐述，再到2024年全国两会参加江苏代表团审议再次强调因地制宜发展新质生产力，习近平总书记关于发展新质生产力的重要论述和实践要求，为我们在强国建设、民族复兴的新征程上推动高质量发展提供了科学指引。

回望历史，人类社会每一次生产力跃升的背后，都离不开科技革命带来的重大创新突破，加快培育和发展新质生产力，关键在于创新。党的二十大报告明确指出："教育、科技、人才是全面建设社会主义现代化国家的基础性、战略性支撑。必须坚持科技是第一生产力、人才是第一资源、创新是第一动力，深入实施科教兴国战略、人才强国战略、创新驱动发展战略，开辟发展新领

域新赛道，不断塑造发展新动能新优势。"❶ 习近平总书记在中共中央政治局第十一次集体学习时强调，"要按照发展新质生产力要求，畅通教育、科技、人才的良性循环，完善人才培养、引进、使用、合理流动的工作机制。"❷ 高等教育是教育、科技、人才统筹推进的融汇枢纽与集中交汇点，作为高等教育"排头兵"的研究型大学是国家战略科技力量的重要组成部分，唯有深刻认识并充分发挥高等教育在新质生产力发展中的基础性、支撑性作用，方能以高等教育为"龙头"，抢占先机、掌握主动，激发新质生产力的强大动力，将中国式现代化推向前进。

（一）深刻把握形成和发展新质生产力的时代方位

习近平总书记站在新时代党和国家事业发展全局和战略高度上，深刻论述了发展新质生产力的一系列重大问题，将谋划工作的基本出发点概括为"两个大局"，"一个是中华民族伟大复兴的战略全局，一个是世界百年未有之大变局"。❸ "新质生产力"不仅是一个经济学的学术概念，更是马克思主义生产力理论的中国发展和习近平经济思想的时代扩展。同样，形成和发展新质生产力不仅是技术层面上的经济行为，更是系统层面上的社会变革与政治过程，其中凝聚了党领导推动经济社会发展的大量实践经验与深邃洞见。❹ 这就决定了对新质生产力的把握绝不能局限于经济思

---

❶ 习近平. 高举中国特色社会主义伟大旗帜为全面建设社会主义现代化国家而团结奋斗［N］. 人民日报，2022－10－26（1）.
❷ 习近平在中共中央政治局第十一次集体学习时强调：加快发展新质生产力扎实推进高质量发展［EB/OL］.（2024－02－01）［2024－03－25］. https://www.gov.cn/yaowen/liebao/202402/content_6929446.htm.
❸ 周光礼. 推动建设世界重要人才中心的实践方略［J］. 国家治理，2023（18）：44－50.
❹ 高帆. "新质生产力"的提出逻辑、多维内涵及时代意义［J］. 政治经济学评论，2023，14（6）：127－145.

维和技术层面，而是要坚持和运用系统观念的思维方法，全面、辩证地推进新质生产力的重大理论与实践创新，从而充分释放新质生产力的系统性、革命性作用。因此，新时代形成和发展新质生产力，必须牢牢把握"两个大局"新时代的历史方位。

第一个大局是"中华民族伟大复兴的战略全局"。党的二十大报告明确指出：从现在起，中国共产党的中心任务就是团结带领全国各族人民全面建成社会主义现代化强国、实现第二个百年奋斗目标，以中国式现代化全面推进中华民族伟大复兴。❶作为中国式现代化的本质要求，实现高质量发展是全面建设社会主义现代化国家的首要任务，而发展新质生产力则是推动高质量发展的内在要求和重要着力点。可见，从中华民族伟大复兴到社会主义现代化国家建设，再到实现高质量发展，形成和发展新质生产力成为这一逻辑链条的基础与起点，是意义重大、地位突出的中国之问、时代之问。

第二个大局是"世界百年未有之大变局"。当前，世界新一轮科技革命和产业变革同我国加快转变经济发展形式发生历史性交汇，全球创新版图和经济分工格局的急剧变动深刻改变着世界发展面貌和国际力量对比，中国在科学研究、技术开发、知识创新中扮演的角色，正在从边缘向中心、从跟跑向并跑、从追随向引领转变。必须清醒地认识到，"变局"之中机遇与挑战并存，"机会稍纵即逝，抓住了就是机遇，抓不住就是挑战。"一方面，变局育新局，国际形势与全球格局深刻变化、新技术革命迅猛推进、第四次工业革命呼之欲出，这些都为中国在国际社会中发挥更大作用打开了窗口、创造了机会、提供了可能；另一方面，变局藏

---

❶ 周洪宇，李宇阳. 论建设高质量教育体系［J］.现代教育管理，2022（1）：1-13.

危机，复杂严峻的国际环境、紧张疏远的中美关系也迫切需要中国保持战略定力、强化科技创新，增强应对各种风险的意识与能力。加快形成和发展新质生产力成为始终与"变局"同频共振的重要抓手。

新质生产力，特点是"创新"，关键在于实现高质量发展的"质优"，本质是新时代中国共产党领导下的先进生产力。习近平总书记在党的二十大报告中明确提出"科技是第一生产力、人才是第一资源、创新是第一动力"的重要论断，又在关于扎实推进教育强国建设的中央政治局集体学习中强调，要全面提升教育服务高质量发展的能力，有机结合、一体统筹推进教育强国、科技强国、人才强国建设。❶ 高等教育机构是科技创新的策源地、领军创新人才的聚集地、拔尖创新人才的培育阵地，高等教育则是人才第一资源、科技第一生产力、创新第一动力同时兼备、相互支撑的重要枢纽与关键结合点。❷ 从这个意义上讲，形成和发展新质生产力，既离不开创新科技，也离不开创新人才，归根结底则是离不开创新的教育，离不开创新的高等教育。正确把握并努力提升高等教育的创新支撑力与贡献力，成为新时代加快形成和发展新质生产力、确保新质生产力能够对高质量发展持续迸发强劲推动力、支撑力的实践要求。

（二）充分认识高等教育支撑新质生产力发展的思想理论指引

实践没有止境，理论创新也没有止境。习近平新时代中国特

---

❶ 冯用军，赵丹，高杨杰，等. 加快建设教育强国为中华民族伟大复兴提供有力支撑（笔谈）[J]. 现代教育管理，2023（10）：24-45.
❷ 瞿振元. 教育、科技、人才一体化与高等教育变革 [J]. 中国人民大学教育学刊，2024（2）：5-13,3.

色社会主义思想是当代中国马克思主义、二十一世纪马克思主义，是中华文化和中国精神的时代精华，实现了马克思主义中国化新的飞跃。习近平总书记关于教育的重要论述是高等教育支撑新质生产力发展的思想理论指引和根本遵循，必须科学准确系统把握习近平总书记关于教育的重要论述及其中蕴含的深刻思想。

坚持自信自立，坚持党的领导、坚定"四个自信"、体现使命担当，充分发挥支撑新质生产力发展的制度优势。自信是自立的前提，自立是自信的底气。在高等教育现代化进程中，中国的模仿多于创新，是典型的后发型国家，这也产生了依附于西方的不良影响。习近平总书记曾多次指出："我国有独特的历史、独特的文化、独特的国情，建设中国特色、世界一流大学不能跟在别人后面依样画葫芦，简单以国外大学作为标准和模式，而是要扎根中国大地，走出一条建设中国特色、世界一流大学的新路。"[1] 党的十八大以来，在以习近平同志为核心的党中央坚强领导下，我国建成世界规模最大的高等教育体系，高等教育的政治属性、战略属性、民生属性得到充分彰显，高素质人才培养规模与质量均有显著提升，有力支撑起经济社会发展和科技创新需要，这充分证明，中国特色社会主义教育发展道路是完全正确的。新时代高等教育坚持自信自立，集中体现为两方面要求。

一方面，"自信"就是要坚持党的领导、坚定"四个自信"、体现使命担当。习近平总书记多次强调，"把加强党的建设作为坚强保证，不忘初心牢记使命，为党育人为国育才"，"一流大学建设要坚持党的领导，坚持马克思主义指导地位，全面贯彻党的教育方针，坚持社会主义办学方向"，"要坚持党的领导，坚持马克

---

[1] 习近平. 论教育［M］. 北京：中央文献出版社，2024：178.

思主义指导地位，坚持为党和人民事业服务"。中国特色社会主义制度的最大优势是中国共产党的领导，我国的社会主义制度性质决定必须坚持和加强党对高等教育事业的全面领导。事实一再证明，党对教育事业的全面领导是中国特色社会主义高等教育制度的基本特征，也是我国高等教育制度能够以强大的协调动员、统筹凝聚能力全力支撑新质生产力发展的根本保证。❶ 在新时代推进中国特色社会主义高等教育事业取得历史性变革和历史性成就的过程中，我们探索了正确的道路、归纳了科学的理论、确立了优越的制度、彰显了先进的文化，共同构筑和夯实了"四个自信"的底气与基础。只有坚定"四个自信"，才能为"自立"提供前置条件。

另一方面，"自立"就是要充分发挥高等教育支撑新质生产力发展的制度优势。制度优势就是能力优势，集中力量办大事的制度优势在我国高等教育发展历史上发挥了相当重要的作用，可以说，如果没有这一制度优势，大规模院系调整、"211"工程、"985"工程的开展，国家高等教育管理体制数次改革等决定今日之高等教育基本格局的重大举措就很难发生。党的十八大以来，习近平总书记高度重视新型举国体制在高等教育发展中的制度优势，并强调其在自然科学领域的关键作用。他指出，有组织科研是实现科技自立自强的关键路径。高校应充分发挥自身优势，在强化自身建设、当好科技创新"国家队"的同时，以有组织科研推进协同创新。针对哲学社会科学，习近平总书记提出"加快构建中国特色哲学社会科学，归根结底是建构中国自主的知识体系"的重要论断。❷ 推动高等教育在新质生产力中发挥更大作用，将是

---

❶ 公钦正，赵亚丽. 新时代坚持和完善党委领导下的校长负责制的应然与实然分析[J]. 黑龙江高教研究，2023, 41 (10): 27-33.
❷ 习近平. 论教育 [M]. 北京: 中央文献出版社，2024: 178.

新型举国体制在新时代最生动的实践。

此外，教育事业优先发展的制度优势在新时代得到前所未有的拔高。自知识经济时代以来，高等教育发展和经济发展的关系迫切需要制度性确认，在1995年颁布的《中华人民共和国教育法》中明确了"国家保障教育事业优先发展"，使之有法可依。进入新时代，习近平总书记将教育放在优先发展位置，在2018年9月召开的全国教育大会上，从党和国家事业发展全局的战略高度，提出"教育是国之大计、党之大计"的重要论断，把教育摆在了前所未有的战略地位。❶ 在党的二十大报告中，明确指出"教育、科技、人才是全面建设社会主义现代化国家的基础性、战略性支撑"。在二十届中央政治局第五次集体学习时的讲话中，将教育强国建设强调为"战略先导、重要支撑、有效途径、基础工程"，并明确提出"坚持教育优先发展"。因此，一流的大学和学科必须找好办学定位、做好发展规划，形成完善的人才发展体制机制，建构适应新质生产力形成和发展需要的科技管理体制，充分发挥支撑新质生产力发展的制度优势。

坚持问题导向，从新质生产力发展需要出发，提高高等教育服务高质量发展的能力，真正回应时代关切。强烈的问题意识、鲜明的问题导向是习近平总书记关于教育的重要论述的重要特征之一，为推动高等教育事业发展提供了强大动力。实际上，在中华人民共和国七十余年的高等教育办学过程中，问题导向始终贯穿其中，高等教育作为社会子系统，深深嵌入整个社会系统的运行里并在不同时期发挥着不同程度和不同方面的作用。纵观改革开放以来的党代会，在党的十二大至十五大报告中，与教育相关

---

❶ 张应强. 中国高等教育现代化的方法论创新[J]. 教育研究, 2023, 44(9): 108-126.

的内容均归于"经济部分";在党的十六大报告中,教育相关内容归于"文化部分";在党的十七大至党的十九大报告中,与教育相关的内容均归于"社会部分"。党的二十大报告首次将教育科技人才独立成章进行布局,并将该部分放置在整个报告第五章节,充分凸显了对教育科技人才的战略定位和支撑国家现代化建设的期待要求有了前所未有的提高。❶ 习近平总书记在北京大学、清华大学发表的重要讲话中,两次提到"党和国家事业发展对高等教育的需要,对科学知识和优秀人才的需要,比以往任何时候都更为迫切",❷ 加快形成和发展新质生产力是新时代党和国家事业发展的重要着力点,总书记极具前瞻性和创造性地作出了问题导向下的新时代高等教育重点发展方向的战略部署,突出了高等教育在"优秀人才"和"科学知识"两个方面对支撑新质生产力发展产生的关键作用。

一方面,为新质生产力形成和发展提供优秀人才支撑,落实立德树人根本任务与提高人才自主培养能力。"为学须先立志",教育的根本任务在于立德树人。党的十八大以来,习近平总书记高度重视思想政治教育工作,并作出殷切嘱托:"我对教育工作在这方面强调得最多,教育工作别的方面我也强调,但思政课建设我必须更多强调。"❸ 只有树立正确的世界观、人生观和价值观,将实现个人价值同党和国家前途命运紧紧联系在一起,才能真正立志投身于新质生产力发展中。必须从党的事业和社会主义现代化强国建设后继有人的战略高度出发,将"培养什么人、怎样培

---

❶ 丁月牙,瞿振元,周光礼. 深刻领会党的二十大精神助力高等教育高质量发展 [J]. 中国人民大学教育学刊, 2023 (1): 5 – 16.
❷ 习近平. 在北京大学师生座谈会上的讲话 [N]. 人民日报, 2018 – 05 – 03 (2).
❸ 习近平. 思政课是落实立德树人根本任务的关键课程 [J]. 新长征 (党建版), 2021 (3): 4 – 13.

养人、为谁培养人"作为教育的根本问题来认真作答，从而培养出担当民族复兴大任的时代新人。❶

此外，习近平总书记深刻论述了高等教育之于人才培养的地位作用。从战略意义上讲，我国实现新质生产力的快速发展，需要一批又一批领军人才掌握颠覆性技术和前沿技术，从而催生新产业、新模式、新动能；需要劳动者适应新型劳动环境和劳动关系，满足对人才数量、质量和结构等方面的庞大人才需求，可以说，"提高人才供给自主可控能力"❷直接关乎新质生产力跃升能否成功，实现人才供给自主可控更是关乎国家安全和民族长远发展的大计。从"一流"建设上看，建设一流大学和一流学科，关键是要不断提高人才培养质量，中国传统的"大学观"是"明明德，亲民，止于至善"，换言之，建设"一流"的高等教育是一个"苟日新，日日新，又日新"的过程，必须明确方向、突出重点、不断超越，在此过程中，一流人才的代际传承是最具塑造性的活动，习近平总书记因此提出"追求一流是一个永无止境、不断超越的过程，要明确方向、突出重点。要培养一流人才方阵"的重要论断，强调全面提高人才培养能力、不断提高人才培育质量是发挥高等教育服务新质生产力发展的中心和抓手。从实施路径上看，"人才培养体系必须立足于培养什么人，怎样培养人这个根本问题来建设，可以借鉴国外有益做法，但必须扎根中国大地办大学"，面向党和国家事业、借鉴国际经验、凸显中国要求是全面提高人才培养质量的必经之路，也是针对性解决新质生产力所需新

---

❶ 陈始发，朱格锋.论习近平立德树人重要论述的逻辑理路 [J].现代教育管理，2021（5）：15-21.

❷ 习近平.深入实施新时代人才强国战略加快建设世界重要人才中心和创新高地 [J].当代党员，2022（1）：3-7.

型劳动力的基本要求。只有进一步加强科学教育、工程教育，针对性培养国家战略人才、急需紧缺人才，提高拔尖创新人才自主培养能力，才能让高等教育在新质生产力发展中面临的关键技术问题提供人才支撑、作出应有贡献。❶

另一方面，为新质生产力形成和发展提供科学知识支撑，聚焦国家战略需求提出学科设置与发展要求。新质生产力的"新"集中体现为"创新"，而科技"创新"需要学科专业布局及时升级和动态调整优化，❷ 这是一个必须系统分析和综合各种因素的战略行为，必须兼顾新质生产力发展对各种层次类型专业人才的发展趋势和需求缺口、数字革命等决定新质生产力形成的前沿科学技术发展趋势、教育强国建设等支撑新质生产力发展的国家重大战略需求。此外大学是原始创新的重要聚集地，在基础研究和学科交叉领域的优势明显，具有推动不断创新的动力和能力。习近平总书记深刻指出："重大原始创新成果往往萌发于深厚的基础研究，产生于学科交叉领域，大学在这两方面具有天然优势。"就基础研究和原始创新而言，大学要瞄准世界科技前沿，加强对关键共性技术、前沿引领技术、现代工程技术、颠覆性技术的攻关创新。力争实现在前瞻性基础研究、引领性原创成果方面的重大突破。就知识融通与学科交叉而言，"要用好学科交叉融合的'催化剂'，加强基础学科培养能力，打破学科专业壁垒，对现有学科专业体系进行调整升级，瞄准科技前沿和关键领域。"❸

---

❶ 罗建平，桂庆平. 扎根中国大地加快建设中国特色社会主义大学——习近平总书记关于教育的重要论述学习研究之六 [J]. 教育研究，2022，43（6）：4-18.
❷ 杜玉波. 加快推进中国特色高等教育强国建设 [J]. 中国高教研究，2024（1）：1-10.
❸ 习近平在清华大学考察时强调坚持中国特色世界一流大学建设目标方向为服务国家富强民族复兴人民幸福贡献力量 [J]. 思想政治工作研究，2021（5）：14-16.

此外，关于自然科学和哲学社会科学的发展任务，同样凸显了问题导向。针对自然科学，习近平总书记指出："一流大学是基础研究的主力军和重大科技突破的策源地，要完善以健康学术生态为基础、以有效学术治理为保障、以产生一流学术成果和培养一流人才为目标的大学创新体系，勇于攻克'卡脖子'的关键核心技术，加强产学研深度融合，促进科技成果转化。"一流成果的产出与应用至关重要。针对哲学社会学科，习近平总书记指出："坚持和发展中国特色社会主义理论和实践提出了大量亟待解决的新问题""要以中国为观照、以时代为观照，立足中国实际，解决中国问题"。聚焦国家需求，服务国家战略，尤其是解决事关新质生产力形成和发展的理论性、战略性、基础性问题，在核心、共性关键技术突破中充分发挥高校或学科优势，这是新时代凸显高等教育问题导向的新要求。

坚持系统观念，突出高等教育的战略属性，坚持"大教育观"，科学把握高等教育规律。高等教育是一个复杂开放系统，必须时刻与环境保持互动。在各个教育类型中，高等教育是与国家战略关系最密切、服务最直接的类型。新中国的高等教育从来都不是在真空中成长，而是与所处的社会系统紧紧联系在一起，从社会主义现代化建设和国际形势出发进行谋篇布局，这是中国共产党人运用系统思维、坚持系统观念实现高等教育现代化的独有智慧。党的十八大以来，习近平总书记坚持系统观念、坚定"大教育观"，既要立足教育看教育，更要跳出教育看教育，立足全局看教育，放眼长远看教育，把教育尤其是高等教育摆在促进国家经济社会发展和国际竞争力提升的关键地位，集中体现在高等教育内外部两个系统上。

一方面，高等教育现代化是社会主义现代化建设的组成部分，并在其中发挥着基础性、先导性、支撑性作用。自党的十三大首次提出"百年大计，教育为本"以来，党中央实施科教兴国战略、人才强国战略，坚持把教育和科技放在促进经济、社会发展的重要位置。党的十八大以来，习近平总书记高度重视教育事业发展，把教育视为促进民族振兴、社会进步的重要基石，作出"扎实推进教育强国建设"的战略部署，并明确提出"建设教育强国，是全面建成社会主义现代化强国的战略先导，是实现高水平科技自立自强的重要支撑，是促进全体人民共同富裕的有效途径，是以中国式现代化全面推进中华民族伟大复兴的基础工程"。❶ 这就明确了教育在国家发展总体战略中所占据的基础性、先导性、全局性、战略性地位，也使得"教育兴则国家兴、教育强则国家强"的观念更加深入人心。在统揽"两个大局"的高度上，习近平总书记明确指出："当今时代，人才是第一资源，科技是第一生产力，创新是第一动力，建设教育强国、科技强国、人才强国具有内在一致性和相互支撑性，要把三者有机结合起来、一体统筹推进，形成推动高质量发展的倍增效应。"❷ 教育、科技、人才和创新的紧密关系，充分反映教育尤其是高等教育在新质生产力发展中的战略属性。

另一方面，建设高质量高等教育体系本身的系统思维。习近平总书记关于高等教育体系本身实现高质量发展的工作部署同样具有鲜明的系统思维。一是将高等教育体系作为一个内部各部分相互依存的有机整体。"要构建一流大学体系。高等教育体系是一个有机整体，其内部各部分具有内在的相互依存关系。""一个国家的高等教育体系需要有一流大学群体的有力支撑，一流大学群体

---

❶ 习近平. 扎实推进教育强国建设 [J]. 求是, 2023 (18): 4-8.
❷ 习近平. 扎实推进教育强国建设 [J]. 求是, 2023 (18): 4-8.

的水平和质量决定了高等教育体系的水平和质量。"[1] 二是强调高等教育体系以结构优化和质量提升为目标的内涵式发展。规模扩张并不意味着质量和效益增长，走内涵式发展道路是我国高等教育发展的必由之路。三是突出教育的一体化贯通性和高等教育在各级各类教育高质量发展中的龙头地位。"建设教育强国，龙头是高等教育。"坚持把高质量发展作为各级各类教育的生命线，加快建设高质量教育体系，以教育高质量发展赋能经济社会可持续发展。

（三）奋力探索高等教育支撑新质生产力发展的战略路径

党的十八大以来，以习近平同志为核心的党中央高度重视教育工作，把教育摆在更加突出的优先发展战略地位，我国高等教育事业取得历史性成就、发生格局性变化。从规模上看，2023 年，我国高等教育毛入学率 60.2%，高于高等教育普及化线 10.2 个百分点；从质量上看，我国已经形成了结构清晰、层次明确、支撑有力的高校科技创新体系，加快建设高质量教育体系、全面提升教育服务高质量发展的能力成为全党全社会的共识和自觉行动。可以说，高等教育事业的跨越式发展和科技发展整体水平的大幅提升，为新时代形成和发展新质生产力、乘势抢抓新一轮科技革命和产业变革机遇提供了底气、信心与强有力的支撑。党的二十大报告把教育科技人才单独成章进行布局，将科教兴国、人才强国、创新驱动发展战略成体系呈现，充分表明了新时代党中央对教育、科技、人才内在一致性的准确把握和基础性、支撑性战略定位的高度重视。作为畅通教育、科技、人才良性循环的中心和

---

[1] 习近平在清华大学考察时强调坚持中国特色世界一流大学建设目标方向为服务国家富强民族复兴人民幸福贡献力量 [J]. 思想政治工作研究，2021 (5)：14–16.

关键，高等教育必须充分发挥科技创新、人文关怀、人才培育和人才聚集优势，为发展新质生产力提供有力支撑。

融入国家战略科技力量，以知识创新支撑科技自立自强。现代高等教育的核心职能之一是科学技术创新，在强化国家战略科技力量、提升国家创新体系整体效能的进程中，高等教育始终是重要的"源头活水"。国家战略科技力量由国家实验室、国家科研机构、高水平研究型大学和科技领军企业组成，不同的创新主体位于创新链的不同环节，具有各自所长的功能定位。高等教育处于创新链的"中上游"，在开展有组织科研、基础研究，促进学科交叉融合，产出理论性、原创性、颠覆性的科技创新成果等方面，相较于其他创新主体具有更显著的优势特色和更饱满的活力热情。[1] 根据教育部相关数据，2010—2020年这十年间，高校作为第一完成单位获得的国家科技三大奖累计1000余项，占总数一半以上；作为基础研究主力军和重大科技突破策源地，近十年来有六成国家自然科学一等奖由大学获得，国家技术发明一等奖的占比更是达到九成之多。这些数据充分说明了，形成和发展新质生产力，高等教育必须发挥好创新驱动作用，坚持以高校科技创新带动引领新产业、新模式、新动能，以原创性、颠覆性创新成果实现高水平科技自立自强。必须充分激发高等教育的知识创新活力，牢牢掌握科技创新命脉，为发展新质生产力提供核心要素和持续动力。同时，高校是我国哲学社会科学"五路大军"中的重要力量，要推进高校哲学社会科学高质量发展，产出一批原创性标志性成果，助力构建中国哲学社会科学自主知识体系，服务国家治

---

[1] 公钦正. 国家级特区高等教育与经济社会协同发展研究：基于深圳、浦东经验的雄安新区高等教育规划 [J]. 湖南师范大学教育科学学报，2021，20（6）：55–64.

国理政。

发挥高等教育的科技创新优势,以特色学科结构对接新质生产力的产业布局要求。习近平总书记指出:"各地要坚持从实际出发,先立后破、因地制宜、分类指导。"这是形成和发展新质生产力必须深入学习领会和贯彻落实的重要方法论。高等教育是一个开放复杂系统,不同类型的高校在其中发挥着不同的功能作用,为了最大化发挥高等教育的科技创新优势,凸显新质生产力发展的方法论精髓,各类高校应当凝练特色优势学科,精准对接现代化产业体系的布局要求。完善现代化产业体系,就要加大创新力度,在培育壮大新兴产业上花力气,在超前布局建设未来产业上下功夫;相应地,高校应当及时调整学科结构,以优势特色学科的科技创新有力支撑现代化产业需求,与行业形成高质量产教融合共同体。❶ 首先,必须遵循需求原则。始终做到科技创新活动面向世界科技前沿、面向经济主战场、面向国家重大需求、面向人民生命健康,灵活调整学科布局,将高校创新力量与国家发展的显示目标和未来方向、现代化产业体系紧密联系起来。其次,必须遵循优势原则。办大学就是办学科,高等教育要凝聚资源打造比较优势,将已经具备卓越品质、居于领先地位的特色学科,打造成服务现代化产业要求的领域性创新高地,以高质量创新资源促进产业的高端化、智能化、绿色化发展。❷ 最后,必须遵循角色原则。高等教育在创新链中扮演着完成学理性、革命性更强的"中上游"知识创新的角色,当前,标志性成果与前沿技术的迸发

---

❶ 李玉倩. 新质生产力视角下行业产教融合共同体建设逻辑与路径 [J]. 南京社会科学, 2023 (12): 122 - 129.

❷ 周光礼. 中国大学的战略与规划: 理论框架与行动框架 [J]. 大学教育科学, 2020 (2): 10 - 18.

既需要学科深度交叉融合，又需要深厚的基础研究支撑，高等教育是各项创新要素汇聚的中枢，在这项任务的完成上责无旁贷。

形成教育产业耦合结构，以知识应用推动科技成果转化。习近平总书记指出："科技成果只有同国家需要、人民要求、市场需求相结合，完成从科学研究、实验开发、推广应用的三级跳，才能真正实现创新价值、实现创新驱动发展。"❶ 推动技术走出"象牙塔"才意味着创新成果完成了"三级跳"。高校是产学研结合的重要主体和关键力量，将科学研究成果应用到产业链中，是高等教育释放创新驱动力的关键一环和"最后一公里"。目前，高校已经深深嵌入由企业、科研院所、国家实验室等创新主体共同组成的区域创新生态之中，根据国家知识产权局和教育部公布的数据，截至2023年年底，我国国内高校有效发明专利拥有量达到79.4万件，科研机构有效发明专利拥有量达到22.9万件，合计占国内有效发明专利总量的1/4；近5年，高校专利转让及许可合同数量从6000多项增长到2.1万余项，专利转化金额从33.9亿元增长到110.1亿元。❷ 但即便如此，高校科技成果转化效率仍有待进一步提高，尤其是高校蕴藏的源头创新潜力还需要进一步释放。新质生产力不再像传统生产力一样面向传统产业，而是以拔尖创新人才和创新技术为支撑面向新兴产业和未来产业。相应地，国家高等教育体系和大学学科布局就要以现代化产业体系的基本形态和建构要求为指引，与之形成耦合关系，从而有的放矢地为新质生产力形成与发展提供使用价值充分的创新成果；高等教育人

---

❶ 习近平. 在中国科学院第十七次院士大会、中国工程院第十二次院士大会上的讲话［N］.人民日报，2014－06－10（2）.

❷ 吴珂. 供需两端联合发力加速推进专利转化［N］.中国知识产权报，2024－02－28（12）.

才培养体系就要提升新型劳动者或称为"新质人才"的培养能力，以新质生产力具有的技术思维、复合思维、创变思维为指引，从而目标明确地造就一批又一批综合素质高的新型劳动者，使之获得包括开拓精神、创新素养、AI 渗透技能、数字人文行动力、民族共同体与人类共同体意识、人机共生思维等特质，❶ 在新质生产力发展的新赛道中实现稳步前进。

发挥高等教育的人文关怀优势，以理论创新发展塑造适应新质生产力的生产关系。习近平总书记深刻指出："高质量发展需要新的生产力理论来指导，而新质生产力已经在实践中形成并展示出对高质量发展的强劲推动力、支撑力，需要我们从理论上进行总结、概括，用以指导新的发展实践。"❷ 马克思将科学技术形象地比作"伟大的历史杠杆"，认为科技在历史发展中拥有革命力量，科技创新赋能生产力所形成和发展的新质生产力，不仅"撬动"了经济发展，更是给人类社会和人与自然、人与人的关系带来了重大变革，这是由生产力和生产关系之间的辩证关系所决定的，同时也深刻影响着社会进程与人类未来。新质生产力的提出既是事关党和国家全局性、根本性、关键性的实践重大问题，更是马克思主义生产力理论的创新和发展，是习近平经济思想内涵的进一步丰富。作为我国哲学社会科学"五路大军"中的重要力量，高校应当自觉承担起形成和发展新质生产力过程中的理论创新任务，以哲学社会科学为基础充分发挥高等教育的人文关怀优势：一方面，要自下而上地将创造性实践经验上升为理论认识，

---

❶ 祝智庭，戴岭，赵晓伟，等. 新质人才培养：数智时代教育的新使命［J］. 电化教育研究，2024，45（1）：52 - 60.
❷ 习近平在中共中央政治局第十一次集体学习时强调：加快发展新质生产力扎实推进高质量发展［EB/OL］.（2024 - 02 - 01）［2024 - 03 - 25］. https://www.gov.cn/yaowen/liebiao/202402/content_6929446.htm.

在实践、认识、再实践、再认识的循环往复中，将一切有利于新质生产力形成和发展的做法概括归纳、提炼加工为系统科学的理论认识；另一方面，要自上而下地将党的思想智慧和执政智慧应用于指导形成与新质生产力相适应的新型生产关系，运用深刻的理论洞见扫除新质生产力发展的思想束缚。因此，绝不能忽视高等教育中的中国特色哲学社会科学力量，更要建构中国自主的知识体系，为新质生产力发展提供坚实的学科体系、学术体系与话语体系支撑。

自主培养拔尖创新人才，以人才供给服务创新驱动发展。习近平总书记强调："我们建设教育强国的目的，就是培养一代又一代德智体美劳全面发展的社会主义建设者和接班人，培养一代又一代在社会主义现代化建设中可堪大用、能担重任的栋梁之才，确保党的事业和社会主义现代化强国建设后继有人。"❶ 形成和发展新质生产力，目的在于实现高质量发展，以中国式现代化推进中华民族伟大复兴，这是一场伟大的"接力跑"，需要担当民族复兴大任的时代新人接续奋斗。拔尖创新人才的培养与涌现，不仅是事关"小家"的民生问题，更是关系到国家与民族长远发展的国之大计、党之大计，是实现高质量发展、科技自立自强的战略资源和重要支撑。高等教育的根本任务在于立德树人，高校是全面提高人才自主培养质量的主阵地和重要发力点，根据教育部数据，2021 年，高校参与理工农医类研究与发展项目的研究生超过 100 万人，比 2012 年翻了一番。❷ 因此，形成和发展新质生产力，需要通过高等教育培养基础学科、应用学科、交叉学科、新兴学

---

❶ 习近平. 扎实推进教育强国建设 [J]. 求是，2023 (18)：4 - 8.
❷ 林焕新. 我国各级各类教育达到历史最好水平 [N]. 中国教育报，2022 - 09 - 28 (1).

科的拔尖创新人才，以源源不断、自主可控的高质量人才供给，服务于国家创新驱动发展战略，服务于党和国家的伟大复兴大业。

发挥高等教育的人才培育优势，以教育强国建设激发新质生产力的持续发展活力。形成和发展新质生产力，需要大量的代际相传的社会主义建设者和接班人。高校是拔尖创新人才涌现和高层次专门人才培养的主渠道，能够在新时代为新质生产力发展源源不断地输送后备军、提供持续动力。要充分发挥高等教育的人才培育功能与优势，凸显高等教育在教育强国建设中的龙头地位，以高质量人才培养推进高水平科研创新，为新质生产力发展注入创新活力。❶ 一方面，要持续提升高等教育人才自主培养质量。习近平总书记深刻指出："中国是一个大国，对人才数量、质量、结构的需求是全方位的，满足这样庞大的人才需求必须主要依靠自己培养，提高人才供给自主可控能力。"事实一再证明，要想在激烈的大国竞争中始终立于不败之地，归根结底要靠人才实力，大规模、高质量的创新型人才培养不能过度依赖他国，高校必须坚定不移地担当自主培养创新型人才的时代重任。另一方面，要根据新质生产力的形成与发展方向，积极探索高等学校人才培养新模式。科技发展日新月异，国家战略需求亟待聚焦，高校要在系统分析、全面谋划人才培养规模与培养质量的基础上，面向基础学科布局本硕博贯通、大中小一体化的长周期培养模式，面向未来学科试点选择最见成效的学科交叉融合式培养模式，面向应用学科建立职普融通、产教融合、科教融汇的高水平技能型人才培养模式，有的放矢地为发展新质生产力、推动高质量发展培养急

---

❶ 管培俊，刘伟，王希勤，等. 学习贯彻习近平总书记在中共中央政治局第五次集体学习时的重要讲话精神（笔谈）[J]. 中国高教研究，2023（7）：1-8. DOI：10.16298/j.cnki.1004-3667.2023.07.01.

需人才。[1]

提供天下英才汇聚平台，以创新人才服务创新发展战略。习近平总书记在中央人才工作会议上发出了"深入实施新时代人才强国战略　加快建设世界重要人才中心和创新高地"的动员令。高等教育是引得"凤凰"来的"梧桐树"，是高水平人才聚集的"蓄水池"，更是经济发展的创新源头和动力引擎。大学，尤其是高水平研究型大学吸引汇聚了一大批战略科技人才和创新团队。从规模上看，根据教育部数据，2022年高校硕士研究生导师、博士研究生导师分别为42.4万人和13.2万人，比2012年分别增长了19.5万人和6.3万人。从结构上看，2010—2022年十余年间，高校在新增的两院院士中占比超过了50%，集聚了国家杰出青年科学基金获得者总数的近70%，高校中围绕学科或研究领域形成了体系化、多层次的人才队伍，既包括具有国际水平的战略科技人才和领军人才，也涵盖了规模宏大的青年科技人才和研究生群体。创新驱动本质上是人才驱动，形成和发展新质生产力，关键在于把握和用好人才这一"第一资源"，下好人才"先手棋"、写好人才"大文章"。高校的人才聚集效果明显、人才优势凸显、创新热情彰显，是形成和发展新质生产力过程中具有突出战略意义的重要人才支点。

发挥高等教育的人才集聚优势，以人才高地建设夯实新质生产力的创新要素基础。从创造新质生产力，到使用新质生产力，人始终是最活跃、最具决定意义的因素。形成和发展新质生产力离不开生产力中劳动者的知识与技能，人才是发展新质生产力的

---

[1] 刘海峰，别敦荣，张应强，等. 开创中国特色世界一流大学建设新路（笔会）[J]. 苏州大学学报（教育科学版），2022，10（2）：1-24. DOI：10.19563/j.cnki.sdjk.2022.02.001.

第一创新要素。高等教育是各类高层次人才的集结地，汇集了学贯中西的"大先生"、中流砥柱的"领军者"、潜力无限的"青年队"，是名副其实的人才和创新高地，必须以深入实施新时代人才强国战略为契机，充分激发人才创新活力、产出高质量创新成果。❶ 一方面，要搭建完善的创新平台，广泛吸引汇聚人才。"创新之道，唯在得人。得人之要，必广其途以储之。"科技自立自强绝不等同于封闭隔离，形成和发展新质生产力不仅需要中国人才的努力，也需要世界人才的参与。中国的高质量发展为世界各国的人才提供了施展才华的广阔空间，高等教育要充分发扬公信力、包容性、人文性、开放性等鲜明特征，广泛吸引汇聚世界高端人才和优秀青年人才，将人才市场边界从国内拓展到国际。❷ 另一方面，要营造良好的创新环境，真正留住用好人才。高校扮演着高端创新人才储备库、蓄水池的角色，但归根结底是要在新质生产力发展中发挥"马力十足"的引擎作用。为此，高等教育领域既要深化人才发展体制机制改革，又要营造鼓励创新的文化氛围，加快建立基于信任、激励、开放的人才使用机制和发展环境，以世界重要人才中心和创新高地建设为契机，充分释放人才这个第一要素在新质生产力形成和发展中的巨大能量。❸

三、研究设计

（一）研究目的阐释

在知识爆炸、知识更新和发展很快的现实背景下，实施 PBL

---

❶ 刘向兵. 教育强国的核心要义思考 [J]. 中国人民大学教育学刊，2023（6）：12 - 15，182.

❷ 周光礼，公钦正. 高校人才，如何将"职业"变成"志业" [N]. 光明日报，2023 - 05 - 09（14）.

❸ 魏崇辉. 新质生产力的基本意涵、历史演进与实践路径 [J]. 理论与改革，2023（6）：25 - 38.

教学是当今高等教育教学改革的必然选择。一方面，PBL 教学是社会发展对高等教育培养高素质、创新型、高技能人才的客观要求；另一方面，探索 PBL 教学的思想、方法和模式等可以更充分地实现高等教育的变革。按传统教学方法，教师需要知道的知识越来越多，学生要念的书越来越厚，这只能使教师、学生双方负担加重，而教学效果难以保证，无法适应信息社会的要求。填鸭式的传统教学已越来越无法适应信息社会的发展。而通过 PBL 教育则可较好地解决这一问题。具体来说，实施 PBL 教学具有以下几方面的意义。

1. PBL 教学体现了高等教育教学的本质和特点

教学是教师和学生两个行为主体的互动过程。教学过程的本质是通过师生交往和共同研究而不断促进师生的共同发展。传统教学观认为，教学的本质是文化传播、掌握专业知识和技能，发展学生的认知能力，因为学生面对的是比较稳定的社会，只需要按书本知识去行事就可以了。但现代社会是一个不断变化的社会，而人的知识是不断更新和老化的，学生走出校园，步入社会后不仅要面临许多不确定的情境，更面对不少要解决的实际问题。因此，高等教育教学的本质是培养学生可持续发展的能力，如创新能力、合作能力等，PBL 教学即体现了这些本质。在传统教学实践中，教师的讲课方式和方法，基本上都是注入式、填鸭式，重教师传授，轻学生研究；重学习结果，轻学习过程；重书本知识，轻实践操作；重考试成绩，轻整体素质。师生之间缺乏实质性的交往，教学过程是教师单向传递知识的过程。因此，倡导 PBL 教学，强调师生通过共同研究和交往互动，促进彼此共同的提高，是高等教育教学过程的本质和特点的体现。把研究引入教学过程，对发展学生的创造能力和创造性思维是十分重要的。

2. PBL 教学是社会对高等教育培养高素质、高技能、应用型人才的呼唤

21 世纪人才的核心竞争力是创新能力和实践能力。对于高等教育的人才而言也是如此。当今世界各国高校的教学改革都在围绕着如何培养学生的创新能力、研究能力和实践能力来展开。教育部在《面向 21 世纪教育振兴行动计划》中就强调："高等学校要跟踪国际学术发展前沿，成为知识创新和高层次创造性人才培养的基地。"《关于深入推进世界一流大学和一流学科建设的若干意见》强调："面向世界科技前沿、面向经济主战场、面向国家重大需求、面向人民生命健康，率先发挥'双一流'建设高校培养急需高层次人才和基础研究人才主力军作用，以及优化学科专业布局和支撑创新策源地的基础作用。"因此，高等教育面临着大的改革。其中通过教学改革，培养高素质、高技能、实用型人才便成为现时代的核心问题之一。而 PBL 教学正是顺应了这一时代要求而出现的，它是创新性教育、素质教育的突出体现。应该说 PBL 教学的发展是合乎时代潮流的，也是不可阻挡的发展趋势。

3. 改变高等教育教学不良现状，是推进教学改革的迫切需要

我们必须承认这样一个现实：我国的高等教育由于受传统教学模式的影响，课程教学长期采用规范、单一的模式，再加上对于高等教育的教学是否应具有一定的"PBL"和"创新性"这个问题，我国未见明确规定，这就导致高等教育的实际教学多以"维持性"为特征，这种状况导致我国很多高等教育的实际教学状况尚无法很好地满足国家对高等教育人才培养目标的要求，不利于高等教育的发展。很多学生只是快到毕业时才开始进行真正的研究，但由于缺少研究经验，这就决定着他们无法高质量地完成应做的科研课题（如毕业论文）。他们平时接受的教学常以书本为

中心,缺乏对当代某一课程的发展现状的联系;课堂活动常以教师为中心,教学气氛沉闷;教学评价的形式单一,缺乏对灵活运用知识的能力、实际动手能力以及创新能力的评估;教学空间也较为有限,通常是局限于校内,缺少与社会现实的广泛联系,实践程度弱。在这种"维持性"教学的指导下,高等教育的学生的学习往往趋于继承性和模式化。

4. PBL 教学能满足高等教育学生发展创造性学习能力的要求

通过 PBL 教学,对学生来说,可逐步培养其主动分析情况、提出问题的能力,并掌握分工协作、全面考虑、查找相关信息以快速解决问题的技巧。在这一过程中学生由被动转为主动,入学后不久就能在具体的"问题情境教学"中学习专业知识,激发学习兴趣,提高学习效率,并且对所学知识的实用价值有较好的理解。经过 PBL 教学法培养出来的学生,能够真正学会思考,有创新意识,能更好地解决所遇到的问题。对于没碰到过的新问题也能以更快更好的方式进行处理。更重要的是,他们能更积极主动地学习新知识,跟上信息社会快速发展的步伐,发展创造性学习能力,真正做到终身学习。而创造性学习能力是创新型人才的首要必备能力,它是相对于维持性学习能力而言的,其基本特征是预期性和参与性。它旨在"会学",是一种发现新知识和新信息,以提出或解决未来可能出现的新问题的、独立的学习能力;同时,它强调学生在学习和社会生活中的主动性,要求个体在参与社会活动和与他人互动中学习。PBL 教学因为是以研究问题为中心组织教学的,不满足于书本现成的答案或结果,允许学生从多角度认识和分析某个问题,能使学生创造性地将所学知识运用到新的实践情境中,探索新的问题解决方式,所以它能为大学生施展和发挥个人的知识、能力提供广阔的时空条件。

5. PBL 教学能够繁荣高等教育的学术氛围，满足大学生学习的自主性要求

伯顿·克拉克在谈及大学学术自由的问题时曾说，大学这一综合体的中心思想是自由。大学生的学习是大学学术的重要组成部分，没有学习自由就不会有真正意义的学术自由，重视学习自由，才能推动大学学术的繁荣，它使高等教育能更加适应多种多样的社会需要和学生个体的需要，有利于各类型、各层次人才的培养。同时，学习自由是对学生主体性的充分尊重。没有学习自由，就无法造就具备自主性、独特性和高度责任感的人才。学生的身心发展，特别是思维能力和自我意识已趋于成熟，具有较强的选择意愿和选择能力，所以让他们进行自由的 PBL 学习具有合理性和可行性。可见，PBL 教学对繁荣高等教育的学术氛围，满足大学生学习的自主性要求具有特别意义，这是由高等教育的特点和大学生身心特点决定的。

6. PBL 教学适应促进高等教育教师走专业化发展的道路

教师是专业性较强的职业，或者应该看作一个专业性职业，逐渐成为国际教育界的共识。关于教师专业化发展有几个重要的命题：第一，教师不仅是一种职业，更是一种专业，具有像医生、律师一样不可替代的专业性；第二，教师专业化发展的重点不在于学习专业知识，而在于提高专业能力和专业品质；第三，大学文化与中小学文化的融合是教师专业化发展的必要条件；第四，教师专业化发展的首要条件是对教育和学校乃至自身的存在与发展的深入理解；第五，高质量的教师不仅是有知识、有学问的人，而且是有道德、有理想、有专业追求的人；不仅是高起点的人，而且是终身学习、不断自我更新的人。第六，教师专业化发展的过程也是教师认识自我价值的过程，亦即不断履行现实要求的过程；第七，教师专业化发展的主要途径是对教学进行持续不断的实验和批判性反思；第八，在师生共同的生活世界中教学相长：学生在教师的发展中成长，教师在学生的成长中发展；第九，"教师专业化发展"是"教师即研究者"的同义语。❶

从以上命题中，我们不难发现，教师的专业化发展要求高质量的教师不仅是有知识、有学问的人，而且是有道德、有理想、有专业追求的人；不仅是高起点的人，而且是终身学习、不断自我更新的人。这就需要教师不断地学习和提高。特别是现代社会对高素质、高水平、高技能应用型人才需求的特点，给高等教育的教师提出了更高更新的要求。实施 PBL 教学，需要高等教育的教师自身成为 PBL 人才，学会 PBL 学习方法，要对自身的知识结构、能力结构及教育思想、理念及时更新和改革，同时要对自己已经习惯的教学方式、方法进行深刻的反思等。因此，PBL 教学的实施对高等教育教师的专业化发展有着积极的促进作用。对教师来说，通过 PBL 教学，在对问题的选取、学生问题的答疑过程中，加强了与不同学科教师之间的联系，扩大了知识面，有利于理论和实践的紧密结合。而通过担当 PBL 导师，记录学生的表现情况，帮助学生克服自身弱点，发挥长处，真正做到因材施教。加强了师生交流，密切师生关系；教师也可从学生的讨论中得到某些启示，真正做到教学相长。

总之，PBL 教学能有效促进真正高素质人才的培养，尤其是在拔尖创新人才的选拔、培养、使用等基础环节，能更好地发挥其应有的作用。

---

❶ 钟启泉. 教师"专业化"：理念、制度、课题 [J].教育研究, 2001 (12).

(二) 研究问题界定

1. 拔尖创新人才培养的现实需求分析

当前，我国拔尖创新人才培养在教育体系和培养模式上正处于不断探索与优化的阶段。高校作为拔尖创新人才培养的主阵地，正通过深化教育改革，构建高质量教育体系，以提升拔尖创新人才的培养质量。需求主要体现在以下几个方面：其一，经济社会发展的需求。随着全球科技竞争的加剧和我国经济社会的高质量发展，对拔尖创新人才的需求日益迫切。拔尖创新人才是推动科技创新、产业升级和经济社会发展的核心力量。因此，培养更多具有创新精神和创新能力的高层次人才，对于提升国家综合实力和竞争力具有重要意义。其二，教育改革的需求。当前，我国教育改革正处于深化阶段，需要进一步优化教育结构、提升教育质量、创新人才培养模式。拔尖创新人才培养作为教育改革的重要方向之一，需要通过优化教育体制、加强教师培训、改革选拔机制等措施，推动教育向更加注重创新和实践的方向发展。其三，学生个性化发展的需求。拔尖创新人才的培养需要关注学生的个性化发展。每个学生都具有独特的兴趣和潜能，因此在培养过程中需要注重因材施教、个性化教学。通过提供多样化的学习资源和实践机会，激发学生的创新精神和创造力，促进学生的全面发展。其四，国际化的需求。在全球化背景下，拔尖创新人才的培养需要具有国际视野和竞争力。高校需要加强与国际一流大学的交流合作，引进优质教育资源，提升学生的国际竞争力。同时，还需要注重培养学生的跨文化交流能力和国际合作能力，以适应全球化背景下的科技创新和产业发展需求。

2. PBL 教学模式的适用性分析

PBL 教学模式，作为一种以问题为中心、学生自主学习为主导的教学方法，其核心理念在于通过真实或模拟的复杂问题，激发学生的探索欲望，培养其批判性思维、问题解决能力和自主学习能力。在探讨 PBL 教学模式的适用性分析，特别是在培养拔尖创新人才方面的适用性时，本书研究的问题触及教育理论与实践的深层次交集，具有显著的学术价值和现实意义。

首先，拔尖创新人才通常被定义为在特定领域内具备卓越创新能力、深厚专业基础和广泛跨学科视野的人才。这类人才不仅需要掌握扎实的专业知识，更需具备面对复杂问题时的独立思考能力、创新能力和团队协作能力。PBL 教学模式通过设计具有挑战性和真实性的问题，鼓励学生主动探索、批判性思考和团队协作，从而培养其面对未知挑战时的应变能力和创造力。这种教学模式与拔尖创新人才所需的核心能力高度契合，因此，探讨其在培养拔尖创新人才方面的适用性显得尤为重要。

其次，PBL 教学模式强调以学生为中心的学习过程，鼓励学生通过自主学习、合作学习和探究学习来构建知识体系。这种学习方式不仅有助于深化学生对专业知识的理解，还能培养其独立思考、批判性思维和解决问题的能力。对于拔尖创新人才而言，这些能力是其持续创新、突破自我和引领行业发展的关键。因此，PBL 教学模式在培养拔尖创新人才方面具有显著的适用性。

最后，PBL 教学模式中的团队合作环节也是其适用性分析的重要方面。在解决复杂问题的过程中，学生需要学会倾听他人意见、协调不同观点、分配任务并共同承担责任。这些团队合作技能对拔尖创新人才而言同样至关重要，因为它们不仅有助于提升团队的整体效能，还能培养个体的领导力、沟通能力和团队协作精神。

综上所述，PBL 教学模式在培养拔尖创新人才方面具有显著的适用性。其问题导向、自主学习和团队合作的核心特征为拔尖创新人才的成长提供了高效且富有挑战性的平台。通过深入研究 PBL 教学模式在拔尖创新人才培养中的适用性，我们可以进一步优化教育体系，提升国家创新能力，为社会的可持续发展贡献力量。

3. PBL 教学模式构建的策略

在高等教育领域，构建有效的 PBL 教学模式是本书的研究需要解决的关键问题。PBL 教学模式以其问题导向、学生自主学习和团队合作的特点，在培养拔尖创新人才方面具有显著优势。然而，如何在实际教学中构建有效的 PBL 教学模式，确保其能够充分发挥作用，是本书深入探讨的核心议题。本书将从问题设计、学习过程管理、学习成果评价等方面提出构建策略，以期为拔尖创新人才的培养提供有力支持。

首先，问题设计是 PBL 教学模式构建的基础。在高等教育中，问题设计应紧密围绕学科前沿、社会热点和实际问题，确保问题的真实性、复杂性和挑战性。通过设计具有实际意义的问题，可以激发学生的学习兴趣，培养其面对复杂问题的独立思考能力和创新能力。同时，问题设计还应注重跨学科融合，鼓励学生运用多学科知识解决问题，提升其综合素养。

其次，学习过程管理是 PBL 教学模式构建的关键。在 PBL 教学模式中，学习过程应以学生为中心，鼓励学生通过自主学习、合作学习和探究学习来构建知识体系。为实现这一目标，教师需要转变角色，从知识的传授者转变为学习的引导者和促进者。在学习过程中，教师应提供必要的资源和指导，帮助学生解决学习中的困难，同时鼓励学生之间的交流和合作，培养其团队协作能力和沟通能力。此外，学习过程管理还应注重培养学生的自主学习能力，鼓励其主动探索、批判性思考和解决问题。

最后，学习成果评价是 PBL 教学模式构建的重要保障。在

PBL教学模式中，学习成果评价应注重对学生综合能力的考查，包括问题解决能力、创新能力、团队协作能力、沟通能力和自主学习能力等。评价方式应多样化，包括自我评价、同伴评价和教师评价等，以确保评价的客观性和全面性。同时，学习成果评价还应注重对学生学习过程的考查，关注学生在学习过程中的表现、进步和反思，以鼓励其持续学习和自我提升。

综上所述，构建有效的PBL教学模式需要从问题设计、学习过程管理和学习成果评价等方面入手，确保PBL教学模式能够充分发挥其作用，服务于拔尖创新人才的培养。通过深入研究和实践，我们可以不断优化PBL教学模式的构建策略，为高等教育质量的提升和拔尖创新人才的培养贡献力量。

4. 拔尖创新人才培养模式的综合改革与未来展望

拔尖创新人才培养模式的综合改革与未来展望，是当前教育改革与发展的重大课题。在推进这一综合改革的过程中，如何平衡传统与创新、理论与实践、国内与国际之间的关系，构建更加符合时代需求的人才培养模式，以及未来如何构建一个开放、协同、高效的拔尖创新人才培养生态系统，是本书需要深入探讨的关键问题。

首先，传统与创新的平衡是拔尖创新人才培养的重要前提。传统教育模式在知识传授、学科基础等方面具有深厚积淀，而创新教育模式则更加注重学生能力培养、创新思维激发。在综合改革中，我们应充分挖掘传统教育的优势，同时引入创新教育的理念和方法，实现两者的有机结合。这既需要保持对传统教育的尊重，又需要勇于尝试和突破，形成既传承又创新的人才培养模式。

其次，理论与实践的结合是拔尖创新人才培养的关键。理论知识为学生提供了坚实的学科基础，而实践则能让学生将所学知识应用于实际，培养学生实践能力和创新思维。在综合改革中，我们应加强理论与实践的结合，通过案例教学、实习实训、项目研究等方式，让学生在实践中深化理论知识，同时提升实践能力和创新能力。

最后，国内与国际的融合是拔尖创新人才培养的必然趋势。随着全球化的深入发展，国际交流与合作已成为人才培养不可或缺的一环。在综合改革中，我们应积极借鉴国际先进教育理念和经验，同时加强与国际一流高校和企业的合作，共同培养具有国际视野和跨文化交流能力的拔尖创新人才。

未来，构建一个开放、协同、高效的拔尖创新人才培养生态系统至关重要。这一生态系统应包括政府、高校、企业和社会等多元主体，各方应充分发挥各自优势，共同推动拔尖创新人才的培养与发展。政府应提供政策支持和资金投入，高校应发挥学科和人才优势，企业应提供实践平台和就业机会，社会应营造尊重创新、鼓励创业的良好氛围。通过各方协同努力，共同构建一个开放、协同、高效的拔尖创新人才培养生态系统，为国家的创新发展提供有力的人才支撑。

（三）研究方法

方法就是人们为了达到认识世界和改造世界的目的，在科学研究过程中所采用的手段、途径和技巧的总称。为保证研究的顺利实施，本书主要采取以下研究方法。

1. 文献研究法

文献研究法主要指搜集、鉴别、整理文献，并通过对文献的研究形成对事实的科学认识的一种研究方法。毕竟对 PBL 教学的研究，不可能全部通过观察与调查，它还需要对与 PBL 教学有关的一切种种文献作出分析。这里的"文献资料"包括：已发表过的或虽未发表但已被整理、报道过的那些记录有知识的一切载体——不仅包括图书、期刊、学位论文、科学文书、档案等常见的纸面印刷品，也包括有实物形态在内的各种材料。因此，在本书研究的进行过程中，一方面，充分收集、整理、分析相关文献，了解国内外不同学科、不同研究者等对 PBL 教学问题的关注视角及其研究程度，全面把握最前沿的研究文献；另一方面，对有关 PBL 教学的一切文献资料进行系统收集、整理和分析。通过对拔尖创新人才培养与教学改革相关文献进行阅读；对毛泽东、邓小平、江泽民、胡锦涛以及习近平等同志关于教育的相关讲话、会议、文章、书籍的阅读以及对在此领域进行研究的学者们的期刊论文等文献的阅读，系统学习习近平新时代中国特色社会主义思想，尤其是习近平总书记关于教育的重要论述，对教育强国建设、拔尖创新人才培养与教学改革有全面正确的把握。通过对各大文献数据库，对国家图书馆、学校图书馆的相关书籍进行查阅，收集较为全面的相关的材料，形成对教育强国建设、拔尖创新人才培养与教学改革的研究文献库和总体认识，充分吸收其中有益成果进行归纳总结，做好报告撰写准备工作。

2. 问卷调查法

问卷调查法是指研究者用事先根据调查目的设计的统一问卷来收集研究资料的一种调查方法。这种方法具有两大优点：一是比较科学、客观、有效。问卷调查是严格按照统一设计和固定结构的问卷而进行的研究。就整个问卷调查法的研究过程来说，问卷的设计、问题的选择、问卷调查法的实施以及问卷结果的处理和分析等都是严格按照一定的原则和要求来进行的，从而保证了问卷调查法的科学性、准确性和有效性，避免了研究的盲目性和主观性。二是可以节省时间和经费。问卷调查法可以在较短的时间内收集大量调查对象的数据资料，同时，由于问卷中的问题和答案都预先进行操作化和标准化设计，因此，所得的资料非常适合使用计算机进行定量处理和分析，能够显著提高研究的效率。此外，在问卷调查中允许调查对象匿名作答，就没有心理压力，可以自由地、真实地反映出自己的观点和态度，这样就可以提高回答的真实性。[1]

问卷的编制步骤如下：第一步，广泛查阅国内外相关文献资料，结合研究目的，确定调查问卷的大纲和构架。第二步，根据问卷的大纲和构架，编制好相应的具体调查资料。第三步，将编制好的各种调查材料组合成为完整的调查问卷。包括教师和学生两个不同的问卷。教师的每一份问卷包括以下具体内容：指导语，被调查人的基本情况，影响被调查人对传统教学模式的认同度、日常教学活动中的教学设计以及师生之间的互动频率等情况进行了调查。学生的每一份问卷包括以下具体内容：指导语，被调查人的基本情况，影响被调查人学习的因素，被调查人对当前教学模式的评价等。第四步，问卷调查的实施。于2024年1—4月份进行问卷调查。问卷回收以后，利用计算机，依靠SPSS 13.0统计软件包，进行数据分析、汇总，开展相关的分析、研究工作。

由于受资金和人力的限制，教师问卷调查抽样选取了中原工学院、河南财经政法大学两所高等教育的216位教师作为样本。而学生的调查问卷抽样选择了中原工学院、河南财经政法大学的549位学生作为样本。每一部分的调查问卷回收后，均剔除无效问卷和空白问卷，统计结果均以有效问卷来进行。

---

[1] 徐久生. 校园暴力研究 [M]. 北京：中国方正出版社, 2004：31.

3. 比较研究法

所谓比较是指根据一定的标准，把彼此有某些联系的事物放在一起进行考察，寻找其异同，以把握研究对象特质的规定性。比较研究法，又称类比分析法，是指对两个或两个以上的事物或对象加以对比，以找出它们之间的相似性与差异性的一种分析方法。它是人们认识事物的一种基本方法。

只有通过比较，才能够发现问题的实质和各自存在的问题。在进行本书的研究过程中，通过对教师和学生的 PBL 教学问卷的调查，反映出教师和学生对 PBL 教学中的有关问题回答的客观资料，通过系统分析、比较问卷结果，不仅能够得出教师和学生在 PBL 教学上的相关信息，而且能够分别反映出教师和学生实施 PBL 教学后的不同效果，进而得出高等教育实施 PBL 教学的必要性。

4. 案例分析法

遴选出覆盖面广、代表性强的案例，展现全国基于不同地域情况推进落实拔尖创新人才培养与教学改革的实践探索和多样形态，具有重要示范引领作用和重大推广应用价值。案例来自全国各地的实践，能全面贯彻党的教育方针，落实立德树人的根本任务，案例必须在保证原汁原味的基础上既要科学可信，又要体现出基于本土特色开展拔尖创新人才培养与教学改革的独到创新，更要凸显各地因地制宜的特点。通过案例分析，充分地呈现案例的典型做法及具体"过程"，将实践中可复制、可推广的具体做法上升到理论高度进行精练概括，这些富有成效的实践智慧对于下一步指导教育强国建设中落实立德树人根本任务、推进拔尖创新人才培养与教学改革将起到积极作用，体现了理论与实践相结合的研究方法。个案法是指研究个人或某种事件发生原因、经过和实际情况的方法。❶ 在本书的研究中，主要是对河南牧业经济学院和中原工学院中的知识产权专业开展 PBL 教学进行具体的实践探索，以检验建构的 PBL 教学模式的可行性，进一步推广经验，吸取教训。

（四）研究框架构建

本书的研究思路具体如图 1-1 所示：

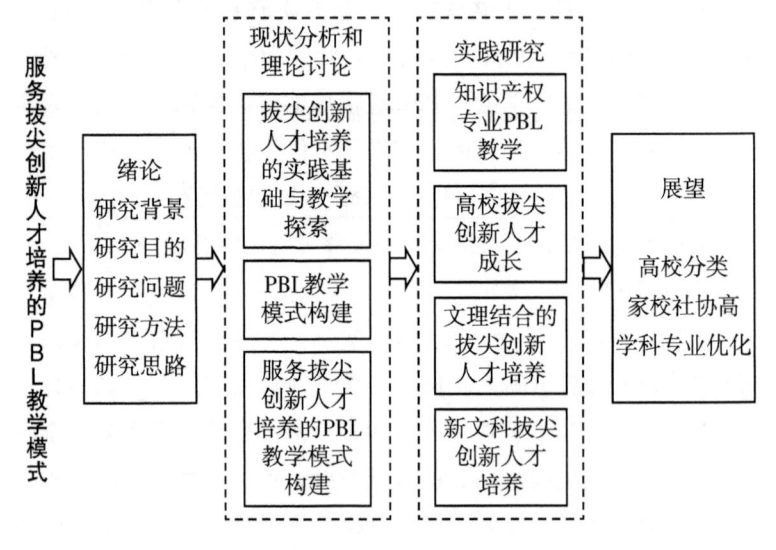

图 1-1 本书的研究思路

下面是研究思路详述。

首先，本书通过第一章分析研究背景，明确研究目的和研究意义，提出研究问题，并确定总体的研究方法和研究思路。培养拔尖创新人才对于我们在新时代发展新质生产力具有重要的战略意义，本书聚焦于拔尖创新人才自主培养的教学改革，对服务拔尖创新人才培养的 PBL 教学模式构建与实践问题展开讨论。

---

❶ 宋浩波. 犯罪社会学 [M]. 北京：中国人民公安大学出版社，2005：23.

然后，本书针对拔尖创新人才培养和 PBL 教学模式进行现状分析和理论讨论。第二章，调研新时代高校拔尖创新人才培养和高等教育教学模式的现状，强调拔尖创新人才的培养必须以"立德树人"为遵循，以"科教融合"为手段。第三章，梳理 PBL 教学模式的起源与发展，明确 PBL 教学模式的内涵和特点，探究 PBL 教学模式构建的理论基础，为构建服务拔尖创新人才培养的 PBL 教学模式提供坚实的理论支撑。第四章，明确拔尖创新人才的内涵、特点和能力框架，分析 PBL 教学模式对拔尖创新人才培养的适应性，在此基础上制定的 PBL 教学模式构建策略，为构建服务拔尖创新人才培养的 PBL 教学模式提供可靠的操作指南。

接下来，本书针对服务拔尖创新人才培养的 PBL 教学模式进行实践研究。第五章，从知识产权专业切入，就高等教育开展 PBL 教学进行具体的实践探索。第六章，以"双一流"高校"十佳杰出青年"为样本，明确高校拔尖创新人才的特质和类型，并据此总结推动高校拔尖创新人才成长的关键要素。第七章，着重研究文理结合的拔尖创新人才培养实践，对理工类高校人文社科拔尖创新人才大类培养的实践进行案例研究，明确当前存在的问题，提出相应的实践对策。第八章，着重研究新文科拔尖创新人才培养实践，对牛津大学和中国人民大学 PPE 专业人才培养方案进行比较分析，通过中英比较结果明确拔尖创新人才培养与教学改革的前景。

最后，本书通过第九章就立足教学改革的拔尖创新人才培养进行综合改革展望，强调高校分类、家校社协同和学科专业优化调整在拔尖创新人才培养的教学改革中的重要作用。

第二章
拔尖创新人才培养的实践基础与教学探索

一、以"立德树人"为遵循推进拔尖创新人才培养

本章重点研究的内容主要包括三个方面,即深刻认识立德树人根本任务在教育强国建设中的重大意义,全面把握立德树人在教育强国建设中的内涵,科学解答立德树人在教育强国建设中的实施路径。本章的研究内容始终以服务拔尖创新人才培养的PBL教学模式构建与实践为指导,紧密围绕教育强国的内涵、特征与建设路径展开具体研究。

(一)运用系统观念科学全面把握立什么德、树什么人、为谁立德树人的本质内涵

教育兴则国家兴,教育强则国家强,教育对党和国家事业发展具有基础性、战略性作用,始终是强国兴起的关键因素,必须深刻领悟教育强国建设在党和国家事业发展全局中的战略地位。对于国家

而言，建设教育强国是全面建成社会主义现代化强国的战略先导，能够发挥支撑引领中国式现代化的核心功能；对于社会而言，建设教育强国是实现高水平科技自立自强的重要支撑，能够开辟新领域、发展新赛道，不断塑造发展的新动能新优势；对于人民而言，建设教育强国是促进全体人民共同富裕的有效途径，能够整体提高我国国民素质、优化人才资源结构、打破贫困代际传递，提供共同富裕的根源性支撑；对于民族而言，建设教育强国是以中国式现代化全面推进中华民族伟大复兴的基础工程，能够激发中华民族创新创造的生命力，使之始终屹立于世界民族之林。教育强国建设责任重大、意义重大，应当坚持大教育观，既立足教育看教育，又跳出教育看教育、立足全局谋教育、放眼长远办教育，将教育强国建设置于党和国家发展的全局中加以把握。

中华民族伟大复兴是一个长期的历史过程，当前世界百年未有之大变局加速演进，中华民族伟大复兴进入关键时期，我们比历史上任何时期都更接近、更有信心、更有能力实现中华民族伟大复兴的目标。这也意味着新时代的人们不仅能够亲眼见证这个历史目标的实现，同时也需要准备付出更为艰巨的努力。建设教育强国，就是要保证到 2049 年，我们自主培养的人才能够完成"两个一百年"的伟业。因此，落实立德树人根本任务，直接关系到有没有一代又一代拥护中国共产党领导和社会主义制度、立志为中国特色社会主义事业奋斗终身的有用人才；直接关系到能否培养出一代又一代"听党话、跟党走"，对中华民族的文化认同、对新时代中国特色社会主义的道路认同、对中国特色社会主义的制度认同、对中国共产党执政的政治认同，将个人价值同党和国家的前途命运紧密联系在一起的"时代新人"。

建设教育强国，立德树人是核心课题，这不仅是因为教育的本体功能就是育人，其他一切功能都是基于本体功能的衍生功能；更是因为我们要建设的教育强国是中国特色社会主义教育强国，必须以坚持党对教育事业的全面领导为根本保证，以立德树人为根本任务。因此，深刻认识立德树人，绝不能出现"窄化""弱化""碎片化"的倾向，要立足世界百年未有之大变局和中华民族伟大复兴战略全局，从坚持和发展中国特色社会主义、建设社会主义现代化强国、实现中华民族伟大复兴的高度来对待；从维护国家意识形态安全，培养德智体美劳全面发展的社会主义建设者和接班人的高度来抓好。从这个意义上讲，立德树人是教育的历史责任，更是教育强国的核心课题，直接关系着教育强国建设和社会主义现代化国家建设的成败。

坚持系统观念是习近平新时代中国特色社会主义思想的世界观和方法论，是具有基础性的思想和工作方法。习近平总书记关于教育的重要论述，一个突出特点是坚持"大教育观"，从历史纵深和全球视野全面审视教育。"立德""树人"是辩证统一关系，是"立育人之德"与"树有德之人"的有机统一，必须坚持系统观念，以教育强国建设的战略需求为牵引和标的，从"立什么德""树什么人""为谁立德树人"的关键问题出发，科学全面把握立德树人的本质内涵。

现代社会不仅强调个人权利和私人利益，而且强调公共责任和集体利益，且公共性不仅局限在区域，而且扩展到国家、世界。面对国内国际形势的巨大变化，如何在教育强国建设中，正确处理义与利、人与我、家与国、眼前与长远等重大关系，实现人性之德与时代之德的共同追求，这是"立什么德"需要解决的关键问题。结合习近平新时代中国特色社会主义思想，尤其是习近平总书记关于教育的重要论述，我们认为，教育强国"立的德"集中体现在六个方面：一是共产主义远大理想和中国特色社会主义共同理想；二是社会主义核心价值观；三是以中华优秀传统文化铸牢的中华民族共同体意识；四是以爱国主义为核心的民族精神；五是以改革创新为核心的时代精神；六是人类命运共同体的全球视野与"全球胜任力"。

"树什么人"是教育的首要问题，不同的国家民族在不同的时代境遇中有不同的答案，这些回答既有体现教育规律和人性规律的共同特征，又有彰显民族性、时代性的特殊要求。一是要培育"德智体美劳全面发展的人"，这是马克思主义理论要求。马克思关于人的全面发展学说，是对人类发展的总趋势、总规律进行科学概括而得出的结论，中国共产党将其作为制定教育方针、推进教育改革的理论依据与方法论武器。二是要培育"社会主义建设者和接班人"，这是社会主义国家一以贯之的要求。我们国家是中国共产党领导的社会主义国家，我们办的教育就要为中国特色社会主义事业培养建设者和接班人，而不是旁观者和反对派。三是要培育"担当民族复兴大任的时代新人"，这是中国特色社会主义进入新时代的新要求。迈上全面建设社会主义现代化国家新征程，需要有理想、有本领、有担当的时代新人接续奋斗。

"为党育人、为国育才"，是对"为谁立德树人"的时代回应。"为党育人"是由教育的政治属性和阶级立场所决定的。古往今来，每个国家都是按照自己的政治要求来培养人的，教育领域是前沿知识和思想文化传播的"集散地"，是意识形态工作的"前沿阵地"。要牢牢掌握教育领域意识形态工作的绝对领导权，完善领导体制机制和组织体系建设，确保党对以立德树人为根本任务的教育工作的全面领导。"为国育才"是由教育的时代使命和人民期待所决定的。国与国的竞争，说到底是人才的竞争。教育是人才的"集聚地"、科技的"策源地",教育强国建设的初心使命规定着教育必须坚持"四个面向"、落实"四为方针"。在百年未有之大变局中开新局,必须把立德树人根本任务与中华民族伟大复兴结合起来。赢得人才方能抢占先机,要通过"立德树人",为党和国家事业培育有中国心、中国情、中国味的优秀人才。

(二)基于立德树人的关键特征,系统梳理并科学解答教育强国核心课题的任务构成

教育是一个复杂的开放系统,必须将教育强国建设的战略要素置于社会变革的总体框架之中,充分彰显附着于战略要素上的立德树人关键特征,进而科学解答教育强国的核心课题。我们认为,应当从教育的复杂系统、纵向学段、横向主体、培养对象、教师队伍、党的领导、育人阵地、共同体构建等战略要素入手,充分发挥立德树人的统领性、贯通性、协同性、适切性、主动性、全面性、创新性、包容性等关键特征,完整系统推进立德树人根本任务在教育强国建设过程中的落实工作。

一是突出立德树人在教育事业中的统领性,把立德树人融入教育全过程、各领域,贯彻"三全育人"、实现"五育并举"。坚持不懈用习近平新时代中国特色社会主义思想铸魂育人,更高质量开好讲好《习近平新时代中国特色社会主义思想概论》课。二是突出立德树人在纵向学段上的贯通性,以大中小学思政教育一体化建设为开端,适时提出全面建设大中小学育人一体化的战略目标,纵深推进大中小学思政教育一体化和大中小学思政课一体化。三是突出立德树人在横向主体间的协同性,形成家庭、学校、社会教育要素递进循环的大教育格局,统筹党员干部、教师、思政工作力量和学生四支队伍。四是突出立德树人在培育对象上的适切性,把握青年学生的思想行为特征及变化趋势,形成针对性、

科学化的时代新人培育机制，以身心健康为突破点强化五育并举，持续推进学生心理健康促进行动、学生体质强健计划、美育浸润计划、劳动习惯养成计划和科学教育促进行动，发展好素质教育。五是突出立德树人在教师队伍上的主动性，以"教育家精神"为引领，建设政治素质过硬、业务能力精湛、育人水平高超的高素质教师队伍。六是突出立德树人接受党的领导的全面性，在工作格局、队伍建设、支持保障方面为立德树人提供根本保证。七是突出立德树人在育人阵地上的创新性，不断增强"大思政教育"的思想性、理论性、亲和力、针对性，抓好组织机制创新、社会实践育人、"一站式"学生社区等要素，整体构建大思政格局和育人生态。八是突出立德树人在人类命运共同体和中华民族共同体中的包容性，既要立足全球发展、胸怀人类关怀，又要深化铸牢中华民族共同体意识教育，推动实现国家统编教材全覆盖，让各族青少年掌握和使用好国家通用语言文字。

（三）确定在新时代新征程上必须抓好的立德树人落实工作关键方面

把握好"立德树人"的时代方位。党的二十大报告将教育强国明确为到2035年必须"建成"的目标之一。2024年是党的十八大到2035年建成教育强国的"时间中点"，过去"12年"是制度前提和建设基础，未来"12年"是历史延续和创新发展。

过去12年，立德树人根本任务落实工作成效显著，立德树人成为党的教育方针的重要理论创新，成为国家教育事业发展的重大战略部署，贯穿于新时代教育观念、体系、制制度、内容、方法、治理现代化变革的方方面面。大思政教育意识全面加强，思想政治教育面貌焕然一新；国际学生评估项目（programme for international student assessment，PISA）测试排名全球第一，国家创新潜力令人期待；义务教育阶段的体育课和美育课课时提高，使学生的身体和心理素质下滑势头受到遏制；大中小学劳动教育得到全面加强，育人方式进入"五育并举"新时代。这是立德树人发挥的作用、奠定的基础。

未来"12"年，立德树人根本任务落实关键且紧迫工作，发挥教育强国建设在实现伟大目标中的基础性和支撑性作用，重新思考新时代新征程立德树人根本任务何以落实。党的二十大报告明确提出了中国共产党的中心任务和建成教育强国的任务，到2035年和2050年，今天在校园中的学生将成为全面推进中华民族伟大复兴的中流砥柱。这一代人的理想信念、学识本领对于第二个百年奋斗目标的实现而言特别关键，同时，价值选择多元化、技术快速迭代等时代特征也使这一代人面临的社会文化多元复杂。这是立德树人必须解决的新问题。

正确认识"立德树人"的时代要求。一是落实立德树人根本任务生态化、格局性、涵养性的特征。教育的最高境界是"春风化雨润无声"，立德树人就是完成这个工作、达成这个目标的系统工程。理解立德树人，绝不能窄化地理解为是思想政治教育，要不断提高学生的思想水平、政治觉悟、道德品质、文化素养，让学生成为德才兼备、全面发展的人才，在"五育并举"中实现德智体美劳的全面发展，缺一不可。理解立德树人，绝不能片面地理解为只针对特定年龄的受教育者，要认识到在一代又一代的传承中，教师队伍的迭代也在加快，学生也会成为家长，构成个体意义上的教育闭环，在中华民族伟大复兴的长期历史进程中，立德树人的影响面向是广泛而长期的。理解立德树人，绝不能孤立地理解为一项关于教育的独立工作，落实立德树人根本任务，要构建起教育领域的"生态圈"，也就是说，哪怕没有外部力量的推动，立德树人根本任务依然可以逻辑自洽地有序运转，生机从内部持续迸发。这就要求将中国的教育事业打造成在教育理念、教育内容、教育方式、实践探索、制度保障上始终以立德树人为牵引的"大格局"。

二是落实立德树人根本任务的科学化、针对性、精准性。面向2035年，时间紧任务重，越是靠近目标，就越需要去符号化、理论支撑和精准实施。落实立德树人根本任务，固然要大中小学一体化、家校社协同推进，但归根结底还是要遵循教育规律。教育不是在真空中运行的，教育规律寓于社会运行规律之中。要加强教育学科、心理学科等相关学科在立德树人根本任务中的理论支撑作用，知识是避免空洞、增强吸引力的有力武器。要面向未来12年深入研究发展趋势对教育事业带来的冲击和变革，对人的现代化产生的新要求和各种影响加以把握，以此为基础夯实立德树人的落实工作。要从2035年中国基本实现现代化的目标出发，解剖分析"总"目标对人才培养的各项"分"要求，从"精准扶贫"的伟大实践中借鉴"精准立德树人"的经验，解决过去12年在微观操作层面出现的"大水漫灌"问题。

（四）立德树人对拔尖创新人才培养提出明确要求

重点突破"立德树人"落实工作的五个方面。在立德树人落实工作的既有基础上，以问题导向突出面向2035年的重点突破任务，我们认为有以下五个方面。

一是拔尖创新人才必须明大德、守公德。未来12年，中美竞争只会更加激烈，国际形势将会更加复杂。面对社会经济转型带来的巨大现实压力，面对世界局势的巨大变化，必须引导青年学生将自己的小我融入祖国的大我、人民的大我之中；必须将社会主义核心价值观融入学生发展各方面，转化为学生的情感认同和行为习惯；必须高度重视青年人品德的锤炼，注重道德引领，切实加强道德教育。明大德、守公德、严私德，既是学校教育的重要实践课题，更是中华民族的人格追求与我们党的教育实践的时代注脚。

二是拔尖创新人才必须具备创新能力。面向 2035 年，新质生产力将成为生产力跃升的核心动力，这是实现中国式现代化和高质量发展的基础，代表先进生产力的演进方向。新质生产力的"新"，要求劳动者能够在新技术、新产业等未来发展要素的赋能下，具备足够的创新能力。时代开启了新赛道，尽管顶层设计和教育学术界捕捉并一再强调这个重大变化，但在实践层面改变工业时代的人才培养模式，真正在拔尖创新人才培养这一关键问题上拿出真本事、取得好成绩，这仍然是落实立德树人根本任务的重要抓手。

三是拔尖创新人才必须具备信息素养。面向 2035 年，海量信息推动技术迭代从量变到质变，以 ChatGPT 为代表的先进技术必将重构教育的底层逻辑。面对信息技术的繁荣，我们至少有两个方面工作需要迫切推进，一方面是提高网络育人能力。网络已经是广大青少年学习生活的重要空间，并重塑着青年学生的社交逻辑、思维逻辑、视野眼界、价值选择。如何扎实做好互联网时代的立德树人落实工作，这是一项需要社会各界共同思考的时代之问。另一方面是发展学生的数字素养，全球范围内的素养革命中，数字素养受到最多关注，以数字素养为牵引的创新素养、科技素养等，对人才素质提出了全新的主张。数字素养必将成为未来世界人才立足的基本要求。

四是拔尖创新人才必须具备国际视野。面向 2035 年，中国的国际影响力、感召力、塑造力一定会继续提升，中国一定会在国际事务中发挥更大作用,为守护世界和平、促进共同发展作出更大贡献。中国新一代青年的舞台将不限于中国。要发挥"负责任大国"的重要作用,新一代青年不仅要有全球视野,更要具备解决人类面临的共同问题的"全球胜任力",通晓国际规则、能够参与国际事务和国际竞争。在知识、技能、态度、价值等方面强化国际视野,使新一代青年视天下为己任,有能力走向世界,作为全球公民主动行动,为人类文明作出贡献。在这方面,外语类高校要发挥引领性作用、思政课要成为主阵地。

五是拔尖创新人才必须具备良好的身心素质。面向2035年,中国青年的形象将最能够代表中华民族的精神面貌。青少年的身心素质是民族发展后劲的显性化。人的成长具有阶段性、规律性,青少年时期是人生的"拔节孕穗期",这一时期个体心智逐渐健全,思维进入最为活跃状态,最需要精心引导和栽培,最需要关注青少年体质健康和心理健康。学校教育要以身心健康为突破口,以人的全面发展为旨归,整体提升学生的身体素质和精神风貌。社会各界要注重理论与实践的结合,引导学生在做中学,在实践中磨炼。

二、新时代高校拔尖创新人才培养的实施概况

习近平总书记高度重视拔尖创新人才培养工作,明确指出:"加强拔尖创新人才自主培养,为解决我国关键核心技术'卡脖子'问题提供人才支撑。"人才竞争是综合国力竞争的核心,在激烈的国际竞争中占据优势、赢得主动,至关重要的一点是加强拔尖创新人才培养、提高人才自主培养能力。高校是拔尖创新人才培养项目实施的主阵地,自1978年中国科学技术大学开办"少年班"起,"珠峰计划""拔尖计划2.0""强基计划"等项目相继实

施。立足新时代新任务,必须充分认识强国建设对人才的需求,力求培养成效创新,有力强化现代化建设人才支撑。

（一）高校拔尖创新人才培养的实施情况

我国高校实施的拔尖创新人才培养项目主要依托于改革开放以来的五次创新实践。改革开放初期,我国开始探索高校少年班的拔尖创新人才培养模式,开辟了拔尖创新人才早期发现与选拔培养的新路径。1991年起,教育部先后分5批建立106个"国家理科基础科学研究和教学人才培养基地"（简称"理科基地"）,开始进行基础学科领域的高层次人才培养。2009年,为回应"钱学森之问",教育部启动"基础学科拔尖学生培养试验计划"（简称"珠峰计划"）,拔尖创新人才培养重点开始聚焦基础学科领域,由少数顶尖高校进行试点探索。2018年,教育部等六部门提出建设一批国家青年英才培养基地,初步形成中国特色、世界水平的基础学科拔尖人才培养体系,"珠峰计划"升级为"拔尖计划2.0"。2020年,教育部提出在部分高校开展基础学科招生改革试点,聚焦国家重大战略需求,探索基础学科拔尖创新人才选拔与培养的有效机制,高校自主招生升级为"强基计划"。

当前,我国在高校拔尖创新人才培养项目的实施方面,积累了一些有益的宝贵经验。在人才选拔方面,形式上有两类:一类是在中学阶段选拔表现优异的学生,无须高考升入大学后单独培养;另一类是在大学生入校以后,选拔成绩优秀的学生进入针对性培养组织进行单独培养。选拔考察的内容有三方面:一是资格审查,基于学生学业表现和个人成就进行资格审定;二是基础知识测试,侧重考查学生的知识掌握程度,高考成为判断学生学科基础的重要依据;三是综合素质考察,由多学科专家组成面试团队,学生的能力水平、个性特征以及志趣志向是主要的判断依据。

在人才培养方面，目前形成了四种模式。一是高校少年班的贯通式培养，如中国科学技术大学的少年班学院和专业学院分别承担学生在不同阶段的培养任务。二是大师领衔的拔尖人才培养，以清华大学的"数学科学领军人才培养计划"、北京大学的"物理学科卓越人才培养计划"最受关注。三是强化通识教育的书院制培养，如上海交通大学的致远学院、浙江大学的竺可桢学院，学生在学制内都在"特区式"学院中培养。四是注重充实式的泛拔尖培养，如复旦大学为拔尖创新人才培养设立荣誉课程，构建开放的平台促使学生自己"冒尖"。概括起来，目前形成了"一制三化"，即导师制、小班化、个性化、国际化的核心特征，完成了大师引领、学科交叉、科教融合、国际合作的四位一体综合改革。

高校各类拔尖人才项目培育了一批基础研究的"生力军"，取得了显著成绩。据统计，"拔尖计划"自2009年启动实施以来，累计在77所高水平研究型大学布局建设288个基础学科拔尖学生培养基地，共吸引了3万余名优秀学生投身基础学科，已毕业的十一届1.7万名本科生中，86%的学生在基础学科领域深造，87%的博士毕业生在高校、科研机构、企业研发机构从事基础研究工作。

（二）高校拔尖创新人才培养存在的问题

目前，高校拔尖创新人才培养项目主要存在以下四方面问题。

一是顶层设计相对缺位，培养项目之间的协同性有待提升。我国主要针对拔尖创新人才培养颁布了相关政策，一方面，法律法规的完善程度不够；另一方面，"强基计划"等政策又较为笼统，缺少实施细则。此外，现有的拔尖人才政策相对零散，导致高校与高校之间的培养项目差异性、契合性不足，如"强基计划"与"拔尖计划2.0"在政策设计上的差异，并没有在高校的人才培养中体现出来，部分高校的"强基计划"实施组织直接挂靠在原有拔尖人才组织之下，在培养方案、课程设计、师资配置等方面并无明显区别。

二是人才培养体系性弱，不同学段衔接贯通的关系未理顺。从西方国家的经验上看，拔尖创新人才的培养是始于早期阶段的贯通式教育，在青少年中按比例确定培养对象后实施专门教育。目前，我国高校的拔尖创新人才培养项目对拔尖人才的早期培养参与度不够，基本还局限在"摘果子"的选拔层面，没有参与过程培养，针对拔尖儿童的早期发现及培养项目少等问题，大学在人才培养过程中所提供的专业师资培训和教学内容支持等资源下沉力度十分有限。此外，高考仍然是大学实施大多数拔尖人才培养项目的途径，但为应对高考的强化记忆和刻板练习，与拔尖人才的天赋、好奇心、创新能力培养并不产生正向促进关系。

三是选拔环节边试边改，人才培养项目的科学性需要强化。拔尖人才是教育科学活动，拔尖人才培养项目的开展需要必要的理论指导。美国从 20 世纪开始，就形成了对拔尖人才的持续研究，不仅建立起一套科学完善的拔尖人才鉴别选拔方法和培养模型，而且成立了全国性的研究机构，有全国性的学术期刊。高校的实践探索当然重要，但拔尖人才培养项目要在政策法规制定的、理论研究和高校实践中相互促进，才能达到理想效果。目前，我国的相关研究虽然规模较大，但层次不够深入具体，针对拔尖创新人才的生理和心理特征、发展潜力的测量、选拔和培养理论、管理与评价工具、长期发展跟踪数据等核心问题的讨论空间还很大。

四是培养环节形式繁多，科研的深层次支撑作用有待凸显。我国的拔尖创新人才项目在所在高校均为"资源聚集"的人才培养"特区"，有先进的设备、良好的师资、开放的科研条件，但要警惕繁多的外部要素和培训形式的简单叠加。没有对育人理念和人才规律的创新认识,就不能使外部要素发挥应有作用。拔尖创新人才的好奇心、创新能力往往体现在对物理学、数学、哲学等基础学科与生俱来的天赋上,但在我国,应用学科在本科阶段吸收了极大比例的优秀生源,就业导向十分显著地影响着学生的专业和志向的选择,这也使科研在人才培养中难以发挥深层次的支撑作用。

(三)高校拔尖创新人才培养的对策建议

针对性破解当前高校面临的拔尖创新人才培养困境,需要从以下四个方面着手。

一是加强顶层设计,强化政策之间、项目之间的协调一致性。高校的人才培养项目要在系统层面的框架下运行,因此,国家和教育行政部门有必要建立起清晰、全面和贯通的拔尖人才培养政策体系,出台法律法规奠定拔尖人才教育的合法性地位,健全政策框架,对选拔、培养等关键环节出台配套细则。要审视和梳理已有拔尖创新人才政策和高校实施的各类项目,做到政策之间、项目之间相互协调、逻辑一致,避免孤立的、具体的项目在各高校之间过分零散,以拔尖创新人才培养的目标统筹,牵引高校拔尖创新人才项目的有序实施,形成系统的、具有中国特色的拔尖人才培养体系。

二是加强系统建设,实现基础教育与高等教育的贯通衔接。拔尖创新人才的培养是一项系统工程,这是由人的成长规律和教育规律共同决定的。从拔尖人才的早期发展和保护,到大学对专业天赋的恰当开发,以及在工作岗位上的提升,是一个前后衔接的完整过程。因此,不同学段要各司其职、共同参与,中小学要对天资聪颖的儿童保持敏感,在现有条件下开展大规模甄别和个性化培养工作;大学要提供专业化培养。不同学段之间还要有效衔接，高校的人才培养项目要利用密集的资源，与中学形成新型人才培养的合作关系，提前介入拔尖人才的培养过程中。

三是加强理论研究，推进研究与实践的互促共进。高校应当不仅关注技术层面外在因素的积累，还要更多关注拔尖人才培养的内涵和本质，打破传统人才培养的惯性。要积极推动组建拔尖人才培养的研究机构，提供专项经费，组织教育学、心理学、医学等相关学科的专家学者开展跨学科联合攻关。利用数据技术建立人才成长数据库，积累拔尖创新人才的长期跟踪数据，为政策制定提供因果证据。支持拔尖创新人才的科学化、制度化发展，鼓励开展相关学术研讨会、形成学术期刊，为高校拔尖人才项目的实施提供咨询服务和理论支撑。

四是加强能力建设，强化学科及科学研究的支撑作用。高校是实施拔尖创新人才培养项目的主阵地，必须在各个环节提高育人能力。其中，除了继续探索本硕博贯通培养、导师制、书院制等方式，还要有两方面作为。要强化基础学科在拔尖人才培养本科阶段的作用，对基础学科的教师提供技术技能的培训，为本科阶段的人才培养提供具有创新性、前瞻性和突破性的课程。还要以宽松的培养方案支持学生开展科研、参与项目、提供设备，保障拔尖学生自主开展探索的空间。为此，应当严格要求高校从优势学科出发，提供拔尖创新人才培养项目。

（四）高校拔尖创新人才培养的案例剖析：以河南省为例

拔尖创新人才培养，乃国之大计，豫之要略，应积极培育并引导那些具有非凡潜力和创新思维的人才，让他们成为推动社会进步与科学发展的先锋力量。基于对河南省乃至全国拔尖创新人才培养现状的调研和分析，发现我国拔尖创新人才培养的一般性问题主要是概念认识不足、培养贯通性不足、师资专业性不足；

河南省拔尖创新人才培养的特殊性问题主要是高等教育阶段的培养规模太小、层次太低和基础教育阶段的培养"应试特征"突出。有鉴于此，河南省推进拔尖创新人才培养的对策建议从建立拔尖创新人才培养管理机构、加强对拔尖创新人才培养的研究、与省外高水平大学合作培养、开发贯通培养课程、在中小学校建立拔尖创新人才培养领导小组五方面着手。

1. 河南省拔尖创新人才培养的背景

党的二十届三中全会提出"教育、科技、人才是中国式现代化的基础性、战略性支撑。必须深入实施科教兴国战略、人才强国战略、创新驱动发展战略，统筹推进教育科技人才体制机制一体化改革"，党的二十大报告强调"要全面提高人才自主培养质量，着力造就拔尖创新人才。实施科教兴国战略、强化现代化建设的人才支撑，才能推进民族复兴、国家兴盛"。拔尖创新人才的培养有其自身的发展规律和价值遵循。厘清拔尖创新人才培养的背景和现状，找出当下拔尖创新人才培养存在的问题，才能走出一条拔尖创新人才培养的正确实践路径，有效推进河南省拔尖创新人才贯通式培养。

拔尖创新人才是高科技产业的重要支撑。拔尖创新人才是新知识的创造者、新领域的开拓者、新技术的发明者，是引领科技创新与产业发展方向的关键力量，是人才资源中最宝贵、最稀缺的资源，对于国家高科技产业的发展起着至关重要的作用。拔尖创新人才对高科技产业发展的支撑体现在"前沿技术研发""科技成果转化"和"产业生态系统的优化"等方面。在"前沿技术研发"方面，拔尖创新人才通常在科学和技术领域具有前沿的专业知识和卓越的创新能力，他们能够引领高科技产业进行前沿技术的研发，推动新理念、新方法和新技术的出现，推动产业不断迭代升级。在"科技成果转化"方面，拔尖创新人才的研究成果往往具有较强的技术前瞻性和较高的市场需求度，便于产业化生产和商业化推广，这有助于高科技产业更好地满足市场需求，提高经济发展的质量和效益。在"产业生态系统的优化"方面，拔尖创新人才在高科技产业中的参与促进开发商、供应商、合作伙伴、投资者等的紧密合作，推动产业生态系统的形成与优化，有助于形成更加健康和更有活力的产业环境。

发达国家非常重视拔尖创新人才培养，它们通过颁布管理制度、设立管理机构、提供经费支持来推进拔尖创新人才的选拔、教育和持续培养，构建了较为系统的拔尖创新人才培养体系。在颁布管理制度方面，美国政府颁布的《每一个学生成功法》（Every Student Succeeds Act，ESSA）为天才儿童教育制定了高水平并具有挑战性的学习标准，使学生能够迎接未来更具挑战性的工作，英国政府推出的《城市卓越计划》（Excellence in Cities，EiC）为城市中心每所学校中 5%—10% 的天才儿童提供相应的天才教育资源。在设立管理机构方面，美国成立了"天才教育协会""天才教育政策中心"等机构，英国的天才儿童教育由教育、儿童服务和技能标准办公室（Office for Standards in Education, Childrens Services and Skills, Ofsted）负责，芬兰的天才儿童教育则由芬兰国家教育委员会（Finnish National Board of Education，FNBE）负责。在提供经费支持方面，加拿大、美国、澳大利亚等国家为天才儿童教育提供政府专项拨款。

我国已经开展拔尖创新人才培养的探索。事实上，我国很早就关注了拔尖创新人才培养，并在一些高校进行了卓有成效的尝试。早在 1978 年 3 月，中国科学技术大学就开设了中国第一个大学生少年班，破格录取 11 岁至 16 岁的青少年。1985 年，少年班培养模式拓展至北京大学、清华大学、北京师范大学、吉林大学、复旦大学、上海交通大学、南京大学、南京工学院、浙江大学、武汉大学、华中工学院、西安交通大学等12所重点高校。2009年，为回应"钱学森之问"，教育部联合中组部、财政部启动"基础学科拔尖学生培养试验计划"（简称"珠峰计划"），并在北京大学等高校进行试点。2013年，中国科协和教育部共同实施中学生科技创新后备人才培养计划（简称"英才计划"），选拔品学兼优、学有余力的中学生走进大学，建立高校与中学联合发现和培养青少年科技创新人才的有效模式。2018年，教育部等六部门颁布《关于实施基础学科拔尖学生培养计划2.0的意见》，提出经过5年的努力，建设一批国家青年英才培养基地，初步形成中国特色、世界水平的基础学科拔尖人才培养体系，"珠峰计划"升级为"拔尖计划2.0"。2020年，教育部印发《关于在部分高校开展基础学科招生改革试点工作的意见》，提出在部分高校开展基础学科招生改革试点，聚焦国家重大战略需求，探索基础学科拔尖创新人才选拔与培养的有效机制，高校自主招生升级为"强基计划"。此外，一些高校通过拓宽培养口径、优化培养方案、实施贯通培养等方式也开启了拔尖创新人才培养的探索。

我国只有长期而稳定地拥有大批拔尖创新人才，才能尽早成为世界主要科学中心和创新高地。全面贯彻落实党的二十大精神，亟须高度重视人才自主培养，努力造就一大批拔尖创新人才，为实施创新驱动发展战略、建设创新型国家、实现高水平科技自立自强提供强大人才支撑。

全国共有39所中学获得授牌开办"丘成桐少年班"，探索建立数学拔尖创新人才培养新机制。而在2023年11月，河南省教育厅也曾下发文件，对开设"丘成桐少年班"数理拔尖人才贯通培养项目进行批复，同意河南省实验中学、郑州外国语学校开设"丘成桐少年班"。选拔有天分、肯吃苦的少年人才，聚集高校和中学合力育人的优势资源，通过科学系统的培养，确保能有一批批奉献于国家数学科学事业的栋梁之材从少年班中成长起来。对于河南省来说，拔尖创新人才培养是提升创新能力、实现高质量发展的重要途径，亦是推动河南制造向河南创造转变、河南速度向河南质量转变、河南产品向河南品牌转变的一个关键抓手。

2. 拔尖创新人才培养面临的问题

对相关概念认识不足。"拔尖创新人才"这一概念自提出以来，受到教育界的广泛关注，然而何为"拔尖创新"，什么是"拔尖创新人才"，却没有统一认识，导致一些人把学业表现优秀误认为是"拔尖创新"，至少是"拔尖创新"的一个重要方面。事实上，与学业表现相比，"拔尖创新"更表现为"创新能力""创新精神"等非认知因素。[1] 在错误认识的误导下，一些学校的拔尖创新人才培养探索从选拔到培养都存在较大偏差。在选拔环节，选拔标准以考试成绩为主，选拔方式以笔试面试为主，很难保证选拔的科学性。在培养环节，不但没有创造条件发展学生的优势和特长，而且对应试教育进行了升级和强化，加快了学习节奏、加重了课业负担，对学生的创新天赋和潜能造成了伤害。

培养贯通性不足。拔尖创新人才培养是以天赋和才能为前提的系统工程，需要各个阶段的教育相互协同合作、持续发力。我国目前的拔尖创新人才培养探索基本是不同教育阶段"各自为政"

---

[1] 李敏谊，李金阁，虞立红. 美国高校荣誉教育的培养目标及选拔标准综述［J］. 中国大学教学，2009（6）：96.

的，高等教育阶段的培养探索最为活跃，在基础教育阶段，中学有零星的培养探索，小学和幼儿园基本没有拔尖创新人才培养的尝试。在国家相关政策引导下，一些高校通过拓宽培养口径、调整培养方案、优化培养模式实施拔尖创新人才培养，打通了本科和研究生阶段的培养，较好地实现了高等教育阶段贯通培养。在基础教育阶段，主要是一些高中实施了拔尖创新人才培养探索，但与高校的培养措施缺少衔接；初中、小学和幼儿园基本没有拔尖创新人才培养的尝试，更谈不上与其他教育阶段的衔接问题。

师资专业性不足。目前我国的拔尖创新人才培养还是探索性的，而且探索的时间还不长，经验还不足，很多条件都是临时筹备的，在培养实践中暴露不少问题，师资专业性不足是其中较为突出的一个。由于拔尖创新人才培养是一个相对新颖的事情，缺乏规范的成例可供借鉴，不少学校都没有相应的师资储备。负责拔尖创新人才培养的教师一般是从其他岗位调配过来，这些教师虽然治学能力出众，但对拔尖创新人才的成长规律、教育方式了解不足，又缺乏相应的专业培训，不能有效促进拔尖创新人才的成长。教师的专业性不足表现在两个方面：一是对拔尖创新人才"培养定位"的认识存在偏差；二是缺少相应的教育资源和教育技能，不能为拔尖创新人才成长提供有力保障和有效引导。

河南省拔尖创新人才培养面临的特殊性问题是高等教育阶段的培养规模太小、层次太低。河南省高等教育的规模较大，但以"双一流"建设高校为代表的重点院校偏少，全省具有招生资格的本专科院校共有167所（其中本科院校57所，专科院校110所），"双一流"建设高校只有郑州大学、河南大学两所，而且在全国"双一流"建设高校群体中居于中等偏后的位置。此外，河南省高峰学科偏少且不够突出，根据全国第四轮学科评估的结果，河南省只有一个 A 类学科且获评等级为"A-",为河南理工大学的"安全科学与工程"。拔尖创新人才培养对高校高峰学科群的依赖性较强,鉴于河南省高等教育整体情况和高峰学科的现状,河南省高等教育阶段拔尖创新人才培养呈现出规模偏小、层次偏低的特点。2022 年参与"拔尖计划 2.0"的高校有 44 所,河南省只有郑州大学参与。2023 年全国参与"强基计划"的高校共有 39 所,河南省无高校参与。此外,省内高校自设的拔尖创新人才培养项目很少涉及本硕博贯通培养的模式。

基础教育阶段的培养"应试特征"突出。河南省是人口大省,也是高考大省,2023 年全国高考人数 1291 万人,河南省高考人数 131 万人,同时省内优质高等教育资源偏少,升学机会小、竞争压力大导致河南省考生、家长对高考异常看重,高考的压力也传递到基础教育的各个阶段,培养"应试能力"成为各级学校办学的主要目标,甚至是唯一目标,在这样的环境下实施拔尖创新人才培养就不可避免地受应试教育思维的影响。教学文化得以忽视,教学质量观扭曲,并没有让教学真正地围绕着学生的成长来设计。在中学教育阶段,高考和中考分别是高中和初中办学的指挥棒,培养"应试能力"成为办学的重要基调,虽然一些学校实施了绩优学生专门培养项目,比如"火箭班""特长班""北清班"等,但这些培养项目所强调的大都是对"应试能力"的强化训练,对"创新能力""创新精神"等拔尖创新人才关键素质的培养则不大关心。在小学教育阶段,由于受"小升初"考试和教育评价制度的影响,各类学校亦把应试能力培养作为办学的首要目标,很难为学生个性和特长发展提供充分支持和有效指导。

3. 河南省推进拔尖创新人才培养的对策

建立拔尖创新人才培养管理机构。从拔尖创新人才培养暴露出的问题来看，无论是对"拔尖创新人才"的错误认识，或是培养措施的连贯性不强都与拔尖创新人才培养缺乏统一管理和指导有关，河南省应成立专门机构加强对拔尖创新人才培养的管理与指导，打造成熟的教育系统，加速河南省拔尖创新人才的培育与集聚。根据美国、英国等发达国家的经验，拔尖创新人才培养管理机构可以是教育行政机构的一个部门，也可以是行业协会性质的独立组织。具体涵盖：①建立健全跨部门协同机制，确保政策制定、资源调配、项目实施等各环节的无缝对接，形成工作合力。②设立专家咨询委员会，汇聚行业精英与学术权威，为人才培养方案的制订与实施提供科学决策依据并统筹协调不同学段的拔尖创新人才培养方面的探索。③运用现代信息技术手段，搭建拔尖创新人才培养信息化管理平台，提升管理效率与服务质量。④实施人才培养效果动态评估制度，定期发布评估报告，针对存在的问题与不足，及时调整优化培养策略与管理措施。⑤积极参与拔尖创新人才培养相关政策的制定与修订工作，确保政策内容科学合理、切实可行。同时，加大政策执行力度，确保各项政策措施得到有效落实。⑥加强与政府部门的沟通协调，积极争取财政资金支持；同时，广泛吸引社会资金与资源投入，为拔尖创新人才的培养提供坚实的物质保障。建立拔尖创新人才培养管理机构不仅可以纠正拔尖创新人才培养定位的偏差，而且可以增强不同学段培养措施的连续性和贯通性，提高培养效率。为了充分发挥拔尖创新人才管理机构的职能，应赋予基层教育管理机关拔尖创新人才培养管理职责，让基层教育管理机关接受拔尖创新人才管理机构的业务指导，并在一定程度上对其负责。

加强对拔尖创新人才培养的研究。拔尖创新人才培养是一个专业的教育活动，实施这一活动需要加强对其的了解与认识，前文中提到的对"拔尖创新人才"的错误认识就是相关人员专业性不够、认识能力不足所致。同时，"拔尖创新人才"对大多数人来说是一个相对陌生的概念。此外，拔尖创新人才是一个动态概念，它会随着社会的发展而变化。为了增加对拔尖创新人才的了解和认识，更好地实施培养工作，我们应加强对拔尖创新人才培养的研究。研究的内容应包括：①拔尖创新人才的本质；②培养拔尖创新人才的有效策略；③拔尖创新人才的早期培养；④拔尖创新人才的成长机制等。加强对拔尖创新人才培养的研究方式是多样的，具体包括：①设立专门的研究机构；②赋予既有研究机构新的研究职能；③直接设立相关研究基金向社会研究力量招标等。河南省应明确将拔尖创新人才培养作为实施创新驱动发展战略的核心任务，制定《河南省拔尖创新人才培养行动计划》，明确培养目标、任务分工及时间节点，确保各项措施有序推进。

与省外高水平大学合作培养。基础教育阶段培养拔尖创新人才需要高校的力量。鉴于河南省高等教育整体水平偏低、缺少高峰学科的现状，可以尝试嫁接外部优质高等教育资源与河南省高校合作培养拔尖创新人才。与省外优质高校合作培养拔尖创新人才具有两个途径：①省内高校与省外优质高校对接；②省内高中与省外优质高校对接。省内高校与省外优质高校对接主要针对本科和研究生阶段的拔尖创新人才培养，具体的合作方式有建立人才培养合作伙伴关系、联合设立人才培养"特区"、联合开发科研项目、柔性引进外部专家、共享课程资源等，其中建立人才培养合作伙伴关系、联合设立人才培养"特区"是较为有效和现实的做法。省内高中与省外优质高校对接主要针对基础教育阶段的拔尖创新人才培养，参与的省内高中一般为办学实力较强的优质高中，主要合作方式有联合设立拔尖创新人才培养项目、联合开设选修课程、柔性引进高校师资等，其中联合设立拔尖创新人才培养项目最有意义，它不仅有助于提高中学阶段的拔尖创新人才培养水平，而且可以通过培养对象的选拔与输送有效衔接前后两个阶段的培养工作，推进培养的贯通性。

在引进省外高层次人才的同时，注重引进其领衔的科研项目和团队，通过项目带动人才引进和培养，形成"引进一个人才、带来一个团队、催生一批项目"的良性循环。与省外高水平大学合作培养是快速提升河南省拔尖创新人才培养水平的一个有效途径，相关部门在积极引入省外优质高等教育资源的同时应采取以下措施：①推动河南省高校与省外优质高校联合建立人才培养"特区"；②推动河南省高中与省外优质高校联合设立拔尖创新人才培养项目。

开发贯通培养课程。课程是人才培养的内容载体，对人才培养的规格和质量具有重要影响。课程设计应注重培养学生的创新思维、批判性思维和解决问题的能力。以数学为例，数学并非孤立的存在，与其他学科有着密切的联系。因此，开设"丘成桐中国少年班"的河南省的两所中学的数学老师可以与其他学科的老师进行合作，共同设计课程和活动，以培养学生的综合素质和创新能力。目前，河南省不同教育阶段的拔尖创新人才培养处于"各自为政"的状态，不利于拔尖创新人才的持续成长。为了充分发挥各个阶段的教育合力，很有必要开发拔尖创新人才贯通培养课程。打破传统分段式教育模式的界限，实现基础教育、高等教育及职业教育之间的无缝衔接，构建一体化的人才培养体系。开发拔尖创新人才贯通培养课程需要做好多方面的工作：①组建由各个教育阶段的专家和一线教师构成的课程开发团队；②开展广泛的调研并在此基础上做好专家论证；③研发贯通培养课程的标准体系；④创造贯通培养课程实施的保障条件。

鉴于河南省拔尖创新人才的培养现状和各阶段的教育特点，为培养学生的创新精神、创新意识和动手能力，开发拔尖创新人才贯通培养课程要注重考虑两个方面的问题：一是基础教育阶段的贯通培养课程开发应与基础教育课程改革相结合；二是高等教育阶段的贯通培养课程开发应与产教融合、科教融汇等政策精神相结合。

在中小学校建立拔尖创新人才培养领导小组。拔尖创新人才培养是以天赋和才能为前提的教育，其出发点在于承认自然禀赋的差异。❶ 根据遗传学的相关原理，禀赋超常儿童的出现是各种机缘巧合的结果，他们的出生的时间和空间上会有一定的随机性。由于禀赋超常儿童的成长对教育的要求较为特殊，对他们的早期发现和培养显得尤为重要。因此，应在一线中小学中建立拔尖创新人才培养领导小组，旨在加强组织领导，整合资源，形成合力，为拔尖创新人才的早期发现和培养奠定坚实基础。学校拔尖创新人才培养领导小组的职责包括：①统一协调不同年级超常儿童的发现与培养；②助力全校师生创新精神、创新意识和创新能力的培养；③通过对接培养管理机构，推进不同学段拔尖创新人才的贯通培养。

三、高等教育教学模式的教与学情况现状调查

我们知道，教学是一个双向的过程。如果只有老师认真讲授而学生不学，或者只有学生认真学习而老师不好好教，教学都不

---

❶ 陆一. 构建中国特色拔尖创新人才培养体系 [N]. 中国教育报，2022–03–29 (2).

可能顺利进行，教学效果都不会很好。为此，课题组就高等教育在当前教学模式下的教与学情况进行了深入调查。

（一）高校教师教学效果的现状调查

1. 调查样本

为了解高等教育教师在当前教学模式下的教学效果情况，课题组于 2024 年 5—6 月份进行了抽样调查，主要选取了中原工学院和河南财经政法大学两所高校的部分教师作为样本，调查回收有效问卷 216 份，其中中原工学院 155 份、河南财经政法大学 61 份。从对调查对象的基本情况对比可知，两所学校的教师多为中青年，年龄大多在 40 岁以下，样本占总量的 83.8%，其中 31 岁到 40 岁的样本占总量的 55.1%，30 岁及以下样本占总量的 28.7%；在性别分布上男女比例分别为 32.9% 和 67.1%；职称以讲师和助教居多，分别占样本总量的 58.8% 和 22.2%，学历分布则是硕士研究生占比最大，为 56%。

2. 调查涉及的内容

本次调查涉及"教师采用的教学模式""学生参与教师教学的情况""学生对教师教学重点和难点的理解情况""教学对学生知识的联系与应用情况""根据学生作业而判断的教学效果情况""教师对现有考试方式和考试结果的满意度"等方面的内容。通过调查，主要了解被调查人对当前教学模式的认同度、被调查人在日常教学活动中的教学设计情况、在当前教学模式下的师生之间的互动频率及学生的接受情况。主要目的在于检查当前教学模式的运行情况，考察采用的教学方法是否适合学生及取得的教学效果。现将调查内容简述如下：

（1）教师采用的教学模式情况。不同的教学模式下的教学效果会有显著差异，课题组调查到的高等教育教师采用的教学模式情况为：教师采用的教学模式所占比重最大的是"讲授为主，学生主动学习为辅"，占样本总量的 74.5%，其次是"学生主动学习为主，讲授为辅"，占样本总量的 12.5%（具体见表 2-1）。由此可知，当前的教学是"以教师为中心"的教学模式，而"以学生为中心"的教学模式居第二位。

表 2-1 教师采用的教学模式情况

教学模式	频率/人	百分比/%	有效百分比/%	累积百分比/%
讲授	14	6.5	6.5	6.5
学生主动学习	12	5.6	5.6	12.1
讲授为主，学生主动学习为辅	161	74.5	74.5	86.6
学生主动学习为主，讲授为辅	27	12.5	12.5	99.1
其他方法	2	0.9	0.9	100
合计	216	100	100	—

注：频率指每个变量值出现的次数，即有多少人选该项。有效百分比，指各频数占总有效样本量的百分比，累计百分比指各百分比逐级累加起来的结果，最终取值为 100%。

教师采用的当前教学模式是否有利于学生自主学习的培养以及是否有利于学生之间的协调合作？调查显示，结果位居前两位的是"有作用"和"一般"，而选择"作用很大"的比例很低，居于第三位（具体见表 2-2 和表 2-3）。这种情况说明当前的教学模式对于学生自主学习的能力和学生之间的协调合作有一定的帮助，但是并非学生这两种能力培养的主要因素；换句话说，如果学生的自主学习能力和协调合作能力没有其他因素的影响而仅靠目前的教学模式去影响，那么学生这两种能力将会很低下。而调查结果中,有三分之一的学生对教师采用的当前教学模式的作用是不太满意的。这应当引起注意。

表 2-2　教师采用的当前教学模式是否有利于学生自主学习的培养

教学效果	频率/人	百分比/%	有效百分比/%	累积百分比/%
有作用	110	50.9	50.9	50.9
有很大作用	36	16.7	16.7	67.6
作用一般	60	27.7	27.7	95.3
没作用	10	4.7	4.7	100
合计	216	100	100	—

表 2-3　教师采用的当前教学模式是否有利于学生之间的协调合作

教学效果	频率/人	百分比/%	有效百分比/%	累积百分比/%
有作用	110	47.2	47.2	47.2
有很大作用	39	18.1	18.1	65.3
作用一般	58	26.8	26.8	92.1
没作用	9	7.9	7.9	100
合计	216	100	100	—

(2) 学生参与教师教学的情况。任何一种教学模式的采取都离不开学生的参与,否则这种教学模式就是不成功的。调查显示学生参与教师教学的情况是:55.6%的调查对象都选择了"积极参加,有思考",24.5%的调查对象选择了"参加,思考较少",选择"踊跃参加、认真思考"的位居第三,有效百分比为18.5%(具体见表2-4)。这说明,学生还是愿意参与教师的教学活动的,但在实际参与过程中,很少产生真正对学习有帮助的行为,多数人是只有参与的热情而没有有效的思考。

表 2-4 学生参与教师教学的情况

学生参与情况	频率/人	百分比/%	有效百分比/%	累积百分比/%
踊跃参加，认真思考	40	18.5	18.5	18.5
积极参加，有思考	120	55.6	55.6	74.1
参加，思考较少	53	24.5	24.5	98.6
不怎么参加，没思考	3	1.4	1.4	100
合计	216	100	100	—

（3）学生对教师教学重点和难点的理解情况。教学重点和难点是教师的讲授为学生所接受、理解，这才能够达到既定的教学目的，实现教学效果。绝大多数教师选择了"理解"和"一般"，而选择"非常理解"的只有 12.5%（具体见表 2-5），这说明被调查对象认为真正能够对知识点理解、吃透的学生特别少，大多数只是对重点、难点有了大概的认识，并没有完全理解这些知识点的本质及背后的联系。

表 2-5 学生对教师教学重点和难点的理解情况

学生理解情况	频率/人	百分比/%	有效百分比/%	累积百分比/%
非常理解	27	12.5	12.5	12.5
理解	153	70.8	70.8	83.3
一般	32	14.8	14.8	98.1
不理解	4	1.9	1.9	100
合计	216	100	100	—

（4）教学对学生知识的联系与应用情况。教学应当有利于学

生对知识的联系和应用。课题组的调查显示,被调查对象普遍认为目前的教学模式对于学生对知识的联系和应用方面还是有一定作用的,但是所起作用并不大,这也正是目前这种传统教学模式的尴尬之处。学生对于知识的联系和应用应该是教师在教学过程中帮助学生做到的,"教学"是最重要的因素,但目前的情况却不容乐观(具体见表2-6)。

表2-6 教学对学生知识的联系与应用情况

教学效果	频率/人	百分比/%	有效百分比/%	累积百分比/%
作用很大	36	16.7	16.7	16.7
没有作用	141	65.3	65.3	81.9
作用一般	36	16.7	16.7	98.6
有作用	3	1.4	1.4	100
合计	216	100	100	—

注:本表百分比数据因采用四舍五入法得来,导致最后数据相加不完全为100,下同。

(5)从学生作业判断的教学效果情况。教师在课后应当给学生留有一定的课后作业以检查学生对课堂的把握情况,巩固课堂所学知识,进一步反馈课堂学习的效果情况。根据学生的课后作业完成情况,教师来判断学生对知识的把握程度。调查显示,只有7.4%的调查对象选择了"非常好","好"和"一般"分别占样本总量的55.1%和36.1%(具体见表2-7),这说明学生课后不会把主要精力放在课后作业的完成上,一方面说明学生对课后作业有一种消极的态度,另一方面反映出教师布置的作业存在一定的问题,也从一个侧面说明了教师的课堂教学有不尽如人意之处。

表 2-7 从学生作业判断的教学效果情况

教学效果	频率/人	百分比/%	有效百分比/%	累积百分比/%
非常好	16	7.4	7.4	7.4
好	119	55.1	55.1	62.5
一般	78	36.1	36.1	98.6
不好	3	1.4	1.4	100
合计	216	100	100	—

（6）教师对现有考试方式和考试结果的满意度情况。一个完整的教学过程不仅有教师的教，还要有教师对学生进行一定的考试（查），并从考试（查）结果上检验教学效果。在课题组进行的"教师对现有考试方式和考试结果的满意度"的调查中，大多数调查对象都选择了"一般"（具体见表 2-8 和表 2-9）。而"一般"的背后隐含着两方面的信息，一方面是目前的考试方式确实存在问题，导致学生的考试结果很"一般"，不尽如人意。另一方面是教师对有关自己问题的回答存在一个中庸的评价——评价好了容易让人说风凉话，而评价坏了容易被人批。这不仅反映出目前的考试方式存在一定的待改进之处，也反映出不管是考核的形式还是考核结果，都不是衡量教学效果的唯一手段和标尺。

表 2-8 教师对现有考试方式的满意度情况

满意程度	频率/人	百分比/%	有效百分比/%	累积百分比/%
非常满意	13	6.0	6.0	6.0
满意	83	38.4	38.4	44.4
一般	100	46.3	46.3	90.7
不满意	17	7.9	7.9	98.6
非常不满意	3	1.4	1.4	100
合计	216	100	100	—

表 2-9 教师对现有考试结果的满意度情况

满意程度	频率/人	百分比/%	有效百分比/%	累积百分比/%
非常满意	10	4.6	4.6	4.6
满意	93	43.1	43.1	47.7
一般	98	45.4	45.4	93.1
不满意	12	5.6	5.6	98.6
非常不满意	2	0.9	0.9	99.5
说不清	1	0.5	0.5	100
合计	216	100	100	—

（7）学生对教学活动过程的参与情况。无论采用什么样的教学模式，无论想得到什么样的教学效果，教学过程都离不开学生的参与。在课题组进行的"学生对教学活动过程的参与情况"的调查显示，教师对学生参与教学过程的情况还是比较满意的，大多数选择了"好"和"非常好"，这说明学生和教师之间愿意了解和沟通，有交流的愿望和热情。而且 47.2% 的教师在上课过程中会经常提问学生，这也是达成学生与教师之间进行交流互动的一个主要因素；但是教师通过提问发现学生对于知识的把握并不理想，选择"非常好"的只有 9.3%，而选择"好"和"一般"的分别是 54.2% 和 32.9%，在教师和学生之间都有交流的愿望和互动的热情下，为什么没有达到互动的最佳效果？即帮助学生很好地把握所学知识点。毕竟课堂上的交流互动不是目的，而是教学手段，只有愿望和热情并不能帮助学生学习，这就需要反思高等教育教师当前的教学模式和教学方法了。

综合来看，对高等教育教师的调查表明，高等教育的教师采用的教学模式主要是以教授为主，而学生参与教师教学的积极性并不高，学生对教师教学重点和难点的理解还未达到理想化的境地，学生并没有完全理解教师讲授的知识点的本质及背后的联系，教师的课堂教学尚有一定的不尽如人意之处，教师对当前教学模式的认同度及学生对其讲课情况的接受程度并不高，这反映出当前教学模式的运行情况、采用的教学方法还未完全达到适合学生的地步，这与理想化教学效果之间还有一定距离。

（二）高校学生学习效果的现状调查

1. 调查样本

为了解高等教育学生在当前教学模式下的学习效果情况，课题组于2024年5—6月进行了抽样调查，本次调查共选择了河南财经政法大学、中原工学院等四所学校的学生共549人。其中大一学生238人，大二学生292人，大三学生19人；男性120人，女性429人；在普通中学上过学的有234人，在县（市）级重点中学上过学的有293人，全国重点中学上过学的有7人，15人是其他情况。对河南牧业经济学院的学生，较细致地划分了院系和专业（其中市场营销系51人，工商管理系52人，商务秘书系50人，旅游管理系45人，会计系50人，艺术设计系50人，经济贸易系57人，计算机系49人）。

2. 调查涉及的内容

本次调查涉及的问题主要包括两部分内容：一是在当前教学模式下学生的学习情况。二是学生对当前教学模式的总体评价和具体评价。具体包括以下问题：当前教学模式是否有利于学习兴趣的培养、是否有利于分析解决问题能力的提高、是否有利于重点难点的理解，教师教学是否有利于知识的联系和应用、是否有利于学习效率的提高、是否有利于自主学习技能的锻炼、是否有利于信息搜集和利用。现将调查内容简述如下：

(1) 在当前教学模式下学生的学习情况。具体包括上课前是否认真预习、学习过程中是否主动查阅书籍资料、学习中遇到困难如何解决、如果没有考试会不会好好学习等问题。这些问题都主要用来考查学生学习的主动性和积极性。

学生为了学好课程并与老师配合好,课前预习是很必要的,在课题组进行的"上课前是否认真预习"的调查显示,学生能在上课前非常认真地预习课程的只占调查总数的13.3%,不认真预习和非常不认真预习的学生占18.6%,选择一般的占绝大多数(59.4%)。这说明,不认真预习和课前只随便翻下书的学生占大部分(88.7%),而认真预习的学生只是少数。在当前教学模式下,学生为什么不预习,一方面反映学生不主动学习,另一方面反映当前教学模式的不得当。

为了搞好学习,学生在学习过程中阅读一些书籍资料是十分必要的。在课题组进行的"学习中是否主动查阅书籍资料"的调查显示,在学习过程中,学生不主动阅读书籍资料和非常不主动阅读书籍资料的比例是18.9%,而非常主动阅读书籍资料的学生比例仅是2.9%(见表2-10)。如此高的"不主动"情况说明,学生的学习动机是很低的,为什么会出现这种情况?从学校层面需要反思教学模式、教学方法的适用问题了。

表2-10 学习中是否主动查阅书籍资料?

学生主动程度	频率/人	百分比/%
非常主动	16	2.9
主动	192	35.0
一般	230	41.9
不主动	95	17.3

续表

学生主动程度	频率/人	百分比/%
非常不主动	9	1.6
说不清	7	1.3
合计	549	100

教育应当激起学习者的思想火花，进而使其对学习的内容产生较大兴趣。课题组进行的一项"最能激发你学习兴趣的内容"的调查显示，老师讲授内容只占 5.8%，学生自己感兴趣的内容占绝大部分，达到了 80.0%，而与考试相关的内容只占到了 12.6%（具体见表 2-11）。这种情况说明，一方面老师讲授的绝大部分内容并不能成为学生所喜爱的，毕竟老师的教学模式大部分都是以讲授为主，上课对于学生来说，并不是一个享受的过程。这就扼杀了学生的兴趣和爱好，十分可怕！另一方面无论承认与否，在客观上，考试仍是促使学生学习的一个主要手段。很多学生都说"大学 60 分万岁"，好像大学学习就是为了考试得 60 分，是否不考试了也就不学习了呢？调查发现，事实不完全如此，很多学生还是很想在大学中学到知识的，他们的学习积极性还是比较高的。认真学习的学生占到了被调查人数的 45.8%，而不认真、非常不认真和说不清的仅有 15.7%。在学生最喜欢的评价方式中，综合方式达到 69%，学习过程占 24.2%，考试方式和作业完成情况仅占 6.7%。这种情况需要我们对学生的较高学习积极性加以正面引导的同时，还要改革目前的学生学习情况的评价方式，而这离不开反思和改革教学模式、教学方法。

表 2-11　最能激发学生学习兴趣的内容

学习内容	频率/人	百分比/%
老师讲授内容	32	5.8
自己感兴趣内容	439	80.0
与考试密切相关内容	69	12.6
其他	9	1.6
合计	549	100

（2）学生对当前教学模式的总体评价和具体评价。学生对当前教学模式的总体评价和具体评价，具体包括以下问题：当前教学模式是否有利于学习兴趣的培养，是否有利于分析解决问题能力的提高，是否有利于重点难点的理解；教师教学是否有利于知识的联系和应用，是否有利于学习效率的提高，是否有利于自主学习技能的锻炼，是否有利于信息搜集和利用。

从对学生的调查得知，有 436 位学生（占被调查人数的 79.4%）认为以老师教授为主学生学习为辅的教学模式是当前高等教育教师采取的主体教学模式，而学生主动学习为主老师教授为辅的教学模式基本上处于一种被忽略的地位，仅占 13.1%。在这种教学模式下，学生的总体评价的满意程度处于一般水平的达到 56.0%，不满意和非常不满意的达到 12.6%（具体见表 2-12）。这表明 8 个学生里就有一个学生不满意老师的教学方式。从这个层面也需要反思一下当前的教学模式、教学方法的得当性问题。

表 2-12　学生对老师的教学方式的满意度情况

满意程度	频率/人	百分比/%
非常满意	14	2.6
满意	148	27.0

续表

满意程度	频率/人	百分比/%
一般	307	56.0
不满意	56	10.2
非常不满意	13	2.4
说不清	11	2.0
合计	549	100

下面再具体看一下高等教育的学生对当前教学模式的评价。

在"当前教学模式是否有利于学习兴趣的培养"和"是否有利于分析问题和解决问题能力的提高"问题的回答上,"非常有利"和"有利于培养学习兴趣"的占44.6%,而回答"一般"、"不利"和"非常不利"的合计达到了43.3%。而回答"一般"和"不利和非常不利于分析问题和解决问题能力提高"的占43.6%;在"当前教学模式是否有利于对教学重点难点的理解"问题的回答上,选择"非常有利于"和"有利于对教学重点难点的理解"的占37.9%,"一般"的占52.3%,"不利"和"非常不利"的占8.5%;在"教师教学是否有利于对知识的联系和应用"问题的回答上,42.4%的学生回答的是"一般",回答"不利"和"非常不利"的占7.1%;在"教师教学是否有利于学习效率的提高"问题的回答上,41.3%的学生回答的是"一般","不利"和"非常不利"的占6.2%;在"教师教学是否有利于自主学习技能的锻炼"问题的回答上,47%的学生回答的是"一般","不利"和"非常不利"的占13.7%。在"教师教学是否有利于信息搜集和利用"问题的回答上,43.2%的学生回答的是"一般","不利"和"非常不利"的占9.3%。

综合来看,当前的教学模式不仅不利于学生学习兴趣的培养和分析问题、解决问题能力提高,也不利于学生对教学重点难点的理解、对知识的联系和应用,还不利于提高学生的学习效率、锻炼学生的自主学习技能,也不利于学生对信息的搜集和利用,已经到了变革的地步。

(三)高等教育在当前教学模式下教与学方面存在的问题

调查表明,高等教育中运用的主要教学模式仍然是"以教师为中心"的传统模式,即教师口授、板书,学生耳听、笔记这种形式进行知识的传授,老师是施教者,是教学过程的主宰,而学生则一直处于被动的过程,被动接受知识,整个教学活动都是围绕老师而进行。这种教学模式存在以下问题。

一是教师作用的夸大不利于教学效果的充分发挥。由于在传统教学模式下,学生只是被动接受知识的客体,其认知主体的地位没有得到体现。教师和学生之间是单向传输关系,导致学生过分依赖教师。这样会抑制学生的主动性和创造性的发挥,致使学生自学能力、生活自理能力、思想自律能力缺乏,影响教学效果。

二是教学环境的限制性导致课堂无活力。在传统教学模式中课堂是学生学习的最主要场地和时间,教师上课期间通常高密度地讲解,学生很少有独立思考和提问的时间和机会。这很容易造成课堂上缺少活力,学生感到学习枯燥无味,致使课堂教学成为脱离学生生活世界的、单调乏味的理性活动,从而容易让学生感到课堂毫无乐趣,而且仅凭记忆学到的书本知识根本无法直接应用于实际。

三是对教材的过分重视抑制了学生个性的发挥。教科书是依据教学大纲编写的,在某种程度上具有一定的"权威性",在传统的教学中,教师讲课内容主要以"课本"为主,考试也以"课本"为依据,这导致掌握教科书的程度成了评价学生的唯一尺度。学生的兴趣、爱好和特长经常被忽视，学生的潜能难以挖掘，学生容易陷入机械地记忆课本知识的"泥潭"，而不动脑筋思考，从而抑制了学生的个性发展。

四是重结论轻过程的教学不利于学生创新能力的培养。传统教学模式倾向于填鸭式地把知识经验传递给学生，学生普遍缺失体验性学习，同时量化的考核方式又是唯一的评价方式。这就导致了学生不去思考、不会思考，只会死记硬背，只训练了学生的即期应试能力，却没有了创新、质疑的能力，形成知、能脱节。

上述问题的存在，导致教师累、学生苦、负担重、效率低局面的形成。为适应高等教育发展的形势要求，从目前的"教""学"低效的状态走出来，需要对这种教学模式不太适合于高等教育的部分进行"改良"——尝试在高等教育引入 PBL 教学，把师生之间单纯扮演的"教"与"学"的孤立角色，转变为共同参与、相互合作的平等关系。

四、科教融合在拔尖创新人才培养中的实践

20 世纪 50 年代，中国全面学习苏联的结果是建立了负责科研的科学院和负责教学的大学，形成科教分离的教学与科研关系。这一时期，有综合类大学提出要承担科研职能的要求，引发了对这一问题的讨论。1957 年中科院代表团访问苏联，发现苏联的科学院下设了附属大学，这一发现直接导致了中国科技大学的成立。改革开放后，邓小平在谈到国家现代化时明确提出大学就是科研机构；1985 年《中共中央关于教育体制改革的决定》明确大学具有教学与科研的双重任务；1987 年《关于改革高等学校科学技术工作的意见》着重强调大学的科研职能，引起了普遍重视；1995 年国家实行"科教兴国"战略，随后"211 工程""985 工程"以

及如今"双一流工程"的实施,极大提升了大学的科研能力与实力。可以说中国的大学发展至今,其科研水平完全有能力支撑大学教学,虽然我国的科研实力提升显著,但是在解决"钱学森之问"和改革科学技术发明创造性人才的思路上,我国的专家学者、校长们普遍停留在以"知识传授"为中心的旧的高等教育框架内,没有看到高校科学研究对于培养杰出人才的巨大优势和潜力,如何将大学科学研究的优势投入大学的教学中是当前科教融合的主要问题。需要明确的是,高校科研是一种有效的教学方式与学习方式,注重科研的育人属性与教学的学术性并重,故提倡科教融合对我国高等教育进一步发展甚有必要。❶

(一) 科教融合在拔尖创新人才培养中的作用

1. 科研是现代大学人才培养的基本方式

从上述分析可以看到,西方大学现代化的过程均实现了对大学内部存在科学研究和教育教学两项基本职能的建构,这是大学现代性的重要体现。在现代大学组织内部,科学研究体现了对于真理的追求和对于客观、实证知识的运用与探索,是一种理性精神的体现。而古典自由教育理念正是指向对人的"精神与灵魂"的培养,恰恰体现了对理性的追求,这是科研作为人才培养基本方式的理论基础。现代高等教育的重要使命在于锻炼人的心智,从而培养人的理性气质。理性气质的培养是一个循序渐进的过程,大学为这一目的的实现提供了恰当的条件,而批判精神作为理性气质的前提,在理性气质培养过程中,两者同步前进。将科研活动作为人才培养的基本方式,在培养学生的批判思维和理性气质

---

❶ 周光礼,周详,秦惠民,等. 科教融合学术育人——以高水平科研支撑高质量本科教学的行动框架 [J]. 中国高教研究,2018 (8): 11-16.

方面具有得天独厚的优势：一方面，学生对科研的参与过程是一个先学习后创新的人类知识传递与生产的完整过程，极大促进了对创新型人才的培养；另一方面，科研成果最后的水平高低也集中反映出学生批判能力和理性气质培养的成效与效果，因此，现代大学的重要特征便是将科研视作大学培养人才的基本方式。

2. 大学组织的科研活动为教学服务

现代大学的功能包括教学、科研和社会服务，这三个职能并不是相互平行的，而是存在着内在逻辑。现代大学的基础功能是教学，这也是大学的本质属性，在这一基础功能上衍生出大学的派生功能，即科研和社会服务，两个派生功能也是大学现代性的基本体现。从历史的发展顺序上来看，科研活动产生于教学服务，教学服务又是科研活动的基础，因此，科研活动作为教学的派生功能，应当以教学为基础，为教学活动服务，从而更完整地实现大学的功能。

由于社会复杂性的不断加剧，高等教育的人才培养将不仅是为了适应社会，更在于引领社会。创新型社会需要大学培养具有实践能力、跨界整合能力和创新能力的人才，传统的知识传授型教学已经难以担此重任。事实上，今天的大学教学必须致力于"帮助学生形成批判性分析的能力、收集证据的能力和在理性的基础上做出判断并不断反思自己正在做什么以及为什么这么做的能力，这一切都是探究的能力，探究是超复杂社会的核心"。要充分发挥现代大学的引领功能，必须更加明确大学教学内容的科研性，以及大学科研的教学性。大学的科研，既作为一种目的而存在，同时也是实现这种目的的手段，手段与目的相统一的科研性教学活动也就在大学组织中成为一种必然。这既是现代大学组织功能演变的重要结果，也是社会变迁对大学组织提出的现实要求。

3. 科教融合有利于培养学生创新能力

科教融合包括两种基本形式，一种是研究性教学，另一种是本科生科研。研究性教学在激发学生创造能力，调动教师教学活力方面具有不可替代的作用，本科生科研则更进一步地强调本科生参与科研的作用。我国大学发展至今，已经有能力支撑本科生科研，只不过千篇一律的课堂形式限制了这一优势的发挥，导致学生只能通过单一的经历获得知识，不能在科研的过程中获得丰富的认知，从而很大程度上限制了学生创新能力的提升。根据美国学者布鲁姆的"学习分层理论"，学生在认知领域的学习包括由下而上的六个层次：知识、领会、运用、分析、综合与评价，我国传统的本科课堂集中在知识和领会两个浅层学习中，学生只能从中获得浅层的思维；如果将科教融合的理念引入本科生的教学当中，让本科生参与科研，在科研过程中不仅实现低层次领悟，还会实现高层次的创新，对于学生的批判思维与理性气质的培养有着重要作用。"为什么我们没有一所学校能够培养创新人才"，这是因为我们的课堂教学模式千篇一律，只能为学生提供单一的认知经历。科教融合下的高等教育极大扩充了学生的认知经历。

(二) 科教融合培养拔尖创新人才的案例分析

1. 美国加州大学伯克利分校本科生科研措施

如前所述，在美国实用主义的观念下，以吉尔曼和博耶为代表的美国学者对德国洪堡的大学科教融合模式进行了本土化创新并取得了成功，因此，有必要对美国大学在科教融合方面的操作进行研究。美国加州大学伯克利分校是世界最顶尖的公立综合研究型大学之一，从该校本科生科研出发对于研究美国大学的做法

而言具有普遍意义。❶

（1）将科研视为本科生培养的基本方式。该校将本科生科研当作本科课程教学的一项重要内容，该校对本科生教育的重视为本科生提供了参加科研的机会，为本科生提供了丰富多彩地参与科学研究的项目。本科生参加科研计算学分，本科生科研是教学计划的一部分。学生参加科研，所得的学分占总学分要求六分之一以上。开设研究性课程和学术研讨班，加州大学伯克利分校提倡以探究为基础的研究性学习，构建研究性教学体系。学校在本科课程中开设了5门研究性课程，并对低年级学生开设小型研讨课。学校每学年开设的研讨课有200多门。研究性课程和研讨课激发了学生的研究兴趣，开阔了学生的学术视野，让学生学到了规范的研究方法并培养了学生的创新能力。

（2）科研服务于教学的制度设计。建立本科生科研指导组织。本科生研究办公室的具体任务是：提供各种研究机会和项目申请的信息。组织项目申报，审核以及验收工作。承担一定的教育职能——如组织讲座、讨论会等。

设立专项资金。为本科生科研进行资助的专项资金来源有三：学校、院系以及其他跨学校科研领域提供的专项资金；加州大学系统所管理的国家实验室提供的专项资金；校外提供的机会，包括美国国家自然科学基金委员会所设立的全国性"本科生研究经验计划"（Research Experiences for Undergraduates Program，REU）。REU下设本科生科学研究的"工作站"（REU Sites）为学生颁发的奖学金。

制定申请资格的管理体制。制定学生参加科研的条件和实施

---

❶ 张瑛. 论本科生科研与教学之融合：美国加州大学伯克利分校本科生科研措施之启示 [J]. 当代教育论坛，2012（2）：87-90.

有竞争性的方法。比如，参加学徒计划（URAP）项目的申请者其学分积点（GPA）应在 2.0 以上，参与 Hass Scholars program（来自校友捐赠的私人基金会的项目）其学分积点必须在 3.5 以上，而且申请者要具有最好的基本条件或最好的项目设计，才有可能被教师从众多的申请者选中。

（3）科教融合对学生创新能力的培养。①丰富多彩的本科生科研项目。加州大学伯克利分校本科生申请的主要科研项目类型如下："本科生科研学徒计划"（The Undergraduate Research Apprentice Program，URAP）；来自私人基金会的"哈斯学者计划"（Hass Scholars Program）；"校长本科生研究奖学金"（PUP），用于资助杰出的本科生在教师指导下从事原创性的研究（不支持学生参加教师已经立项的研究项目）；"本科生研究经验计划"（简称 REU），资助本科生利用暑期从事研究工作；"迈克奈尔学者计划"（Mclair Scholars Program）专门资助低收入家庭学生参与本科生科研；学生自己提出研究项目方案。方案包括可研究性项目、创造性设计工作，以及公众服务性项目（Community Service Project）。根据方案可向学校提出研究资金的申请。

②建立激励机制。采取配套措施，鼓励学生参加科研。为本科生提供公开发表自己研究成果的机会。加州大学伯克利分校举办了 4 种本科生发表文章的杂志社，并为学生发表文章提供版面费支持，对学生参加学术会议宣读论文提供旅费。此外，对指导学生参加科研的教师采取激励措施。例如，学校在经费和工作评定上均予以倾斜，对指导学生参加科研有成就的教师给予杰出教学成就奖。

伯克利的 UROP 计划（本科生研究机会计划）实施评估机制。在实施 UROP 计划的结尾时，学生需要提供 UROP 经历反馈，（包括个人收获，遇到的挑战，这些经历对个人本科生涯的影响，接受指导的程度，以及将来的合作意愿等）；教师也需要对学生的表现进行评估，包括工作态度和对研究团队所做出的贡献等。

2. 中国科学院大学的实践与创新

（1）中国科学院大学科教融合的创新与实践。①组织机构设置与改革。2000年之前，中科院研究生教育工作的实施与研究所之间形成一一对应的关系，实际上每个研究所就是一所"学校"，是研究生教育的基础单位；2000年之后，中国科学技术大学研究生院（北京）更名并重新组建中国科学院研究生院，并提出要在保证研究所作为基本教学单位的基础上，逐渐实现"三统一、四结合"，即统一招生、统一管理与统一学位授予，院所结合的领导体制、师资队伍、管理制度和培养体系；2012年，中科院启动实施"创新2020"，中国科学院研究生院更名为中国科学院大学（以下简称国科大），并调整为以"国科大－所（院/系/中心）"为主干、以研究所为基础的扁平化组织结构，并对国科大和中科院的内部组织机构进行调整与新设：一方面，对原有部门按照性质与职能进行整合，这一目的在于消除科研体系与教学体系之间存在的制度壁垒；另一方面，新建组织体系以推动科教融合，保证在维持行政部门业务的同时，最大限度保持基层学术组织自治传统。

②管理制度与职能划分。学术体系方面，上层结构由中科院学部和国科大学科群和校学位委员会组成，其中，中科院学部是中科院科学思想库的建设核心和国家科学技术的最高咨询机构，也是中科院下属教育机构在科教结合协同创新过程中，尤其是学科设置、前沿方向把握、导师资源开发、学位授予、教学成果评估等方面的督导与支撑，全部由院士组成；学位委员会是国科大实施科教融合育人的核心智库，各级学位委员会分别负责学校、

学科群、研究所三个层面的学位与研究生教育的统筹规划与协调，并提供相关的战略咨询与建议。在行政管理方面，宏观上，中科院职能局负责全院科研与高等教育事务的战略规划、统筹协调与综合管理，制定支持"研究机构、学部、大学三位一体"发展的政策措施，并提供相应的资源匹配。国科大校教育业务部门负责对全校研究生教育行政事务的统一规划、统筹协调与综合管理，并通过学位委员会、学术委员会、教学委员会、教学督导评议委员会推进和协调全院研究生教育工作。中观上，中科院各分院、国科大各教育基地是科教融合体制中的区域性职能分支机构。微观上，研究所（院/系/中心）拥有的一流科研实践平台及高水平导师队伍，是"科研—教学—学习结合"最紧密和最有效的核心与枢纽，它既是中科院科技创新的主体和基层组织，又是国科大科教融合培养高层次人才的主体和基本单元。

③机制创新的主要特色。国科大的科教融合经历了较长的发展过程，总体来看具备以下特点：第一，建立了以院士指导国科大教育发展的长效机制。中科院中的院士会加入国科大的学术委员会，其中校级学术委员会中院士占40%，这种组织机制最大的特点在于保证基层培养单位在全校研究生教育组织中的发言权和决策权，把控学术权力以促进科研与教学在体制方面享有较大自由。第二，建立以知识逻辑为动力的学科联动与动态调整机制。在专业设置、学科类型、层次结构和区域布局等方面全面推进与中科院国家战略布局的学科联动，并在国务院学位办和教育部的总体框架下，围绕"领域前沿、重要方向和重大项目"三个层次凝练提升重点学科，加强在交叉学科、前沿学科和综合性学科方面设置特色学科。第三，推动"两段式"培养向"无缝式"培养转变。国科大创新提出以教学科研单位为规划主体，以集中教学园区（教育基地）为实施机构的研究生课程教学环节，即专业课

从课程设置到教学实施均由处于科技前沿和科研实践一线的研究所为主体提出,而具体的教学组织则由集中教学园区承担。第四,建立教师交叉互聘、优秀师资共享机制。从各培养单位雄厚的科技人才队伍中遴选研究生指导老师,承担研究生科研实践和论文撰写的全程指导工作。❶

(2) 国科大生命科学学院。学院组织架构。国科大生命科学学院是国科大规模最大的基础学院,共有研究生 795 人,本科生 220 人,其基本行政架构如图 2-1 所示,生命科学学院专门设置科教融合办公室,以生物科学一级学科建制,下设 8 个学科方向教研室,实行主任负责制,由依托研究所相关学科的知名科学家领衔,负责编制和实施教学计划。

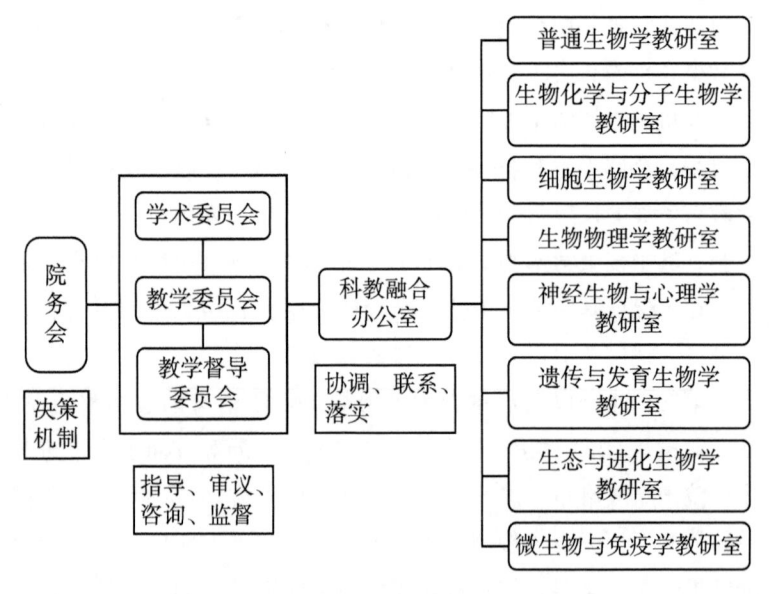

图 2-1 国科大生命科学学院组织架构图

---

❶ 林彦红. 科教融合理念的创新与实践:以中国科学院大学为例 [J]. 研究生教育研究, 2015 (4): 27-32.

国科大生命科学学院结合学科特色创新教学模式。第一，设置学业导师，激发学生兴趣，发挥学生专长，鼓励学生学科交叉，参加科研课题、早出创新成果。第二，发挥课程教师作用，本科课程教师均为来自研究所的具有教学经验和热情的资深科学家。第三，在教学方法方面，注重对学生的引导，教师带领学生探索科学规律。第四，教师授课时，不仅讲授基本概念、基本方法，还适当加入最新成果、科学演进的历史，使学生既知其然，也知其所以然，启发学生根据所学的知识大胆推测和展望。第五，开设"非常规课程"，比如"发育遗传学"等其他高校没有开设的课程，由长江学者执教，采用理论讲授与研讨互动、文献阅读、实验相结合的教学方法，让学生在学习理论知识的同时，综合能力也得到提高。

国科大生命科学学院综合评价学生学习效果。在评价学生学习时，一方面，不仅通过传统的考试对学生学习情况进行评价，同时考查学生平时作业、报告完成情况、课堂研讨表现，适当加上出勤分；另一方面，在考卷中设置部分"非标准答案"考题，比如《生物物理学概论》考试中的问答题"谈谈你对这门课程的学习感想"；《生物统计学》的问答题"设计一个实验，检查三种食物配方和两种光照节律对朱鹮幼鸟生长（重量增加）的影响""设计一个实验，检查中国科学院研究生院男生和女生身高差异的显著性"；《进化生物学》的问答题"综合运用你所学的进化生物学知识，解释自然种群中存在遗传多态性的机制""思考导致生殖隔离的可能进化过程和机制，讨论一下以生殖隔离作为界定物种的标准的优、缺点""古生物学研究对进化生物学有哪些不可替代的作用"等。这些"非标准答案"考题的目的在于考查学生综合运用所学知识的能力，挖掘学生的创新潜能，开拓学生思维。

国科大生命科学学院注重因材施教和个性化培养。在培养学生时讲求因材施教，充分利用中科院的强大科研人员阵容带来的师资力量以及雄厚的科研设备支撑。对于性格活跃、喜欢探索的学生，采取因材施教的方式协助其拓宽学术视野。对于性格沉稳、目标确定的学生，创造条件支持其及早进实验室深入探究，其最终目的是以灵活的制度安排为学生创造最有优势的发展条件。

国科大生命科学学院强调国际化培养。对学生的国际化培养，一方面会组织学生参加国际学术会议，比如组织本科生、研究生参加 2018 年 10 月 27 日至 29 日在北京国家会议中心召开的首届世界生命科学大会，了解国际学术前沿；另一方面，邀请国际学术大师前来指导，比如生命科学学院曾邀请诺贝尔奖得主 Erwin Neher 教授为本科生做学术报告，系统阐述了离子通道的发现历程、膜片钳技术在离子通道研究中的重要作用以及离子通道研究在治疗心律失常、2 型糖尿病和囊性纤维病等疾病方面的应用前景。邀请美国科学院院士 Dinshaw J. Patel 教授，德国科学院院士、美国科学院外籍院士 Hartmut Michel 等国际著名科学家为本科生做学术讲座。邀请英国 Dundee 大学教授、英国皇家学院院士和国际 RNA 学会终身成就奖获得者 David Lilley 来校授课。美国得克萨斯西南医学中心傅阳心教授来华合作研究时，担任 2014 级本科生指导教师，指导学生高质量地完成了论文工作，获得毕业论文答辩委员会的一致肯定。国际化培养带给学生的不仅是科学知识，更有坚忍不拔、攻坚克难的勇气和发现问题、解决问题的人生智慧，实现学生学术能力与科研能力的双重提升。

（3）国科大物理学院。①国科大物理学院组织架构。国科大物理学院的主承办研究所包括物理所、高能所、理论所、声学所、半导体所，共建近物所、应物所等京外十多个研究所，其组织结构包括院长、副院长、学术委员会、教学委员会、教学督导委员会、青年教师委员会以及行政办公室，物理学院教学科研工作开展的基本单元主要是物理学系（下设7个教研室）、近代物理系（下设3个教研室）和实验物理教学中心。

②国科大物理学院的资源保障与师资力量。物理学院的实力雄厚主要表现在师资和硬件设备上，在师资方面，物理学院现有活跃在科研一线的专任及岗位教师共267人，包括18位院士，75名"杰青"等，且专任教师已经全部纳入各个教研室，并从中严格挑选授课教师，师生比高，研究经费充足。近年来，这批杰出科学家不断实现新的突破，例如：铁基超导纪录的刷新、新中微子振荡模式的发现、新物质基本结构的发现等。在硬件设备方面，作为教学科研支撑的大科学装置包括正在运行的兰州重离子加速器，北京正负电子对撞机，大亚湾反应堆中微子实验装置，上海光源，散裂中子源等，建设中的包括江门反应堆中微子实验装置，极端条件中心，北方光源等，可以说科研的雄厚实力是物理学院实行科教融合的基础和保障。

③国科大物理学院的文化与课程：因材施教与立德树人。国科大物理学院在推动本科教育的因材施教时有两个显著特点，第一，小班制教学。其中公共基础课（力/热/电/光/原）由30名学生和1名助教组成，专业基础课（量子、电动、理论、统计物理等）每个班20～30学生，实验课每组有6～10学生，保证了学生学习知识与动手科研的结合。第二，优质教师授课。本科的主讲教师原则上由具有正高级职称的优秀专家授课，助课教师要求为教授及副教授（公共必修：30%，专业必修：38%），并且允许学生对同一门课进行多班次自由选课，切实保证科教融合过程中的

因材施教。在立德树人方面，本科生学业导师由100余位在一线工作的知名科学家担任，每年有半年以上的工作时间用来直接指导学生，关心学生成长。

④国科大物理学院的分段培养模式。物理学院的研究生教育采取"分段培养模式"，研究生在集中教学阶段学习主要课程和学分，由所级单位承担教学任务，第一，学习部分普及课、研讨课和讲座课程；第二，完成科研实践任务；第三，撰写学位论文，通过毕业论文答辩。此外，物理学院的研究生课程开设程序如图2-2所示，这一程序的最大特点在于避免因人设课，保证以科研作为教学的基础与手段。

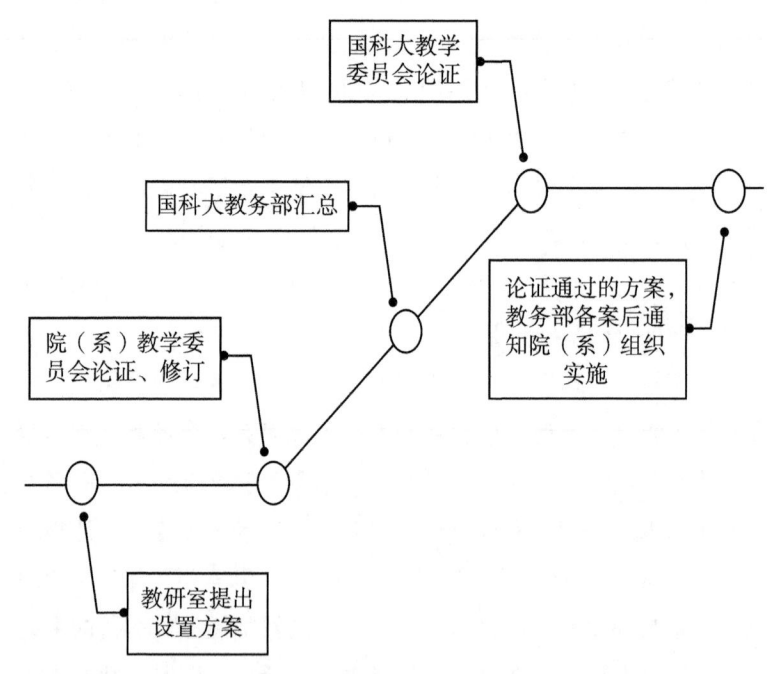

图2-2　国科大物理学院研究生课程开设程序

表 2-13　国科大物理学院实验课程表

序号	课程名称	学时	主讲教师级别	课程性质
1	基础物理实验	64	中科院百人计划获得者、教授、副教授	公共必修
2	综合物理实验	80	院士、杰出青年基金获得者	专业必修
3	近代物理实验	64	杰出青年基金获得者、中科院百人计划获得者、教授、副教授	专业必修
4	模拟与数字电路实验	20	主任工程师	专业选修

国科大物理学院设置实验课程。国科大物理学院基于雄厚的科研实力和科教融合的办学定位，在物理学院开设了物理实验课程。第一，课程内容覆盖广泛，涵盖了物理实验的绝大多数领域；第二，开设时间长，学时时间在 20—80 小时不等，说明实验课不会流于形式，而是深入大学的课程体系中；第三，主讲教师的级别高且本身负责相应科研项目，比如模拟与数字电路实验的主任工程师参与了综合极端条件平台的筹建；第四，课程性质大多属于必修课，保证这一课程设计以制度的形式确定下来。

（三）科教融合在拔尖创新人才培养中存在的问题

1. 本科生参与科研的积极性存在偏差

科教融合在本科生教育的可操作层面是指研究性学习，所谓研究性学习，即以问题为中心的学习方式，老师通过向学生提供学习资料与指出学习方向的方式，让学生参与研究，发现问题、提出假设并解决问题，实现学习与科研相统一的教学过程。具体而言，科教融合的教学方式又包括研究性课堂和本科生科研两类。根据中国人民大学周光礼教授从全国 21 所大学收集的数据显示，对于参加科研项目，80.3%的学生表示，如果有机会他们会积极参与；69.8%的学生表示，如果学校有支持本科生科研的政策并提供资金支持，他们会积极申请科研项目。对于研究性教学，相较教师课堂讲授，更喜欢主动探究式学习的学生只占58.8%，24.1%的学生对此表示不确定，17.1%的学生更愿意听老师讲。由此可知，对于目前科教融合本科生培养的两种模式，一方面，由于本科生经历应试教育后习惯了灌输式的教学方式，一部分学生更喜欢以老师讲授为主的课堂形式，在研究性课堂方面积极性较低；另一方面，大多数学生在有科研机会的情况下愿意积极参与到科研当中。因此，目前的研究性教学模式的重心应该更多关注学生从学习客体转为学习主体的引导。❶

学生作为参与科教融合的主体，对这一理念的认同感与理解程度直接决定了科教融合在本科教育中发挥的作用大小。可以将其划分为针对三个方面的认同感，即老师在教学与科研上优势程度、教学内容变化以及教学方式的变化。对于教师在教学与科研上的投入程度而言，调查显示，90.3%的学生认同"大学教师应该既重科研又重教学"，对"要成为一名优秀的大学教师，必须搞好教学"的认同比例达到90.9%，但对"要成为一名优秀的大学教师，必须进行科研"表示认同的学生比例只有56.2%。由此可知，绝大多数本科生在评价一个老师时，会更注重其教学的努力程度，而只有半数学生认为一个好老师必须做科研。这一点与绝大多数教师更加重视科研的实际情况不匹配，很大程度上反映出学生对这一点的低认同感。在教学内容变革方面，90.2%的学生认

---

❶ 王松. 科教融合面临的问题与对策[J]. 中国高校科技，2012（12）：38-39.
张瑛. 论本科生科研与教学之融合——美国加州大学伯克利分校本科生科研措施之启示[J]. 当代教育论坛，2012（02）：87-90.

为教师应该在教学中介绍学科前沿知识，但对于教师在教学中应引入自身的科研成果表示赞同的学生比例只占62.5%，表示不确定的学生比例为30.7%，表示反对的学生比例为6.8%。而近九成的大学教师认同教师在教学中应该引入自身的研究成果。也即说，科教融合下的教学内容是否应该与教师的科研成果相对接？虽然绝大多数学生认同教师在教学中有必要对学科前沿知识进行讲解，但只有六成学生认为，老师的科研成果有必要作为课堂内容进行讲解，说明学生与教师在科教融合的课程内容方面并未达成一致。在教学方式方面，81.4%的学生赞同本科教学应该从以教师为中心的讲授式教学向以学生为中心的研究性教学转变，说明大多数学生还是认同科教融合这一理念的，但是如何在实际操作中也能调动起学生的积极性，这是需要进一步解决的问题。总体而言，本科生对科教融合这一理念的认同感仍旧较低。

2. 本科生科研的资金来源途径单一

在对加州大学伯克利分校进行分析后，发现以该校为代表的西方大学在支持学生科研的资金来源方面更加多元化，伯克利大学加州分校为本科生科研进行资助的专项资金来源包括：第一，学校、院系以及其他跨学校科研领域提供的专项资金；第二，加州大学系统所管理的国家实验室提供的专项资金；第三，校外提供的机会，包括美国国家自然科学基金委员会所设立的全国性"本科生研究经验计划"（Research Experiences for Undergraduates Program, REU）。REU下设本科生科学研究的"工作站"（REUSites）为学生颁发奖学金。可以看出，美国高校对学生科研的资金支出不仅来自政府，更多来自学校、社会组织如基金会等，资金来源更加多元灵活，相对而言资金量也更加充足。

我国大学遵循国家主义并受到政府的直接管理，政府的财政支出在高校的收入特别是科研收入方面占到很大一部分比例。然而我国高校大学生科研获得的资金比较有限，资金来源也比较单一，一般来说是通过学生自主申请所在大学的项目获得研究资金，或者参与到老师的课题当中解决科研经费问题。除此之外，我国有关科研经费的大学拨款在不同大学之间的差异十分显著，国家对部属大学与普通大学的办学期待不同，科研收入同样不同，因此在普通大学，本科生获得科研经费的难度更大，不利于科教融合中学生科研这一方法的实施。❶

3. 教师对本科生科研指导不足，较少实际运用科研成果教学

教师的评价机制目前还是以论文和科研成果为主，激励机制决定了教师行为，教师对本科生的科研进行指导，对于教师而言是一种不在评价体系之内的负担性工作，对本科生的科研进行指导也在一定程度上增加了教师的工作量。首先，由于教师的精力有限，在有选择的可能下，教师必然更加倾向于对有利于实现自身评价的内容以更多关注。其次，大学的师生比普遍较低，教师对学生的科研指导很多时候会陷入有心无力的无奈境地。再次，教师本身的成长过程中大都没有体验科教融合式的培养模式，而且一部分教师，特别是理工科类教师对科教融合的理念理解并不深刻，对科教融合的教学模式也不能很好把握。最后，部分教师对指导学生开展科研工作的重要性认识不足，一些教师习惯了对传统授课方式的教学模式，也习惯了通过科研获得学术成就和升级的晋升奖励模式，但是如何将这两者结合起来，以及如何用自身科研支撑教学，并引导和鼓励学生开展研究，显然，安于现状

---

❶ 王松. 科教融合面临的问题与对策 [J]. 中国高校科技, 2012 (12)：38-39；张瑛. 论本科生科研与教学之融合：美国加州大学伯克利分校本科生科研措施之启示 [J]. 当代教育论坛, 2012 (2)：87-90.

的教师并没有动力去回答这一系列问题。

关于教师将学科前沿知识及自己的科研成果运用到教育当中，调查发现，在实际课堂教学场景中，60.9%的学生认为教师们注意介绍学科研究前沿性知识，这与之前90.2%的学生认为教师们应该注重介绍学科研究前沿性知识有着明显的差距。只有46.8%的学生认为教师们在教学中引入了自己的研究成果。尽管有近九成的教师认为自己在教学中注意介绍学科前沿知识，有近七成的教师表示自己在教学中注意引入自己的科研成果，但只有不到四成的教师认为自己在介绍学科前沿方面做得很好，不到三成的教师表示自己在引入自身科研方面做得很好。由此可见，当前大部分教师的课堂教学内容与自身科学研究是脱节的。

4. 多数学校未实行合理的学分制度，对教师与学生的激励措施不足

美国的大学在实行学分制度时，一方面会考虑到学生的学习能力，另一方面也会在学分中单独设置出科研学分作为总学分的一部分，比如上面谈到的加州大学伯克利分校就设置了将近六分之一的学分作为科研学分加入学生的培养计划当中，这样的制度安排不但使学生将科研视作自己本科教育的应然部分，而且会对这一部分的学习投入与其他教学一致的精力与态度。目前，我国大部分大学虽然实行了学分制度，但是并没有将科研学分纳入考虑范围内。同时，我国的大学对学生毕业应取得的学分普遍要求较高，北京大学本科生毕业需要达到150个学分，这对学生在学习中的能力提出了要求，在加重了学业压力的同时也导致学生没有充足的经历参与科研。此外，在有关探究性学习课堂方面，很大一部分学生出于对这类课堂的不了解而不敢轻易尝试课程，这一点与学分制度有很大关系：学生为了保证自己的学分不会太低，

会刻意选择对课堂形式与评价标准有把握的课程，尽量避开那些不确定性的探究性课堂。

对教师和学生的激励措施并不能很好地支撑起现在的科教融合模式，对于教师而言，激励措施更多倾向于对教师科研能力的评价，以教师承担的课题数量、课题级别，教师年度发表的论文数量、论文发表刊物档次有关，而对教师的教学方面，并没有很好的评价制度与之相匹配的激励措施。对于学生而言，在"学分导向"的大评价环境之下，绝大多数学生在选课与科研时瞻前顾后、谨小慎微，不仅会将大多数精力放到有把握提高或稳住学分的课程上，而且对于没有学分的、没有奖励措施或者奖励措施不能弥补其本该用于提高学分的机会成本的科教融合课程及科研时，就会显示出教师及科教融合推动者难以理解的冷漠。

科教融合关键的一点在于以高水平的科研成果支撑高质量的本科教学，但并不是所有的学校都具有像国科大一样的科研实力。我国大学的发展分层状况严重，在国家高等教育重点建设的过程中，一部分大学成长为"研究型"大学，其他大多数高校则成为普通大学。研究型大学的科研经费、师资力量、科研设备及硬件条件都远超普通大学，因此，对于不同的大学而言，在科教融合的现实基础并不相同的前提下，如何在探究性课堂与本科生科研两条主要创新路径中实现科教融合，这是我国高校特别是普通大学应该反思的地方。

（四）科教融合在拔尖创新人才培养中的应用前景

科教融合在我国落实的过程中出现了上述三部分的主要问题，总结起来主要是"科教融合"的改革轰轰烈烈，但真正到操作层面，到学校、课堂层面，其实效性却大打折扣。究其原因可以从以下几点进行分析。[1]

1. 避免"社会本位"与"知识本位"取代"学生本位"

科教融合理念在我国本科生培养的过程中发挥着基于科研的、对教学形式与教学内容的改革与创新,任何的改革都需要有人发起,科教融合也不例外。作为教学任务的承担者,高校教师在如何教学方面处于主体地位,那么对于教学方式、教学内容与教学目的而言,教师最有权力发起改革,这种改革的合法性源自教师的知识,是一种自下而上的"知识本位"的改革方式。与此相对应,由于大学属于社会中的重要组成部分,随着时代的发展,大学所发挥的功能对学生的未来生活以及社会的长远发展都有着重要的作用,只有通过大学对学生的塑造才能使大学生成为一名合格公民与为社会作出贡献的劳动者,从这个角度看,大学教育的目的关乎社会整体,因此其合法性源于政府与社会,是一种自上而下的"社会本位"的改革方式。无论是"知识本位"还是"社会本位",我们发现"科教融合"的教育改革都没有将学生作为改革的核心。一旦学生不认同改革的理念,不了解改革的方式,不接受改革的内容,改革就只能停留在政策层面而无法得到真正落实。可以说科教融合作为一种大学教学改革的思路,"社会本位"与"知识本位"取代"学生本位"是导致学生无所作为并最终导致一系列问题的主要原因。

2. 改变管理主义下学生"失语"状况

在大学教改中,改革的启动者往往以管理者自居,把学生视为被管理者。两者的关系不对等,这种不对等表现在三个方面:

---

[1] 周光礼,黄露. 为什么学生不欢迎先进的教学理念?基于科教融合改革的实证研究 [J]. 高等工程教育研究,2016 (2):48-56.

一是使学生处于无权地位。尽管在改革的实施过程中，改革者常常与学生保持沟通与协商，但是一旦出现分歧，最后的决策权掌握在改革者的手中。二是改革者处于最有权力地位。改革者有权为各利益相关者设定权利和义务。他们有时只是为了自我权力的扩张而引入变革。改革往往以技术问题掩盖政治问题。一旦改革失败，改革者本能的反应是寻找替罪羊，指责他们拒绝变革。三是学生的权益处于危险之中。由于大学教改是社会本位或知识本位的，学生被剥夺了提出问题、找到解决问题方法的权利，他们在改革中无法维护自己的利益，常常成为改革的牺牲品。

3. 重视价值的多元性

传统的大学教改坚持价值中立原则。如果价值观没有差别，那么改革者选定的改革方案就代表事物本来的状态，必须作为客观真理而被接受。然而，社会本质上是价值多元的，任何改革都涉及如下问题：哪种价值观将在改革中处于主导地位，以及如何整合价值冲突等问题。实际上，任何大学教改都是一种政治行为。价值中立的大学教改难以站住脚，价值多元化必须为大学教改所正视。传统的大学教改主张把变革建立在现代认知科学的基础上，仿效自然科学的方法，强调科学范式的权威性。科学范式是一种简单性思维。简单性思维将世界视为一个受因果法则支配的封闭系统，这是一种线性决定论的逻辑。根据这种范式，只要对事物的初始状态有精确的认识就可以把握事物发展的轨迹，任何系统都将沿着确定性的轨迹发展。事实上，任何社会系统都是复杂系统，它们具有非线性、自组织、整体性、开放性、适应性等基本特点。作为众多利益相关者参与的复杂系统，大学教改过程复杂得难以控制。过于强调改革的科学范式是大学教改缺乏实效性的重要原因。

4. 提高本科生参与科研的积极性

由于本科生对探究性课堂的认知存在偏差，因此，有必要对本科生的探究性课堂进行合理的宣传，让学生对科教融合理念和探究式课堂有所了解。其实，所谓的探究式课堂主要是强调探究式学习，也就是在教师的引导下，学生自己学习教师提供的资料，自己发现问题、解决问题的过程，让学生对这一形式有所了解，有利于他们打消对新的课程不确定性的担忧。除此之外，刚刚结束高考的本科生大多数习惯了基础教育时期的以老师为中心、灌输式被动学习的模式，因此，也要让学生意识到自己在学习中的主体地位，意识到老师试图将教学与科研结合在一起的一种重要方式就引导学生自主学习，这样才能帮学生认识到探究式课堂的积极作用，避免存在畏难情绪而对科教融合的课程采取排斥的态度。

5. 本科生科研的资金来源途径多元化

本科生进行科研的途径主要有两条，一是参与到导师的项目当中，二是自己主动申请项目。我们看到，由于我国大学科研经费的来源相对单纯且单一，因此，应该从实际情况出发，鼓励学校每年拿出固定经费用于本科生科研经费，这一点对于大多数研究型大学来说，本身科研经费较充足，因此落实起来难度并不会太大。此外，要结合学校的资金来源，有针对性地增加本科生科研经费的来源，比如学校设置专门基金用于资助和鼓励本科生科研等。在这一点上，复旦大学的经验可以进行推广：复旦大学秉承李政道先生人才培养理念，建设本科生学术研究资助系列项目（Fudan Undergraduate Research Opportunities Program），在这一系列资助项目的建设下，复旦大学形成了一个开放而富有层次的本科生研究平台，这一平台在 2020 年立项 4 000 余个本科生项目，参与的本科生逾 5 000 名,近年年均参与学生超过 500 名,在促进学生学以致用上起到非常重要的作用。

6. 提高本科生对科教融合理念的认同感

本科生对科教融合理念的认同度主要体现在教师处理科研与教学的关系、教学内容以及教学方式三个部分的认同度上,根据学生的期望,教师在处理教学与科研关系时,要更加注重教学在其工作中的主体地位,这是因为学生普遍具有服务与权利意识。在教学内容方面,教师应更多地为学生提供最前沿的专业理论知识,将自己的科研成果在教学中以课程内容的形式加以运用,促进学生对专业知识学习的同时也促使教师将自己的科研成果运用起来,真正实现科教融合。在教学方式上,还是要鼓励学生积极参与到探索式课堂中,激发学生自主学习的意愿,增强学生的参与意识与参与能力。

第三章
PBL 教学模式构建的理论基础

一、PBL 教学模式的起源与发展

(一) PBL 教学模式与其他教学模式之关系

PBL 教学的外延主要涵盖了一些与 PBL 教学相近或相似的理论或观点。根据 PBL 教学的时代内涵，以下主要对 PBL 教学与 PBL 学习、探究教学、发现教学、传统教学（LBL）进行比较研究，力求对 PBL 教学有更深入、更全面的理解。

1. PBL 教学与 PBL 学习

在我国目前的教育理论研究中，对"PBL 学习"的概念有不同的理解，可以理解为一种学习方式，或一种教学策略，或指一门专设的课程。PBL 学习作为一种学习方式，就是以类似科学研究的过程、方法和形式进行的学习。PBL 学习是与接受性相对的概念，指学生对探究问题的学习，它要渗透于学生的所有学科的学习之中，强调每一位学生都应该形成主动探究式的学习态度，摒弃那种被动接受、机械训练、死记硬背、简单重复的学习方式，培养他们的创新精神和创新能力。作为一种教学策略，PBL学习是指教师通过引发、促进、支持、指导学生的PBL学习活动，来完成学科教学任务的一种教学思想、教学模式和教学方法。这是素质教育特别是培养学生创新精神和实践能力的教学理念催生出的一种全新的教学策略。❶它与PBL教学相比较，有很多思想和观念都是接近或相似的，如：它们都重视学生创新素质和个性品质的培养，强调学生学习的主体性、师生关系的平等性和互动性、教学过程的动态性等特点。但是，由于PBL教学在培养目标、教学内容和方式方法上都有着更高的要求，因此，在其内涵上和发展目标上也存在着层次和水平的差异。

第一，PBL学习中的"研究"主要是一种手段而不是目的，强调学生学习方式的改变，其主要目标包括：让学生获得参与研究探索的感受和体验；帮助学生提高发现问题、分析问题和解决问题的能力；培养学生收集和利用信息的能力；让学生在互相学习和探索的过程中学会合作和共事并养成学生的科学态度和科学道德；培养学生对社会的责任感和使命感等。而PBL教学过程中的"研究"则既是手段，也是目的。因为高等职业教育的重要特性之一就是其"更加定向于实际工作，并更加体现职业特殊性"，即培养应用型人才，服务于社会。高等教育既要为学生奠定牢固的专业知识基础，又要培养学生分析问题和解决问题的能力。因此，PBL教学的一个非常重要的目标就是要在传授专业知识、教会学生正确的学习方法的基础上，培养学生的研究能力和实际动手能力，即要培养学生的以分析与综合、归纳与演绎、抽象与具体

---

❶ 余清臣. PBL学习[M]. 北京：教育科学出版社，2003：6.

的思维能力为内容的逻辑思维能力、以提出问题、解决问题的能力为内容的思维能力，以及勇于探索、创新的探究精神。

第二，PBL 学习内容强调它的基础性、确定性，而 PBL 教学中的学习与研究内容更突出其探究性和不确定性。一方面，PBL 教学要求教师在课堂教学中，精心选择和设计教学内容，以科研为先导，把科研引入教学，在教学内容中反映其所授课程的发展前沿动态和研究趋势，充分体现教学内容的 PBL 特点；另一方面，PBL 教学要求教师要指导和组织学生进行课外 PBL 课题的研究，PBL 课题的设计更强调其可探索性、实践运用性和创新性。

第三，PBL 学习更多的是强调学生学习方式的改变，对教师自身参与科学研究的要求相对较低。而 PBL 教学一方面强调教师教学的 PBL，即教师要进行所授课程的研究和教学的研究，在教学过程中，教师要运用科学研究的方法进行教学，从而达到让学生在学习相关课程知识的同时，掌握学习方法和科学研究方法，具有科学观念和科学态度；另一方面，PBL 教学也强调学生学习的 PBL，即学生在教师的指导下以类似科学研究的方法进行主动学习，从而获取知识、运用知识，提出问题、探究问题、解决问题，达到培养综合素质、创新意识和实践能力的目的。

2. PBL 教学与探究教学

探究教学是美国生物学家、教育家施瓦布反对把科学知识当作绝对的真理教给学生，强调科学是一个寻求证据，对自然现象不断加以解释的过程，在 20 世纪中期提出的以探究学习为核心的教学方法。探究性学习指的是仿照科学研究的过程来学习科学内容，从而在掌握科学内容的同时体验、理解和应用科学研究方法，掌握科研能力的一种学习方式。在这里，探究既是学习的过程又是学习的目的。探究教学中对学生主动参与科学问题的研究以及探究教学的一般模式等思想、观点和方法对 PBL 教学的建构具有深刻的启发意义和指导价值。❶ 但是，与探究学习相比较，PBL 教学在内容、目标等方面都有了更新的内涵和更广的拓展。第一，从"研究"本身的内涵看，探究性学习主要指科学研究，而 PBL 教学超出了科学探究的范畴，它强调综合性方法在教学中的运用，主要是融入社会学科、人文学科方法。第二，从学生发展的目标看，探究性学习的主要目标是培养学生的科学探究能力，而 PBL 教学在强调培养学生研究能力的同时，关注他们人文等方面素养的提高。

3. PBL 教学与发现教学

发现教学的主要代表人物是美国著名的认知心理学家和教育家杰罗姆·S. 布鲁纳（Jerome Seymour Bruner）。发现教学是指在教师的启发诱导下，学生通过对一些事实和问题的独立探究，积极思考，自行发现并掌握相应的原理和结论的一种教学方法。布鲁纳认为学生的认识过程与人类的认识过程有共同之处，而教学过程就是在教师的引导下学生发现的过程。"学习就是依靠发现"，要求学生利用教师或教材提供的材料，主动地进行学习，强调学生自我思考，探究和发现事物，而不是消极地接受知识。发现教学的特点在于它不是把现成的结论提供给学习者，而是从学生的心理特点出发，在教师引导下，依靠教师和教材所提供的材料，让学习者主动去发现问题、回答问题和解决问题，使他们成为知识的发现者，而不是消极的接受者。❷ 而 PBL 教学所强调的发现是

---

❶ 韦冬余. 论施瓦布科学探究教学的基本内涵 [J]. 全球教育展望, 2015, 44 (4): 28-35.

❷ 关睿. 从发现到建构：布鲁纳发现式教学在艺术教学中的实践逻辑 [J]. 教育理论与实践, 2022, 42 (28): 52-56.

创新性发现。它要求学生自己去发现问题、去分析和解决问题。同时，PBL教学在引导学生发现问题和研究问题的过程中，强调其合作精神的培养，不仅强调发现问题的结果，更重视学生对发现问题和研究问题过程的体验。

4. PBL教学与传统教学（LBL）

在传统教学（Lecture - BasedLearning，LBL）中，教师是主体，是知识的传播者，其知识的流动是单向性的，即：教师—学生，知识、讲授与教师连为一体❶。而PBL教学中学生成为主体，知识的流动不再是单向性的，而是多元性、交织性的。学生知识的获取来自指导教师的讲授、自学或从讨论中得到。从学生角度来看，PBL教学比较直观形象，能提高学生的学习兴趣，有效地调动学生获取知识的积极性，从而变被动接受知识为主动解决问题，提高了学生自主学习能力、创新意识和终身探究学习的能力，在培养学生解决问题的能力等方面有明显的优点，也符合当前素质教育的要求。另一方面也对教师提出了挑战，激励教师勤于钻研，时刻把握学科发展的新动态新进展，积极掌握最新教学信息技术，从而更好地服务于教学工作。

PBL教学下，师生的互动性很强，它既扩大了学生与教师的沟通联系，密切了师生关系，又起到了教与学之间的相互促进。PBL教学与传统教学之间存在以下方面的差异。

第一，二者注重传授的知识重点不同。PBL注重实用性知识的传授，以培养合格的、有能力的生产一线需要的高技能应用型人才为明确目的，强调学生面对不同的实际问题能迅速、准确地找

---

❶ 王爱玲. 走向"生活·生成·生命"：当代教学理论新趋向 [J]. 教育学术月刊，2022，(6)：87-94.

到解决办法,所以,它是从培养高技能应用型人才的角度进行实用性知识的学习,即满足实际工作必需的专业基础知识和外语、管理、法律等人文科学知识。而 LBL 模式对每一课程的教学均有较大的深度和广度,知识全面、系统,这是其超越 PBL 模式的地方。但对于今后面向解决生产一线问题的高等教育毕业生而言,仅精通基础专业知识和胜任一线实际工作就足够了。

第二,二者在教学过程中的关注点不同。LBL 模式"以教师为主体、以讲课为中心",采取大班全程灌输教学,教学进度、内容、方法由教师决定,其对象是学生整体,容易忽视学员的个人兴趣、爱好、能力及个性特征,学生始终处于消极被动地位。而 PBL 强调学生主动性学习,教师为学习引导者,促进自律学习,形成双向交流的师生关系。❶ PBL 模式"以学生为主体、以问题为中心",在教师的整体把握和指导下,学生充分运用现代化科技手段,如:通过图书馆、电脑学习软件、文献检索系统、磁带、录像、模型以及网络等多种形式进行自学,强调学生的主动参与,从而大大提高学习效果。从教学的角度,指导老师长期与同一小组学生接触,了解学生的兴趣、爱好和个性特点,重视学生的个体差异,更便于在学习过程中做到有的放矢的指导,密切师生联系,加深师生感情,形成双向交流的新型师生关系。

第三,二者对教学效果的评估方式不同。LBL 模式是在整门课程进行的中段及结束后进行统一考试,由于授课过程较长,有的课程甚至是跨学期教学,易造成学生学了后面忘前面,不利于正确评价学生的真实水平。而 PBL 模式的考核,可根据每次讨论会学生发言的次数、质量及资料复习、书面考试进行综合评估,从

---

❶ 王卫杰,李英帅,陈新民.基于自律学习者培养的 PBL 教学探索[J].黑龙江高教研究,2020,38(1):144-146.

基本概念、解决问题的能力、方法、思路等方面进行考查，在一个学习模块结束后，进行客观性技能考核，这种分散的主题考试和最终的综合考试相结合、主观和客观、定性和定量相结合的评估体系，科学地判断了学习的实际效果，与课程的进行形成良性循环，激励学生在下一个主题模块的学习中更加投入，从而进一步增强学习效果，推进考试的改革。可见，PBL教学法与传统以学科为基础的教学法有很大的不同，这种方法强调以学生的主动学习为主，而不是传统教学中的强调以教师讲授为主。这是二者最根本的区别。

而在国外许多应用PBL模式的医学院校的经验和成果均表明，应用PBL模式的学生，除基础课成绩与LBL模式的学生无明显差异外，临床课成绩、临床推理思维、批判性思维、创新思维、团队精神、表达能力均高于LBL模式的学生。PBL模式的学生善于记忆、善于探索、概括，能够娴熟应用图书馆信息服务，具备较强的沟通技巧和人际交流能力。[1] 接受PBL教学训练的学生更易形成正确的专业思想和择业意识。一项对麦克马斯特大学PBL模式的毕业生的调查显示，与传统毕业生相比，前者在职业道德、专业能力、人道主义精神、个性心理素质及终身学习能力等方面均有一定优势。[2] Schmidt对820名荷兰马斯特里赫特大学PBL课程毕业生进行问卷调查，要求学生以自己评价本人与职业相关的19项技能，结果显示，学生自己亦感觉在合作、问题解决、独立工作、交际能力等方面较LBL模式的学生有优势。[3]

---

[1] 吴升华. 论PBL医学教育模式 [J]. 医学与哲学，2000 (12).
[2] Dodds A E, Osmond R H, Elliott S L. Assessment in problem-based learning: the role of the tutor [J]. Ann Acad Med Singapore, 2001 (4).
[3] Snyder S. The administrative tutorial: a PBL workshop for faculty development fellows [J]. Acad Med, 2001 (5).

(二) PBL 教学模式的国内外发展动态

界定概念的关键在于揭示其内涵。在学界，对于什么是 PBL 教学这个问题，不同学者有不同的理解。

1. 国外学者界定的 PBL

PBL 的原创人美国南伊利诺伊大学教授巴罗斯（Barrows H）和他的同事克尔森（Kelson A）博士给 PBL 做了这样的定义：PBL 既是一门课程又是一种学习方式。作为课程，它包括精心选择和设计的问题，而解决这些问题要求学习者能够获取关键的知识，具备熟练的问题解决技能，自主学习的策略，以及参与小组活动的技能；作为一种学习方式，学习者要使用系统的方法去解决问题以及处理在生活和工作中遇到的难题。[1] Duch 认为，"PBL 是一种对于学生学会学习以及分组合作寻求解决真实世界中的问题提出挑战的一种学习方法。通过运用这些问题来吸引学生的好奇心，促进学科知识的学习"。PBL 有助于培养学生批判性思维和分析能力，以及查找和使用合适的学习资源的能力[2]。Finkle & Torp 认为，PBL 是一种促进学生积极主动学习的学习策略[3]。

2. 国内学者界定的 PBL

国内学者对 PBL 的内涵作出了不同的界定，主要有以下三种不同观点。

一是直接从实施 PBL 模式的效果上予以界定。杨春梅认为，

---

[1] Barrows H S, Kelson A. Problem – based learning: A Total Approach to Education [M]. Illinois: Southern Illinois University Press, 1993.

[2] 王济华. "基于问题的学习"（PBL）模式研究 [J]. 当代教育理论与实践, 2010 (3): 98 – 100.

[3] DavidH. Jonassen. 面向问题求解的设计思路（上）[J]. 钟志贤, 谢榕琴译, 远程教育杂志, 2004 (6).

PBL 是一种"以学生为中心",通过把学生置身于结构不良的、真实的或接近真实的问题情境中,培养其建构知识、解决问题、团队合作、自主学习等能力并激发学生学习的内部动机的教学模式。这一模式是整合课程学习与科研训练的有效学习机制。[1] 周伟认为,PBL 是指把学习设置于复杂的、真实的、有意义的问题情境中,让学生站在问题解决者的角度,通过让学习者解决真实性问题,从而学习到隐含于问题背后的广泛系统的学科知识。[2] 战双鹍认为,PBL 教育模式的核心要义是以问题为导向,以学生为主体,以教师为引领,通过真实的情境来激发学生的学习参与度和学习新知识的兴趣,并不断提高其解决问题的能力。[3] 朱智等人认为,PBL 教学模式是以学生为中心的一种教学模式,强调把学习设置到复杂的、有意义的问题情境中,通过学习者的合作来解决真实性问题,从而学习隐含在问题背后的科学知识,加深对知识的理解和应用,培养解决问题的技能,形成自主学习的能力。[4]

二是将 PBL 等同于研究型教学。韦宝平在界定 PBL 时,直接从 PBL 教学的含义入手,认为 PBL 教学就是研究型教学,是指教师以课程内容和学生的学习积累为基础,引导学生创造性地运用知识和能力,自主地发现问题、研究问题并解决问题,在研讨中积累知识、培养能力和训练思维的新型教学模式等,以研究课题为主线,以研讨法、讨论法、案例法等为主要教学方法,以多媒

---

[1] 杨春梅. PBL:研究生课程学习与科研训练整合的有效机制 [J]. 学位与研究生教育,2014,(7):28-33.
[2] 周伟. 国外先进教学方法的总结及适用性探讨:以美国密歇根州立大学为例 [J]. 经济研究参考,2015,(35):93-96.
[3] 战双鹍. PBL 模式在高校通识课程中的应用 [J]. 高教探索,2018,(5):50-55.
[4] 朱智,张雄飞,周克勇,等. PBL 教学模式应用在我国教育教学中的思考 [J]. 黑龙江畜牧兽医,2014,(11):199-201.

体等现代教育技术为支撑开展教学。❶ 孙忠兵把与近年提倡的 PBL 学习对应而提出 PBL 教学,在此基础上界定 PBL 教学,即一种师生双方力图通过对教学传统方式的改革,在教学过程中师生共同建立起平等民主、教学相长的教学过程,并将教与学的重心逐步由获取知识转移到掌握方法、学会学习上,从而培养学生学会收集、分析、归纳、整理资料,学会处理、反馈信息的主动的探索性教学形式。❷ 赵洪则是从更广泛意义上理解 PBL 教学的,并依此界定 PBL 教学,即我们教育理论和实践领域一些与此相关的概念的综合,是一种融科学研究方法于教育教学中的思想或方法。❸

三是从 PBL 的构成上予以界定。张晓认为,PBL 教学强调将学习者置于真实的、有意义的问题情境中,通过小组协作来解决真实性问题。认为在 PBL 教学模式的多种形式中主要包括三个教学环节:(1)任务设计,通过设计结构不良的、开放的且具有一定复杂性的真实性任务,为学生的小组协作学习提供恰当的问题情境;(2)小组协作学习,学生通过小组合作来分析和解决问题,并获得相应的知识和能力,其中包含了自主探究、合作分享、自我反思等多种学习活动;(3)教师评价,教师基于 PBL 学习目标对学生的学习表现和学习效果进行评定。❹ 瞿少成等人认为,PBL 模式教学是近代构建主义教学法之一。作为一种教育方式,PBL 强调构建主义教学法的基本原理,具有学习情景真实、内容丰富开放、途径协作多样及自主和合作学习相结合等特点,其操作流程

---

❶ 韦宝平. 创新教育与教育模式改革:兼论研究型教学 [J]. 中国成人教育,2002 (11).
❷ 孙忠兵. 研究型教学:当代课堂教学新理念 [J]. 基础教育研究,2001 (3).
❸ 赵洪. PBL 教学与大学教学方法改革 [J]. 高等教育研究,2006 (2).
❹ 张晓. 浅谈 PBL 教学的优势、难点及对策 [J]. 中国职业技术教育,2012,(20):69–72.

主要由 6 个环节构成：选定项目、制订计划、活动探究、作品制作、成果交流、活动评价。❶

纵观上述观点，大部分学者把 PBL 教学界定为某种与传统教学活动相区别的教学模式。可见，以往界定的 PBL 教学的核心认识包括两点：一是教师的教学以 PBL 为主，这是 PBL 教学的主体，即在教学过程中运用科学研究的方法（包括思考问题、提出问题、评价事件、动手实验、实地调查、查阅资料、归纳总结等）进行教学，同时，也要附带进行科学研究方法、科学观和科学态度的讲授，从而达到向学生传授科学知识、传授学习方法和科学研究方法、传授科学观和科学态度的目的；二是学生的学习也以 PBL 学习为主，即学生主动适应教师的 PBL 教学。学生在教师的指导下以类似科学研究的方法进行主动学习，从而获取知识、运用知识，提出问题、探究问题、解决问题，达到培养综合素质、创新意识和实践能力的目的。PBL 教学，就是将教学和研究相结合，在教师的指导下，充分发挥学生自主学习的积极性，培养创新意识、创新能力和实践能力。它的出现源自这样一种认知：学习是基于研究基础，教学应该与科研考察相结合，老师和学生都应该是参与者，而不是被动的接受者。

3. 本书界定的 PBL

本书认为，PBL 教学（Problem - Based Learning）是指学生在教师指导下，在开放情景中，通过多渠道主动地获取知识、应用知识、解决问题的过程中，模拟科学研究活动所设计和组织的一种课堂教学。又称"基于问题式教学""PBL 教学"或"问题导向

---

❶ 瞿少成，黄俊年，周彬. 基于项目的学习过程建模与研究 [J]. 华中师范大学学报（自然科学版），2012，46（5）：550-554.

教学"。PBL 教学是对应于传统的以学科知识为中心的传授式的教学而提出的，强调教师 PBL 地教学与学生 PBL 地学习有机融合，主张师生在共同研究中共享研究乐趣和研究成果，促进创新精神、创新能力和创造性人格发展的教学思想、方法和模式的综合。PBL 教学旨在通过教学与研究、实践的结合，引导学生创造性地运用知识和经验，自主地发现问题、研究问题和解决问题，在研讨中积累知识、培养能力和锻炼思维。PBL 教学下的整个教学活动过程都立足于学生的知识经验背景，从实际问题出发，创设问题情境，通过分析、归纳、论证、社会实践等方式进行相关专业知识的学习。从教学内容的选择、课题的确定，方案的设计与实施，结论的得出与论证，整个知识的发生过程都是在教师指导下，由学生自己探索研究完成的。整个教学是一个重过程、重应用、重体验、重参与和合作的过程，具有主体性、实践性、合作性、开放性和创新性。

在本书中理解的 PBL 教学，要求我们既不能仅把它定位于某种具体的教学方法，也不能仅把它理解为某种具体的操作模式，它既是一种指导教学实践的理论或思想，又赋予在方法和程序上的可操作性。

二、PBL 教学模式的核心要素

（一）PBL 教学的基本特点

PBL 教学注重培养学生的探究能力、解决问题的能力、学习能力、实践能力、团体合作能力和创新能力，并将其贯穿于 PBL 教学的始终。它有独特的特点。

1. 教学时空的开放性

PBL 教学在时间安排、课题选择、研究方法、学习成果评价等多方面均有较大的灵活性、自由度，它要求突破教材、教室的界限，理论教学与相应的实践相结合，课内 PBL 教学与课外相应的课题研究活动相结合，传统教学手段与现代教育技术相结合，校内课程理论知识学习与校外具体实践相结合。

2. 教学主体的互促、互动性

教学是教师和学生两个行为主体的互动过程。教学过程的本质是通过师生交往和共同研究而不断促进师生的共同发展。PBL 教学强调在学生掌握一定专业知识的同时，发展学生的能力，特别是研究、创新和实践的能力。教师立足于学生发展而教学，学生立足于自身发展而学习，通过 PBL 下的教与学，提高独立获取专业知识的能力。学生在这个过程中，不断质疑问难，不断探索，在循环往复中获得新知识，发展智能，培养创新精神和合作意识。与此同时，教师也在更新自己的知识视野，及时了解所授课程发展的前沿动态，不断丰富和完善自己。因此，PBL 教学过程是师生互相促进、共同提高的过程。

3. 教学方法、手段的多样性、灵活性

PBL 教学主张教学方法的多样性，要求教师创造性地运用多种教学方式和方法，如讨论法、案例教学法、问题教学法、探究法等，为学生创设问题情境，激励学生独立探索，启发和培养学生创新能力、研究能力。同时，PBL 教学注重教学组织的灵活性。主张实施集体教学、分组教学、诊所式教学、个别教学、现场调研、专题讨论、资料检索、信息交流、文书设计、方案比较、可行性论证穿插进行。

4. 教学过程的探索性

PBL 教学要求教师引导学生独立提出研究课题，在教学过程中充分发挥学生的创造力，鼓励学生寻求独立解决问题的方式和方法，倡导研究成果的多样化表达。

总之，PBL 教学模式强调以学生主动学习为主，提倡以问题为基础的讨论式、启发式等方法教学，这种模式利用现实问题作为引导学生自主获取和应用新知识的驱动力，有助于培养学生的学习兴趣，激发其学习主动性；同时锻炼了学生的自学能力，有利于培养学生良好的学习习惯和创新思维习惯，以及与他人协作的能力和分析解决问题的能力，切实把教育从应付考试转换到提高学生能力素质上来，把学生从被动客体转换到自觉主体的角色上来。

（二）PBL 教学的含义

上文所界定的 PBL 教学内涵，无论是哪一种界定，都认为 PBL 教学是一种新的教学理念、教学模式、教学方法。这是 PBL 教学蕴含的三方面含义。

1. PBL 教学作为一种教学理念，是主体、素质和创新等教育思想的集中体现

PBL 教学与以传授知识为主的教学思想，在教学目标、在师生关系、教学观和学习观上都发生了巨大的变化，主要表现在以下三个方面。

第一，PBL 教学强调以研究促进师生同步发展。一方面，PBL 教学强调在学生掌握相关学科知识的同时，发展他们的能力，尤其是创新思维能力、科学研究能力及合作能力，鼓励学生独立探索，形成结论，发现问题，分析研究解决问题，其宗旨是促进学生身心素质的发展，融传授知识、培养能力与提高素质为一体。从这个意义上讲，教师要立足于学生的发展而教学，尊重学生心灵的自由和心灵世界的独特性，学生则要立足于自身发展而学习，在 PBL 教学下，通过系统学习，提高独立获取知识的能力，为以

后的工作奠定坚实基础。另一方面，教师也要通过 PBL 教学使自身的科学研究能力和教学研究能力得以提高，以及专业知识、经验加以丰富和个性更加完善。教师在实施 PBL 教学的过程中，从课程内容的设计、选择，到教学方法的运用及教学模式的构建本身就是一个不断发展、不断更新、不断完善自己的过程。

第二，PBL 教学强调师生在教学过程中的交互主体地位。PBL 教学强调师生同是教学过程中的主体，师生关系由单向传授的关系转变为双向互动的关系。在教师的有效引导下，学生不仅能主动参与课堂教学活动的全过程，还能通过自主选题、自主研究，并以课题研究为纽带，开展同学之间、师生之间的交流与合作，达到获得知识和提高能力的目的，从而使学生真正成为学习的主人。与此同时，学生主体作用的发挥往往需要以教师主体作用的发挥为前提，在这种情况下，特别是教师要克服传统的"师道尊严"的思想，克服"自我中心"的顽固性和长期沿袭的传统惰性，率先在实践探究中学习，同学生交流。

第三，PBL 教学强调充分尊重学生的个性，发展学生创造性人格。PBL 教学注重培养和发展学生的个性，主张尊重学生的人格，重视学生的兴趣爱好，通过创造平等、民主、和谐的教学氛围，精心选择和设计教学的内容和方式方法，开展开放性的探究活动，调动学生参与教学活动的主动性、积极性和创造性，给学生提供更多的独立研究发展的空间，使得学生有较多的表现自我和发展自我的机会。同时，PBL 教学关注学生的非智力性因素，如动机、情感、意志、理想、信念等的发展，有利于培养学生鲜明的创造性和个性。

2. PBL 教学作为一种方法，是多种教学方法的创造性综合

任何一种教学方法既可体现灌输思想，也可体现启发思想，

PBL教学方法就是在改造传统教学方法的基础上，体现启发、探究等思想，它是多种教学方法的创造性综合。PBL教学强调在教学过程中揭示学科中的原理、明晰其中的主要概念，并突出学生获得该门学科知识的自主性和创造性，它重视教学内容的问题性、实践性、过程性、发展性和综合性，与此同时，引导学生以类似于科学研究的方法掌握相关学科知识，增强学生自身参与该门学科知识建构的积极性和主动性。因此，PBL教学，就需要教师从根本上转变教育观念，构建充分体现先进教育教学思想和观念的教学方法体系，综合运用多种教学方法，如启发式教学法、案例教学法、问题教学法、发现教学法、PBL学习法以及实践教学法等。

3. PBL教学作为一种模式，是优化多种教学模式的结果

在PBL教学实践中存在着多种教学模式。

一是以教为主的模式，即课堂讲授式。它具有能够传授系统、完整的学科知识的优势，便于实现教学目标。同时，具有教学成本低和可批量实施等优点，但因过分倚重教师的作用，学生的主体地位被弱化，学生缺乏主动参与的积极性，其教学效果往往受到影响。

二是以学为主的模式，即主张以学生为中心。这种模式较好地调动了学生的学习积极性和热情，有利于培养学生的主动性和创造性意识，但因过分忽视教师的作用，容易导致学习内容缺乏系统性，专业基础不扎实等问题。

三是以传授系统学科知识为中心的模式。它强调教学内容的科学性、系统性、理论性，而这往往依赖于教师的主导作用，因此，这种模式还属于以教为主的模式。

四是以问题为中心的模式。它将教学内容演变成一系列现实问题，并贯穿于整个教学过程。在对该问题的讨论中，使学生发

现和掌握该门学科理论知识并培养能力。这种模式有利于唤发学习动机,激发学习热情,但问题的提出、编排和解答,主要还在于拥有学科知识优势的教师,只不过学生的参与性提高了。

任何一种教学模式都有自己的优缺点,PBL教学模式力图在运用某种教学模式培养学生的探究能力,发挥其探究的主动性和创造性。

(三) 问题导向的学习机制

问题导向的学习机制是PBL的核心。在这种机制下,学习活动起始于问题,终结于问题,以问题为中心来组织课程和学习情境。PBL教学模式的核心在于问题,而这些问题必须是真实的、复杂的且具有挑战性的。这些问题能够激发学生的兴趣和思考,引导他们深入探究并解决问题。问题的设计需要充分考虑学生的知识背景和能力水平,以及教学目标的要求,确保学生能够在解决问题的过程中成长和进步。在PBL中,问题可以由教师、学生或教师与学生共同提出。教师作为引导者,需要设计合适的问题,这些问题应能够揭示学科内涵的丰富性和复杂性,激发学生的求知欲和探索欲。同时,教师还需要在问题提出后,通过适当的引导,帮助学生明确问题的关键点和解决路径。学生需要在教师的引导下,通过自主学习、合作探究等方式,逐步分析问题、提出假设、收集信息、验证假设,并最终解决问题。在这个过程中,学生需要充分发挥自己的主动性、创造性和合作性,通过不断地尝试和反思,逐步提升自己解决问题的能力。

(四) 学生为主体的学习模式

在PBL模式中,学生为主体的学习模式是一种根本性的教育观念转变。这种模式下,学生不再是被动接受知识的容器,而是主动探索知识的探险者。学生的主体地位体现在他们对学习过程的控制和对学习内容的选择上。他们需要在教师的引导下,自主地识别问题、提出假设、搜集证据、分析数据,并最终解决问题。这一过程不仅涉及知识的获取,更关键的是能力的培养,包括批判性思维、创新能力、团队协作和自我管理等。鼓励学生超越课堂和课本的局限,将学习延伸到现实生活中。他们需要将理论知识与实际情境相结合,通过实践活动来深化理解。这种学习方式要求学生具备高度的自我驱动力和自我调节能力,因为他们需要自我激励、自我监控学习进度,并在小组合作中承担相应的责任。

小组工作是 PBL 模式中的重要组成部分。在小组中,学生通过分工合作、讨论交流、共同探究来达成学习目标。这种合作学习的过程有助于培养学生的社交技能和团队精神,同时也能够促进不同背景和观点的学生之间的相互理解和尊重。在小组互动中,学生不仅能够学习到他人的优点,还能够通过集体智慧来解决更加复杂的问题。

教师在 PBL 模式中的角色发生了显著变化。他们不再是站在讲台上传授知识的权威,而是变成了学生学习过程的指导者、支持者和促进者。教师需要设计和选择适合学生探究的问题,提供必要的资源和工具,引导学生进行有效的学习,并在学生遇到困难时提供帮助。教师还需要评估学生问题解决的过程和学习成果,以确保学习目标的实现。

(五)理论与实践的深度融合

PBL 模式中的理论与实践深度融合是其核心优势之一。在这种模式下,学生不仅要掌握理论知识,更要通过实践活动将这些知识应用到具体的、有意义的问题解决中。这种学习方式打破了传统教育中理论学习与实践应用之间的隔阂,使学生能够在真实的情境中体验知识的应用价值。在 PBL 实践中,教师通常会设计一系列基于现实世界情境的问题，这些问题往往涉及复杂的、多维度的挑战，需要学生运用跨学科的知识和技能来解决。例如，在医学教育中，学生可能会遇到模拟的病例研究；在工程教育中，学生可能需要设计一个解决方案来应对真实的工程挑战。这些问题的解决不仅要求学生理解相关理论知识，还要求他们能够将这些理论灵活地应用到实际情境中。通过这种深度融合的方式，学生能够更加深刻地理解理论知识的实际意义。当学生看到理论知识在解决实际问题中发挥作用时，他们的学习动机往往会得到显著提升。此外，这种学习方式还能够帮助学生建立起知识之间的联系，形成更加全面和系统的知识结构。

在 PBL 模式中，学生的实践活动通常包括实验、实地考察、案例分析、项目设计等多种形式。这些活动不仅能够锻炼学生的动手能力，还能够培养他们的创新思维和问题解决能力。在实践过程中，学生需要不断地反思和调整自己的解决方案，这种反思性学习对于学生批判性思维能力的培养至关重要。此外，PBL 模式还强调学生的反思和自我评估。在项目结束后，学生需要对自己的学习过程和成果进行反思，思考在实践中学到的知识和技能，以及这些知识和技能如何帮助他们解决了实际问题。这种反思性学习有助于学生形成自我监控和自我调节的能力，这对于他们的终身学习和职业发展都是非常有益的。

三、PBL 教学模式的理论支撑

在高等教育中实施 PBL 教学，这是对高等教育教学理论与实践的创新。任何创新都是建立在继承的基础上的。对 PBL 教学的理论构建与实践探索起到重要启发和借鉴作用的理论有很多，如创造心理学、建构主义教育理论、PBL 学习理论、多元智力理论等。笔者从凸显 PBL 教学过程出发，强调师生通过教学交往获知共同发展的本质特点以及强调学生学习的主体性、创造性和实践性等突出特征，从建构主义教育论以及创造心理学两个方面加以阐述，进而为 PBL 教学寻找理论根基。

（一）PBL 教学的理论基础之一：建构主义教育理论

建构主义认为人的意识是一个建构客观世界的概念体系，人有能力观察与解释世界。建构主义者主张，世界是客观存在的，但是对于世界的理解和意义赋予却是由每个人自己决定的。反映在教育上特别是教学上，建构主义教育理论的基本观点是：其一，认识是由主体主动建构的，而不是从外界被动吸收的，即认识具有主动性；其二，主体在认识过程中，不是去发现他们头脑以外的知识世界，而是通过先前个人的经验世界，重新组合，并建构一个新的认知结构，即认识具有建构性。不难看出，建构主义的核心是以学生为中心，强调学生对知识的主动探索、主动发现和对所学知识意义的主动建构；教师在教学中就是为学生主动建构创造条件，帮助学生建构。也就是说，教师要"引出学生参与教学，然后以学生的现有经验为基础帮助他们建构新的、更多合理的、更多正确的以及原则性的解释"。

建构主义可分为认知建构主义和社会建构主义。认知建构主义教学观认为，知识不是通过感觉或交流被个体被动接受的，而是由认知主体主动建构的，学习是学习者主动建构知识的过程，学生学习必须主动，主动建构实现的学习才是有意义的；相应地，在教学中教师要重视学生的学习主动性、自主性的发挥，应创造条件让学生自主建构、主动学习。社会建构主义教学观认为，知识是由认知主体与他人共同建构的，是与环境相互作用的结果，学习是学生通过与教师、其他学生和其他社会成员共同建构知识的过程,教学就是让学生与教师、与文本(教材)、与同学对话或相互作用。可见,在学习过程中,学生具有主观能动性、积极性和主动性。在学的意义上,学生是教学的主体,离开学生积极主动地参与,任何学习都是无效的;而在教的意义上,教师是教学的主体,教师的作用就在于明确学生的主体性,积极利用所有可能的教学资源激发、引导学生主体性的发挥,促进学生自主学习。所以,这种理论不仅要求学生由外部刺激的被动接受者、知识的灌输对象转变为信息加工的主体、知识意义的主动建构者,还要求教师由知识的传授者、灌输者转变为学生主动建构意义的帮助者、促进者。[1] 概言之,建构主义教育理论特别强调主动建构的重要性,要求以学生为中心,重视发挥学生学习的主动性与自主性,这些思想可以为大学 PBL 教学重视、倡导学生参与并投身于教学中、师生共同研究与解决问题、培养学生的创新精神和研究能力等主张或做法提供理论依据。因此,建构主义教育理论理应成为 PBL 教学的理论基础之一。

建构主义教育理论对 PBL 教学的启迪和影响至少可以从以下几个方面来分析。

第一,建构主义把教学视为学生主动建构知识的过程,这种建构是在学生自身的经验、信念和背景知识的基础上,通过与他人的相互作用而实现的,并且受社会环境因素的影响,因此教学过程不仅是教师和学生之间的互动,而是教师与学生个体之间的多边互动作用的过程。教师与学生都应该是建构知识过程的合作者。在这种情况下,教师对学生不是知识的传授者和学术上的权威,而是教学活动的组织者,建构主义的这些观点是 PBL 教学的

---

[1] 何剑波,王珍.当代西方建构主义教学观阐释[J].高等农业教育,2013,(5): 79-82.

学习观、师生关系观的重要理论基础。

第二，建构主义学习理论强调学习过程中学生主动地建构知识，强调学习过程应以学生为中心，尊重学生的个体差异，注重互动的学习方式等主张，本质上是要充分发挥学生的主体性，使学生在学习的过程中是自主、能动、富于创造性的。因此，建构主义的教学观更加关注的是如何在教学过程中培养学生分析问题、解决问题的能力，进而培养他们的创造精神。这些观点也是 PBL 教学中主体观、个性观和发展观的重要理论来源。

第三，建构主义提出了"对话教学"模式。所谓"对话教学"模式，是指教师不仅应支持教师与学生之间，也应支持学生与学生之间的合作与交流。对话教学可以增强师生之间的交流，给学生自己创造的机会，在一个交流的环境中，学习者之间可以有更多的机会，揭示问题，并就问题寻求同龄人之间对问题的解释。通过在学习中与同龄人的交流，学生会开阔自己的眼界帮助自己完成对知识的建构。与此同时，也能学会尊重他人的观点并与人合作。这种"对话"模式与 PBL 模式主张相比，教学不仅要传授知识，发展学生能力，特别是研究创新能力，而且要注重学生的学习与发展的过程，应是一个合作、民主、互动、对话的过程，同步提升学生的科学与人文素养的观念内在的和谐与一致。

第四，在认识论上，建构主义认为作为认识的主体不是对现实进行"复制"，而是在认识的过程中根据已有的经验，以自己独特的方式对现实进行选择、修正，并赋予现实特有的意义。因此，认识不是来源于现实本身，而是来源于主客体之间的相互作用。这一点正是建构主义在认识论上的飞跃。建构主义的认识论是能动的反映论，它对认识个体的主体性给予了前所未有的关注，为科学地处理教学过程中的师生关系，充分发挥学生的主观能动性提供了认识论方面的理论依据。建构主义的认识论对于 PBL 教学如何认识教学过程的本质，如何更好地处理师生关系等方面也具有独到的指导价值。

（二）PBL 教学理论基础之二：创造心理学

创造心理学是揭示人类创造心理活动规律的新兴学科之一。它研究人类各个活动领域的创造心理活动及其构成要素之间的相互关系，其主要研究对象是人所具有的创造性，创造性即人在创造过程中所反映出来有助于创造成就的稳定的心理特征。自 1920 年，格式塔心理学的创始人德国心理学家韦特海默在《创造性思维》一书中，分析了儿童、成人和一些名人甚至爱因斯坦的创造性思维后，创造力的研究逐渐受到重视。到 20 世纪 50 年代开始，创造心理学脱离了人格心理学，独立成为心理学的一个分支。

创造心理的基本成分是创造性能力，即创造力。创造性能力是独立解决问题的能力，它主要包括创造性思维与创造性想象，而创造思维是创造心理的核心。人在创造过程中的思维称为创造思维，通过创造思维，产生新的、前所未有的思维成果。创造性思维与一般思维比较起来，有以下特点：第一，创造性想象的参与。创造性想象参与后，能结合以往的知识与经验，在头脑中形成新的假设、新的形象，这是创造性活动顺利进行的必要条件。第二，独立性。创造性思维所要解决的问题，是没有现成答案的，重复、模仿、常规、传统的方式，是不能解决问题的。第三，创造性活动的产物具有社会价值。科学家的发现、工程师的发明等，都是创造性思维的产物，都与社会需要、客观现实紧密联系，因此具有社会价值与社会意义。创造性思维活动极其复杂，形式多样，而且常常是多种形式交错重叠在一起。主要形式有：抽象思维、形象思维、直觉思维、灵感思维、发散思维、收敛思维、分合思维、逆向思维、联想思维。人的创造性思维活动常常遇到障碍，主要有：知识贫乏、不加批判的学习、传统观念的束缚、习惯性思维、满足、固执己见与偏见。培养人的创造性思维，要善于激发创造动机；训练思维的流畅性、变通性和独特性。大家在一起讨论也是培养人的创造性思维的好办法。创造心理学认为，创造力不是单纯的心理状态，也绝非属于完全无法表达的形式；创造是一种能力，也是一种过程，创造力并非空中楼阁，而必须有充实的知识经验背景，从原有的基础上扩展引申；创造力的发展以支持性的环境条件为第一优先，在民主与自由的环境下，才能容忍分歧的存在，更能充分发挥个人的创造力。❶ 由此可见，创造心理的理论强调人独立解决问题的能力，注重创造性思维的培养，尤其是注重学生独立性的训练，故在创造心理学理论下，教师的教学要以学生为中心，重视发挥学生学习的自主性。

创造心理学对于 PBL 教学至少具有以下几方面的理论意义。

第一，创造心理学认为每个人都具有创造的潜力，只要有合适的环境条件，它就可以发挥出来。这对于构建正确的学生观具有重要意义。创造是现代人的基本品质和生活方式，创造是每个学生需要掌握的生存本领，教学要通过创设良好的环境和条件帮助学生创造性的发展，而且是促进全体学生的共同发展。

第二，创造心理学认为人的创造能力在发展水平、表现类型等方面都存在差异，这对我们在 PBL 教学过程中树立个性发展观和教学评价观及学生评价观提供了心理学理论基础。任何学生都有各不相同的发展潜力，仅仅根据考试成绩来评价学生，会忽视

---

❶ 魏抗美.论创造心理学理论体系的构建［J］.江汉大学学报（人文科学版），2005（2）.

对他们创新精神的培养。

第三，创造心理学认为，人的创造性能力和个人的人格特质有关，其核心是创造性思维，这对于我们构建 PBL 教学的培养目标及选择教学内容和方法都有重要的启发作用。现行以传承知识为中心的教学模式过于重视知识传授，轻能力培养，教师的课堂教学是以知识的体系为中心，从基本概念、定理、定律的应用去要求学生掌握知识，通过大量的例题、习题的训练使学生巩固知识。这样的教学模式，势必培养出一批高分的学生，但都缺乏对学生能力和创造性的培养。

因此，PBL 教学要培养高素质、高层次的人才，必须以心理学理论为基础，培养学生的创造性思维和创造能力，注重学生的智力因素和非智力因素的协调发展，以使学生具有独立思考、善于应变、勇于创新的现代素质。

（三）PBL 教学理论基础之三：大学课程编制

大学课程编制在编制主体、编制过程、影响因素、处于指导地位的课程观以及编制结果等多个方面有不同的特点，国外近年来对这一问题的研究也基本从这几点出发。对该领域文献的综述有助于揭示大学课程编制的规律及相关研究的发展趋势。在逐篇阅读所选文献后，对于大学课程编制的综述可以从三个部分展开：课程编制的流程、课程编制的参与者和课程编制所面向的主体。对于课程编制的流程，Jana Hunzicker 等[1]采取了案例研究的方法，对布拉德利大学目前实施的面向全校范围（Campus - wide）的课程编制流程进行了介绍，主要包括以下几步：第一步，布拉德利

---

[1] Jana Hunzicker, Kelly Mcconnaughay, Jennifer Gruening Burge. Curriculum Design for Campus - wide Learning ［J］. The Journal of General Education, 2016, 65 (3): 195 - 215.

大学通识教育指导委员会小组委员会召开多次准备会议，确定大学课程编制的一些原则；第二步，评估过程，即对布拉德利核心课程表进行评估；第三步，列出布拉德利核心课程 2015—2016 年的实施准备工作表；第四步，初步分析：评估受访者（学生）的总体看法，所有开放式的评论都由一名公正的教员编码为正面、负面或中性；第五步，调查结果（survey）：通过两个问题，即"你学到了什么""你还想学什么"，向在校生展开调查；第六步，对其他院校的建议；第七步，小规模的应用，即使全校范围的改变不是最终目标，当专业学习以相关的、上下文相关的问题为基础时，这些推荐可以在较小的范围内支持有意义的、持久的专业发展。

对于课程编制的参与者，Carolin Plewa 等[1]认为，大学课程的设计应当让企业管理者等社会主体参与进来。大学与企业的合作已经成为许多高等教育机构的首要任务之一，其重要性反映了全球学者和政策制定者的关注，但目前很少有人对与课程相关的大学—企业合作或其推动者进行过调查。一项针对全欧洲高等教育机构管理人员的调查结果显示，高级管理层参与、校友网络和校企合作的外部交流，尤其是在课程编制和课程满足行业需求方面，对企业参与产生了积极影响。大学课程编制的过程中，注重让企业参与相关课程的设计，有助于实现课程与业务需求的一致性。

对于课程编制所面向的主体，其他 3 篇文献的作者均从学生中心课程论的角度出发，强调课程编制应当以学生的能力发展为中心。

---

[1] Carolin Plewa, Victoria Galán-Muros, Todd Davey. Engaging business in curriculum design and delivery: a higher education institution perspective [J]. Higher Education, 2015, 70 (1): 35-53.

Michelle Solér 主编的《Proceedings of the UNC CBE Summit 2017》[1]中，其中一章讨论了温斯顿-塞勒姆州立大学 RN-BSN CBE 开发团队引入的 RamVision 变革课程编制。作者认为，在国家层面上，传统高等教育课程的现代化是一个新兴的重点，而能力本位教育是 40 多年前出现的一个越来越热门的高等教育术语。在 RamVision 课程重新设计中，能力本位教育（CBE）的观念影响改变了过去传统的高等教育模式，转向以学生为中心的课程和过程，把重点放在以学生掌握程度为衡量标准的实际学习效果上，数据显示，进入并完成四年大学教育的学生平均年龄正在上升，传统的课程编制是建立在特定目标之上的，学生们通过完成这些目标来获得学分，课程作业及其分数决定了学生们所能达到目标的程度，但这并不能衡量能力与期望目标之间的关系。因此，RamVision 课程的重新设计包含了多个组成部分，重新设计的课程形成以学生为中心的个性化学习路径：第一，学习管理系统（LMS）的选择；第二，确保基础设施到位；第三，确定一个统一的实践表和实施计划；第四，教师的角色能够引导学生走向毕业并对他们在课程学习上的熟练程度给予证明；第五，招收和留住学生。最后，作者认为，高等教育在设计课程时，有责任与今天的学生保持一致，满足他们需要的创新的学习需求。更具有凝聚力和连贯性的学习系统使得课程编制、教师的角色和学生自主学习的程度都有所成就。

Moragh Paxton 等[2]的研究将能力本位教育（CBE）细化为读写

---

[1] Michelle Solér. Proceedings of the UNC CBE Summit 2017 [M]. North Carolina University of North Carolina Press, 2017: 61-72.
[2] Moragh Paxton, Vera Frith. Implications of academic literacies research for knowledge making and curriculum design [J]. Higher Education, 2014, 67 (2): 171-182.

能力、学生的理解能力。作者从理论角度出发，以自然科学中正在进行的学术文献研究项目为例，探讨了学术研究对高等教育知识和课程研究的意义。作者认为，阅读和写作在任何学科的学习过程中都是至关重要的，而且学科专家在规划课程时需要考虑到这一点。作者同时考虑了知识在学术文献研究中的意义。结论是：强调社会实践的民族制式学术文献研究和知识结构研究中知识的理论化，这两者之间是相辅相成的，在课程编制的过程中，二者互相补充对方所缺乏的视角。

Brent Carnell 等在其著作 *Developing the Higher Education Curriculum: Research - Based Education in Practice*[1] 中，重点介绍了一个机构战略变革项目：课程 2016+。首先，这一项目的背景和目的是从学生出发，希望改善学生的整体体验，其操作是要通过课程和教学设计将研究和教学联系起来，从而促进整个机构重新参与课程编制和教学。其次，课程 2016+ 的实施方法是将研究、教学和现实世界联系起来。基本设想是教师和学生的研究、教学和学习等活动，可以通过学科、研究领域和专业实践领域而相互联系，在学习方案中阐明学生所发展的技能、知识，理解如何使学生可以适应工作世界的生活，并使他们成为积极、负责任和善于思考的全球公民。最后，作者在这个章节举了三个例子，其中第一个例子是运动康复专业的本科和硕士课程。比如，在一个给定的临床案例场景中，同样的案例场景将在三年的本科学习中使用，逐年增加复杂性，四年级的学生开始侧重学习解剖学和损伤评估，六年级的学生将考虑学习神经系统的介入和心理问题的表现。在这个过程中，学生们参与讨论和咨询，鼓励学生创新方法、

---

[1] Brent Carnell, Dilly Fung. Developing the Higher Education Curriculum: Research - Based Education in Practice [M]. UCL Press, 2017: 145-159.

参与团队讨论。通过遵循一个量身定制的路径，通过研究生学习和临床实习，可以进一步提高他们的实践能力。

对有关大学课程编制的文献及著作章节进行综述后，发现当前大学在进行课程编制时，流程上更加规范化、参与主体更加多元化、更加认同以学生为中心的课程观。受文章数量的限制，本综述可在参与主体、设计流程等方面进一步展开。

第四章
服务拔尖创新人才培养的 PBL 教学模式构建

一、拔尖创新人才的特征与能力需求

(一) 拔尖创新人才的定义与特点

"拔尖创新人才培养"是一个中国语境的话语体系,在国外又有"英才教育""荣誉教育"等表达。[1] 国内学者对拔尖创新人才定义的认识各有各的侧重。訾艳阳等认为,所谓拔尖创新人才,就是指具有创新精神和创造意识,并能通过创造性思维取得创新成果的拔尖人才。[2] 郝克明认为拔尖创新人才是指在各个领域特别是科学、技术和管理领域,有强烈的事业心和社会责任感、有创新精神和能力,

---

[1] 李海龙. 原始创新导向与拔尖创新人才培养的新思维 [J]. 高校教育管理,2023,17 (6):51-61.

[2] 訾艳阳,宋红霞,吴梦秋. 高校拔尖创新人才选拔的模式及经验:以西安交通大学为例 [J]. 教育理论与实践,2019,(39):12-14.

为国家发展作出重大贡献，在我国特别是在世界领先的带头人和杰出人才。[1] 虞宁宁等认为拔尖创新人才应是具有卓越的智力或专业才能、突出的创新意识及能力，以及高尚的道德品质与社会责任感等方面素质的综合人才。[2] 陈权等认为拔尖创新人才是指具备完善且独特的人格个性、强烈的事业心和社会责任感，且具有丰富的科学素养和专业知识、超凡创新精神和创新能力，能够引领和带动某一专业领域创造性发展的，并能为国家和社会发展做出重大贡献的杰出人才。[3]

新兴的 AI 大模型也对拔尖创新人才有独特的概念界定。Kimi AI 认为拔尖创新人才一般是指在某个学科领域、行业或社会群体中表现卓越、具有创新精神和能力、能够引领发展和变革的人才。文心一言认为拔尖创新人才，是指在某一领域或跨领域中展现出卓越的创新能力和成就的人才。他们不仅具备深厚的专业知识基础，还具备非凡的创造力、批判性思维能力和解决问题的能力。这些人才能够引领科技进步、产业升级和社会发展，通过提出新颖的理论、方法或技术，解决重大科学问题、技术难题，对国家和社会的长远发展产生深远影响。

拔尖创新人才作为我们教育培养的目标，意指在我们所生活的这个富于个性和突破的时代中，在各行各业那些试图通过变革来引领发展，从而为整个社会经济的顺利转型作出突出贡献的杰

---

[1] 郝克明. 造就拔尖创新人才与高等教育改革［J］. 中国高教研究，2003（11）：7–12.
[2] 虞宁宁，刘承波，李仲浩. 高水平拔尖创新人才自主培养体系的基本特征与建设原则［J］. 中国高教研究，2024（3）：36–44.
[3] 陈权，温亚，施国洪. 拔尖创新人才内涵、特征及其测度：一个理论模型［J］. 科学管理研究，2015，33（4）：106–109.

出人物。精深的专业造诣、强烈的社会责任感以及勇于批判和变革的勇气应作为其基本的素质特征。[1] 综合来看，站在新时代的起点上，拔尖创新人才是一类全面发展的人，达到了马克思认为的人的发展是"人以一种全面的方式，也就是说，作为一个完整的人，占有自己的全面的本质"。那么，如何多维度、多层次地理解拔尖创新人才的定义与特点呢？可从以下方面探究。

1. 教育理念

（1）创新为核心：拔尖创新人才培养的核心在于激发学生的创新思维和创新能力，培养学生的创新精神和实践能力，使其具备在复杂多变的环境中持续创新的能力。

（2）因材施教：针对不同类型、不同天赋的学生，采取个性化的培养方式，充分挖掘和发挥学生的潜能，促进其全面发展。

（3）注重实践：强调理论与实践相结合，通过项目驱动、科研实践等方式，让学生在实践中学习并在实践中创新。

2. 培养目标

培养拔尖创新人才的目标是培养具有创新精神和创新能力、能够在科学、技术、文化、艺术等领域中做出重大贡献的拔尖人才。

要在专业知识的基础上，注重学生综合素质的提升，包括思想道德素质、科学文化素质、身心健康素质等。

培养学生具有强烈的社会责任感和使命感，使其能够心怀"国之大者"，为国分忧、为国解难、为国尽责。

---

[1] 高晓明. 拔尖创新人才概念考 [J]. 中国高教研究, 2011, (10): 65–67.

3. 培养方式

（1）联合培养模式：实现国内高校之间，国内高校与国外高校、高校与企（事）业单位、科研院所等培养主体间的联合协同，共同培养拔尖创新人才。

（2）贯通培养模式：通过构建"直通式"教育创新平台，将本科高年级阶段与硕士、博士教育阶段贯通，实行"2+X+X准研究生"培养模式，为学生提供连续性的学习和研究机会。

（3）学科交叉模式：实施多个学科联合、合作培养复合与交叉型创新人才，通过学科交叉实现知识融合，开阔学生专业视野、强化专业综合素质、提升创新能力。

（4）项目驱动模式：以国家重大工程中的复杂工程实践能力培养为导向，构建校企融合、互动的动态化人才培养机制，培养学生的实践能力和解决复杂问题的能力。

4. 其他关键要素

（1）创新环境：创设良好的政策环境、顺畅的机制、广阔的平台以及良好的氛围，为拔尖创新人才的成长提供有力保障。

（2）师资力量：加强教师队伍建设，提高教师的学术水平和教学能力，为学生提供高水平的指导和支持。

（3）评价体系：建立科学公正的人才评价机制，鼓励具有创新精神、作出突出业绩的人才脱颖而出，避免"唯论文论"等单一评价方式。

（二）拔尖创新人才的能力框架

具体内容见表4-1。

表 4-1 拔尖创新人才的能力框架

能力	定义	关键要素	培养途径
创新能力	创新能力是拔尖创新人才的核心能力，它涵盖了从思维创新到实践创新的全过程	创新思维：包括批判性思维、逆向思维、发散思维等，能够跳出传统框架，提出新颖的观点和解决方案 创新方法：掌握多种创新方法，如设计思维、六顶思考帽等，能够系统地解决问题并推动创新 创新实践：将创新思维和方法应用于实际项目中，通过不断试错和优化，实现创新成果的落地	设立创新课程和创新项目，激发学生的创新兴趣和动力 提供创新实验室和创新工作坊等实践平台，让学生在实践中锻炼创新能力 鼓励跨学科学习和交流，促进不同领域知识的融合和碰撞，产生新的创新点
专业知识与技能	专业知识与技能是拔尖创新人才在特定领域内的核心竞争力	扎实的专业知识：具备深厚的学科基础知识和前沿理论，能够准确理解和把握学科发展动态 精湛的专业技能：掌握本专业领域内的核心技术和方法，具备解决实际问题的能力 跨学科知识：了解相关领域的知识和技术，具备跨学科学习和研究的能力	优化课程设置和教学内容，确保学生掌握扎实的专业知识 加强实践教学环节，提升学生的专业技能水平 鼓励跨学科选修和科研合作，拓宽学生的知识视野和研究范围

续表

能力	定义	关键要素	培养途径
实践能力	实践能力是指应用于理论知识解决实际情境并解决问题的能力	实验操作能力：掌握实验设计和实验操作的基本技能，能够独立完成实验任务 项目执行能力：具备项目规划、项目管理和项目评估的能力，能够带领团队完成复杂项目 社会实践能力：了解社会需求和问题，能够运用所学知识为社会服务	加强实验教学和实训环节，提升学生的实验操作能力 设立项目课程和项目实践平台，让学生在项目中锻炼项目执行能力 开展社会实践活动和志愿服务活动，培养学生的社会责任感和实践能力
团队协作能力	团队协作能力是指与他人有效沟通、协同工作的能力	沟通能力：能够清晰表达自己的想法和观点，并倾听他人的意见和建议 协作精神：具备团队合作精神和集体荣誉感，能够为共同目标而努力 领导能力：具备领导才能和团队管理能力，能够带领团队完成任务	设立团队项目和团队竞赛等活动，让学生在团队中锻炼团队协作能力 加强团队建设和管理培训，提升学生的团队意识和协作能力 鼓励学生参与社团组织和学生会等组织活动，锻炼其领导能力和组织能力

续表

能力	定义	关键要素	培养途径
持续学习能力	持续学习能力是指在不断变化的环境中保持对新知识、新技能的学习热情和学习能力	学习动力：具备强烈的学习欲望和求知欲，能够主动寻找学习资源和机会 学习方法：掌握有效地学习方法和技巧，能够高效地学习新知识 学习习惯：养成良好的学习习惯和自律能力，能够持续不断地学习和进步	引导学生树立终身学习的观念，认识学习的重要性 提供丰富的学习资源和平台，如在线课程、学术讲座等，满足学生的学习需求 鼓励学生参与科研活动和学术交流等活动，拓宽知识视野和提升学术素养

二、PBL 教学模式的适应性分析

（一）PBL 与拔尖创新人才培养的契合点

在全球知识经济时代，拔尖创新人才作为国家竞争力的核心要素，其培养机制的创新与优化成为教育领域的重要议题。PBL 作为一种以学生为中心、强调问题解决与实践应用的教学模式，与拔尖创新人才培养的需求展现出高度的契合性，为培养具有创新精神、实践能力和跨学科整合能力的未来人才提供了有效路径。

1. 理论契合：PBL 理念与拔尖创新人才特质

（1）创新潜能的激发。PBL 的核心在于通过设计具有挑战性和真实性的问题情境，引导学生主动探索、创新思考。这一过程与拔尖创新人才所需的创新潜能高度相关。在 PBL 实践中，学生需面对复杂多变的问题，通过自主查阅资料、小组讨论、实验验证等环节，不断试错、反思，从而激发其创新思维，培养问题解决的新视角和新方法。

（2）团队协作与领导力培养。拔尖创新人才不仅需要个人能力的卓越，更需具备团队协作与领导力。PBL 教学模式通过小组合作，鼓励学生分工合作、共同解决问题，这一过程不仅促进了学生间的有效沟通，还锻炼了他们的团队协作能力和领导力。在团队中，学生需学会倾听他人意见、协调不同观点，共同推动问题解决，这些能力对于未来领导者和团队核心成员至关重要。

（3）跨学科整合能力的提升。在知识爆炸的时代，跨学科整合能力成为拔尖创新人才的重要特征。PBL 通过设计跨学科的综合性问题，要求学生综合运用多学科知识，进行深度分析与综合判断。这一过程不仅加深了学生对各学科知识的理解，还促进了知识的交叉融合，培养了跨学科整合与创新能力。

(4) 自主学习与终身学习能力的培养。PBL 强调学生的自主学习，鼓励学生主动探索未知领域，寻找解决问题的方法和途径。这一模式有助于培养学生的自主学习能力，使其在未来的职业生涯中能够持续学习、不断进步。对于拔尖创新人才而言，自主学习能力是其持续创新、保持竞争力的关键。

2. 实践路径：PBL 在拔尖创新人才培养中的应用

（1）问题设计的精准性。在 PBL 实践中，问题的设计至关重要。问题应具有真实性、挑战性和开放性，能够激发学生的探索欲望，同时又要与学生的认知水平相匹配，确保学生能够在解决问题的过程中获得成长。

（2）学习资源的丰富性。为了支持学生的自主学习和问题解决，需要提供丰富的学习资源，包括图书资料、在线课程、专家讲座等。这些资源不仅有助于学生深入理解问题背景，还能拓宽知识视野，为创新思考提供素材。

（3）导师指导的有效性。在 PBL 过程中，导师的角色从传统的知识传授者转变为引导者、促进者。导师需具备跨学科的知识背景，能够为学生提供有效的指导和反馈，帮助学生深化理解、优化解决方案。

（4）评估体系的全面性。PBL 的评估体系应关注学生的学习过程、团队协作、问题解决能力和创新能力等多个维度，采用多元化的评价方式，如同伴评价、自我评价、项目展示等，以全面反映学生的学习成果和成长轨迹。

PBL 教学模式与拔尖创新人才培养的需求在理念与实践层面均展现出高度的契合性。通过精准设计问题、丰富学习资源、有效的导师指导和全面的评估体系，PBL 能够激发学生的创新潜能，培养其团队协作能力、跨学科整合能力和自主学习能力，为拔尖创新人才的成长提供坚实的支撑。未来，随着教育技术的不断进步和教学模式的持续创新，PBL 在拔尖创新人才培养中的应用将更加广泛，为培养更多具有国际视野、创新精神和实践能力的未来领袖贡献力量。

（二）PBL 在拔尖创新人才培养中的优势

随着全球化进程的加快，国家之间的竞争日益激烈，而竞争的核心在于人才。因此，培养拔尖创新人才已成为各国教育的重要目标。在这一背景下，PBL 教学模式因其独特的优势，在拔尖创新人才培养中发挥着越来越重要的作用。

（1）PBL 教学模式的核心在于"基于问题"，它强调以问题为导向，通过引导学生解决实际问题来培养其创新能力和实践能力。这种教学模式不仅打破了传统课堂的单调乏味，更在无形中培养了学生的探索精神和团队协作能力，为拔尖创新人才的培养开辟了一条崭新的路径。

（2）PBL 能够营造轻松主动的学习氛围。在 PBL 教学模式下，教师将学生划分为若干学习小组，并精心设计一系列与教材知识紧密相连的问题供学生深入探讨。这种分组讨论的方式，不仅激发了学生学习的自觉性和主动性，还培养了他们的团队协作能力和沟通能力。在课余时间，学生需要自主学习教材理论，广泛查阅资料，为课堂上的小组讨论做足准备。课堂上，小组长引领讨论，学生们畅所欲言，无拘无束地发表个人观点，思维的火花在交流中碰撞，从而极大地提高了学习效果。

（3）PBL 能够充分调动学生的思维活力。在 PBL 教学模式中，问题是基石，学生需要广泛涉猎文献资料，甚至深入实践进行调查研究与科学实验，以此为基础形成个人独到的见解。在小组讨论的环节中，学生间的观点碰撞与交融成为常态，教师则敏锐地捕捉这些相悖的观点，巧妙整理后再次呈现给学生，以激发其更深层次的思考与探索。这种不断挑战与反思的过程，使得学生的思维在不断地磨砺与升华，进而展现出 PBL 教学模式在培养学生独立思考与创新能力方面的独特价值。

（4）PBL 能够极大地扩展学生的知识面。该模式并不局限于教材的知识体系，而是鼓励学生突破这一框架，广泛涉猎更为丰富多元的学术资源。教师会精心推荐阅读书目，引导学生深入学习各种中外文献资料，以此加深对教材理论知识的理解，并掌握更为广博的知识。这一过程不仅丰富了学生的学习内容，还缩短了从理论到实践的距离，使学生可以在更广阔的知识海洋中自由遨游，领略学术探索的无穷魅力。

（5）PBL 在拔尖创新人才培养中的优势还体现在能够培养学生的跨学科整合能力和实践能力上。在 PBL 教学模式下，教师需要巧妙设计跨学科的问题，这些问题应涵盖多个学科领域，以确保学生在解决问题的过程中能够自然而然地跨越学科界限，综合运用多学科知识。这种跨学科的学习方式，不仅培养了学生的整合能力，还提高了他们解决实际问题的能力。同时，PBL 强调实践操作，鼓励学生通过实践来检验和验证所学知识，从而培养他们的实践能力和创新精神。

（6）PBL 教学模式在拔尖创新人才培养中具有显著优势。它能够营造轻松主动的学习氛围，充分调动学生的思维活力，扩展学生的知识面，培养学生的跨学科整合能力和实践能力。这些优势使得 PBL 成为拔尖创新人才培养的重要工具。因此，我们应该积极推广和应用 PBL 教学模式，为培养更多具有创新能力和实践能力的拔尖人才作出贡献。

在拔尖创新人才培养的道路上，PBL 教学模式无疑是一种值得借鉴和推广的有效方法。它不仅能够激发学生的学习兴趣和主动性，还能够培养他们的创新思维和实践能力，为他们未来的发展奠定坚实的基础。随着教育改革的不断深入和全球化竞争的日益激烈，我们有理由相信，PBL教学模式将在拔尖创新人才培养中发挥越来越重要的作用。

三、PBL教学模式的构建策略

教学理论研究的最终目的是指导教学实践，否则，理论也就失去了其本身的价值和意义。探讨PBL教学的目的在于使现实的教学向合理化方面发展。教学模式是教学理论转化为教学实践的中介，教学方法是教学理论的具体运用。因此，在探讨了PBL教学基本理论的基础上，我们需要建构它的实践模式和方法以及可能取得的相应教学效果。

（一）PBL教学模式

1. PBL教学模式的含义

对于教学模式的理解有许多种，在国外，较有影响的教学模式的定义为乔伊斯和威尔所下。他们认为，教学模式是可以用来设置课程、设计教学教材、指导课堂或改进其他场合的教学的计划或类型。[1]

在国内，对于教学模式的定义主要有四种观点：第一种观点认为，教学模式就是教学结构。它是在一定的教学思想指导下建立的比较典型和比较稳定的教学程式。第二种观点认为，教学模式就是教学过程的模式，或是一种有关教学程序的策略体系、教学式样。即根据客观的教学规律和一定的教学指导思想而形成的

---

[1] 乔伊斯，威尔．教学模式［M］．荆建华，等，译．中国轻工业出版社，2002.7.

整个教学过程中必须遵循的比较稳定的教学程序及其实施方法的策略体系。第三种观点认为，教学模式属于教学方法范畴，它是一种教学方法或是多种教学方法的综合。❶ 第四种观点认为，教学模式是指在一定的教育思想、教学理论和学习理论指导下的、在某种环境中展开的教学活动进程的稳定结构形式。其中，教学活动进程包括教师、学生、媒体和教学内容四个要素，它们彼此相互联系、相互作用，形成一个有机的整体，从而构成稳定的结构——教学模式。这种教学模式的特征有五个：一是强烈依附于教育思想、教学或学习理论的"依附性"，不同的思想和理论会形成不同的教学模式；二是在教学活动进程中表现出来的"动态性"；三是教学系统四个要素互相联系、相互作用的"系统性"；四是具有总模式和子模式等类别的"层次性"；五是具有结构形式的"稳定性"。❷

由上可以看出，学者们对教学模式概念认识的分歧，说明对教学模式的实质和定位等基本理论问题有待进一步深入研究。

何谓 PBL 教学模式？本书认为，它是以素质教育、主体教育、创新教育思想为指导思想，以建构主义教育理论和创造心理学为理论基础，在课堂教学和课外课题研究活动过程中的比较稳定的进程和结构。

PBL 教学模式具有以下特点：一是重视对实际问题的探究，通过对重大现实问题的研讨、探究，使学生获得相关课程或专业性知识，实现理论与实践相结合；二是倡导教学目标的多元化，不仅要传授相关的专业知识，而且更重视培养分析问题、解决问题

---

❶ 郝志军，徐继存．教学模式研究 20 年：历程、问题与方向 [J]．教育理论与实践，2003（12）．
❷ 何克抗．建构主义：革新传统教学的理论基础 [J]．电化教育研究，1997（3）．

的能力和思维，特别是创造性思维；三是主张教学方法和手段的多样性，为实现多元化的教学目标，应采用研究、讨论、案例分析、诊所式教学等多种方法并充分运用现代教育技术；四是课内PBL教学与课外PBL课题活动相结合。

2. PBL 教学模式的一般程序

PBL 教学模式包括课堂教学模式和课外课题活动模式。

（1）在 PBL 教学模式下，课堂教学的一般程序。第一，情境导入，主动探究。教学实际问题情境的创设，能使学生明确探究的目标，给思维以方向；同时产生强烈的研究解决问题的欲望，给思维以动力；通过对实际情境问题的解决，确定研究课题，给思维以创新。所谓教学实际问题情境，指的是具有一定难度，需要学生努力克服，而又是力所能及的学习情境，即一种适度的疑难情境。实际问题情境一般包含这样几个基本要素：学生未知的知识、与学生原有的知识水平相联系、通过教师引导和学生探索可以最终达到目标。能否成为教学实际问题情境，主要看学习任务与学生已有知识经验的适合度如何。教学实际问题情境中必须包含有新的因素，但不能完全脱离学生已有的知识水平。如果难度太大，学生无论如何都无法掌握，便会失去学习的兴趣和热情，而问题太容易，也不能唤起学生的好奇心和探究心理。因此，教学实际问题情境的设置类似于"脚手架"的作用，为相关问题中涉及的新旧专业知识架设桥梁或通道，从实际问题入手，到确定研究课题，从用所学相关理论知识解决问题入手，到引导学生主动探索、解决问题，发现新的专业知识。教学实际问题情境成为联系问题和课题、新旧专业知识之间的桥梁和纽带。好的教学实际问题情境设置往往能把学生引入一种心理上的欲罢不能的境界，产生强烈的好奇心，从而进入积极学习的心理状态。

第二，互动合作，启发思维。PBL 教学的目的是培养学生的研究能力和创新能力，具有自主性强、综合程度高等特点。因此，要求教师采取更加灵活、更加开放和更加有效的课堂组织形式，在更大的时空范围内将个人独立探究、小组合作交流、集体研究论证等教学形式有机地结合起来，从而得出正确的结论。在学生个人对所提出的问题，独立地、自主地、自由地、发散地探索的基础上有意识地组织小组合作交流，使学生在小组合作交流中分享自己获得专业知识的喜悦并学会相互合作，相互帮助和相互关心，取长补短，共同提高。并在小组合作交流的基础上，进行集体研究论证，找到解决实际问题的方法、途径，实现学习上的互补，进一步增强合作意识和交往能力。

第三，形成结论，有效迁移。在通过多种灵活的方式方法引导学生积极主动地参与到教学内容的思考与研究中后，教师进一步帮助学生运用分析、归纳、综合、论证等方式方法，将所研究的实际教学问题进行拓展与延伸，将所得到的结论进行深化，达到举一反三，触类旁通的目的，有效实现知识的迁移，培养学生学会学习、学会研究、学会创造。

第四，合理评价，体验成功。PBL 教学的目的不是选拔与甄别，而是要发挥激励和导向作用，通过评价促进学生更好地全面发展。它要求体现教学评价的全面性、导向性、实效性、过程性和发展性。因此，教师对学生的学习评价是多元化取向的，其核心是强调学生研究创新的发展潜力，注重方法而非结果，要体现教学评价的全面性、导向性、实效性、过程性和发展性特点。

（2）PBL 教学课外课题活动模式。开展 PBL 课题活动的核心是采用探究性教学模式。这一模式的显著特征是以教学实际问题为出发点，在教师指导下，学生通过发现、认识实际问题，通过调研、查询资料提出解决实际问题的方案；在讨论、辩论中对实施方案进行比较；最后通过优化设计方案、措施解决实际问题。

在 PBL 教学模式下课外课题活动模式的基本程序。

第一，提出实际教学问题。在 PBL 课题活动中，教师应根据教学目标，选择与教学内容密切相关的，学生感兴趣、十分关注的热点材料，创设特定的实际教学问题情境。同时要鼓励学生自己去调研，发现和提出实际教学问题。

第二，建立假设，提供素材。针对提出的实际教学问题，指出解决该问题的可行性设想。教师应尽量在实际教学问题情境中，采用启发、诱导之原则，让学生通过自主分析、综合、比较、类推等逻辑思维方法不断产生假设，并不断围绕假设进行推理。对复杂的实际教学问题，教师要指导学生查询相关资料、手册或借助媒体网络信息系统提供帮助。在这一过程中，教师要引导学生将原有的专业知识，从不同维度方向加以改组、整合，从中找寻其必然联系，逐步形成比较确切的概念规律等。

第三，拟订计划，制订措施，收集资料，开展专题研究。针对假设，拟订解决实际教学问题的计划，计划的内容应包括探究实际教学问题的形式、步骤，资料检索，解决实际教学问题形式（班级、小组、个人）及结题时间等。对复杂的实际教学问题，应制订完成结题的详细的流水节拍、时间框图。

第四，小组研讨，验证假设。按计划对假设进行验证。资料检索式的验证，应通过学生收集、整理相关的假设材料，经分析、对比、概括得出结论。

第五，交流、辩论，总结提高。教师应引导学生对验证的结果、结论展开相互交流、辩论，扬长避短，补充完善，总结出结论。

3. PBL 教学模式的多元化与优化

PBL 教学模式应该是多元化的，因为不同的教学媒体具有不同的教学特性与功能，不同的学科、知识类型、教学对象年龄层次等，都具有自身的特性。因此，在构建 PBL 教学模式时应该注意这些方面，建立多元的新型课堂教学模式。就高等教育的 PBL 课堂教学而言，应根据不同的教学目标，针对不同的课程的特点实施不同的课堂教学模式。就某一特定课堂教学模式而言，教学的结构进程虽然是固定的，但是教学方法却是灵活的，因此，同一课堂教学模式，教学过程也可以是丰富多彩的。因此，PBL 教学模式的构建要不断优化完善，要采用与 PBL 教学理念相适应的教材形式、授课方式、讨论形式、作业类型、实践训练和考核方式，建立"以学生为主体、以教师为主导"的基于探索和研究的教学模式，激发每个学生的学习热情，培养学生的创新研究能力。

PBL 教学模式的优化，首先，要求及时反映新时期先进的教育思想、教育理论，并在教学中应用新的技术和手段，形成新的教学结构进程。其次，要建立比较完整的操作要求和基本程序并提出主要的教学策略。这里的操作要求和基本程序应该是可以在实际的教学中运用并经过实践验证的。这种教学模式应该具有可行性，否则它也不能叫作模式。具有可行性才有推广价值。其结构进程应该清晰明了，人们便于操作，这样才能推广。这里的操作不是机构的重复操作，虽然程序是相同的，但是教学方法是可以千变万化的。教学的结构进程主要是为了人们的模仿和运用。最后，PBL 教学模式形成的是教与学活动中各要素之间稳定的关系和活动进程结构形式。模式一旦形成，要素之间的关系就趋于稳定，模式的进程结构也趋于稳定，模式才具备可行性。但是，稳定并不是一成不变，稳定是相对的，在长期的教学实践中课堂教学模式也要经历一个完善的过程,一成不变的模式同样是没有生命力的。

(二) PBL 教学的方法

1. PBL 教学方法的含义

PBL 教学从方法上理解,是一种以培养学生的创新精神和创新能力为目的,并突出学生获得专业知识的自主性和 PBL 为主要特征的多种教学方法的创造性综合。它在强调教学内容的过程性、发展性、前瞻性和综合性的基础上,引导学生用科学研究的方法掌握专业知识,增强学生自身参与专业知识建构的积极性和主动性,最终实现学生全面发展。实施 PBL 教学,要求教师转变教育观念,构建充分体现其思想和观念的教学方法体系,要针对学生学习和发展水平,综合性、创造性地运用多种教学方法。

2. PBL 教学的基本方法

PBL 教学模式下的教学基本方法主要有以下几种。

(1) 案例教学法。案例教学法是指在课堂教学中,通过教师引导学生自主分析和研究现有案例,解释案例中的蕴含内容并培养学生实际应用能力的教学方法。案例是指一个实际或虚拟的情节事件,以说明某一理论原则,证实某一理论观点或反映实践中出现的某类问题。在教学实践中,使学生能通过对案例的分析讨论,激发他们的思维积极性,使他们由感性认识上升到理性认识,并在强烈的学习兴趣下掌握有关知识。

案例教学法具有如下特点:一是应用的普遍性;二是它有助于教师发现理论教学的不足;三是它有利于调动学生学习的主动性、积极性;四是它是课堂教学理论联系实际的有效形式。针对高等教育的课程概念、原则较多,比较抽象,不易理解又与实际联系较少的现实情况,而案例教学法是理论联系实际的最适宜形式，这不仅能使学生从理论与实际的结合中理解、掌握专业知识，更重要的是培养和训练了学生运用所学知识分析问题、解决问题的能力。

（2）研讨法或问题研讨教学法。研讨法是指教师在教学过程中组织学生围绕教师或学生提出的有一定研讨价值的问题，进行有一定深度、广度的研究探讨性学习，让学生在独立思考、教师引导、互相启发或争辩中，最大限度地发挥学习的主观能动性，获得认知思维和情感思维的高效率，培养学生富有创造性的学习能力，最终教会学生掌握学习方法。问题研讨教学法把让学生掌握研讨问题的方法作为课堂教学核心，从问题出发，研讨创新。在教学过程中，教师要求学生独立思考实际问题和提出相关问题，鼓励他们大胆地发表自己的见解，并能随着问题情境的变化，灵活地选择解决问题的方法和深入地研究问题的实质所在，使学生的思维能力（特别是活跃性和独创性）得到充分的发展。

（3）启发性讲授。启发性讲授是教师创造性地运用言语因素，通过激发学生的学习兴趣和启发学生的积极思维来促使学生主动获得知识的方式。PBL教学仍然离不开教师的讲授，但这里的讲授不是灌输，不是让学生被动地接受，它应该是发现教学与接受教学的有机融合。教师可以先提出若干实际问题或设立情景，或者将某些重大而有争议的问题的多种观点呈现出来，由此激发学生自己去思考、判断、选择，让学生在与教师交流中增强创新意识和创新思维能力，这就要求教师要大胆鼓励学生提问，可以向教师询问，也可以学生互问。

（4）PBL学习。PBL学习是学生在教师指导下，以研究的方式去获取或应用相关知识、解决实际问题的学习方式。PBL学习不同于个体自发的探索活动，也不等同于科学家的创造发明活动，它是在学校环境中和集体教学的环境中进行的,并且离不开教师的指导。其实质是学生借鉴或模仿研究的思维方式和行为方式,进行创造性学习。PBL 学习可以使学生获得多方面的能力:获取相关知识的能力,合作、沟通等人际交往能力,综合运用有关知识解决实际问题的能力,创新精神和创新能力,以及对社会的责任感和使命感。PBL 教学的一个重要特点就是要求课内教学与课外课题活动相结合,因此,学生必须学会 PBL 学习的方法。

3. PBL 教学方法的优化组合和灵活运用

(1) PBL 教学方法的优化组合。由于教学目标与教学内容的多样性,需要多种教学方法的优化组合,任何一种单一的教学方法都不可能孤立地存在或起作用。所谓教学方法的优化组合,即根据选定的各种教学方法的内在联系,形成一定的教学方法结构,以充分发挥教学方法的综合效应。从组合的层次性看,PBL 教学要求根据不同课程的性质、层次及学生发展水平来选择与组合教学方法;从组合的形式看,要根据各种教学方法的内在联系进行有机地结合或搭配,主要有包容性组合,互补性组合,量化性组合等。

(2) 教学方法的灵活运用。在具体实施教学方法的过程中,对于同一种方法,由于教师运用的状态不同,其效果差异很大,因此,教学方法的有效性一方面取决于教学方法本身的合理性,另一方面取决于教师运用教学方法的具体状态。PBL 教学要求教师加强教学法的基本修养和提高教学相关能力,在教学中能将理论成果与实践经验相结合;既是教法的实施者,又是学法的指导者,将教法与学法有机结合;既能把握一定教学方法的相对稳定的结构和程序,又能形成独具特色的个人教学风格,实现规范化教学与个性化教学的创造性结合。

(三) PBL 教学下的学生学习效果评价量表

教师通过采取 PBL 教学模式和教学方法，可以对学生的学习效果进行评价，为使评价更具科学性、可行性，课题组制定了一个 PBL 教学下的学生学习效果评价量表，该表包括三部分内容：学生各方面能力的提高因素、学生学习态度因素、学生合作情况因素。每一个方面又包括若干具体因素。详见表 4-2 至表 4-4：

表 4-2 学生能力的提高因素评价量（70 分）

能力类型	得分	具体内容	师评	互评
信息收集能力	8	从多种渠道收集信息，并正确表明出处，所找信息都与主题相关		
	6	从多种渠道收集信息，大部分信息与主题相关		
	4	从有限电子和非电子渠道收集信息，和主题部分相关		
	2	只从非电子渠道收集信息		
信息分析能力	9	能够独立分析信息，并得出合理的结论		
	6	能够独立分析信息，并在教师的指导下得出自己的结论		
	3	在教师的指导下分析信息，并得出自己的结论		
	1	学生只是复述所收集的信息		
创新能力	9	能灵活处理学习中出现的问题；能在对收集的信息进行分析的基础上生成新的信息；对问题提出了多种答案或方案；所设计的解决方案、制作的成品有创意		
	6	能灵活运用所搜集的信息，生成新信息；提出不止一种的解决方案		
	3	能生成新信息；提出不止一种的解决方案		
	1	只能按部就班地完成自己所分配的学习任务		

续表

能力类型	得分	具体内容	师评	互评
解决问题能力	9	有效地解决了开始提出的问题，设计出行之有效的解决方案，并能帮助他人解决问题		
	6	有效地解决了问题，设计出了解决方案		
	3	基本上能自己解决问题		
	1	在别人的帮助下才能解决问题		
自主学习能力	9	能够独立完成所承担的任务，能独立查找、分析信息，设计问题解决方案		
	6	独立完成了所承担的大部分任务，能独立查找信息，对解决方案的设计只能提供部分意见		
	3	基本上能独立查找、分析信息，对解决方案的设计只能提供极少意见		
	1	不能独立完成分配的任务、查找信息、设计解决方案		
动手实践能力	9	能够动手设计模拟场景获取与主题有关的资料，能对实际生活中的问题进行分析、提出行之有效的解决办法		
	6	在实验或实训中获取的资料部分与主题有关，能提出比较全面的解决方案		
	3	能在实验或实训中获取少部分资料，并对其进行表面性质的分析		
	1	不能对实验或实训进行分析		
决策能力	8	对学习过程中遇到的各种问题能及时作出判断、分析，并提供有效的解决办法		
	6	能对出现的问题作出分析并提供解决办法		
	4	能对出现的问题作出分析		
	2	遇到困难就求助于他人		

续表

能力类型	得分	具体内容	师评	互评
合作能力	9	能够有效地与他人共享信息；能够相互提供直接或间接的协助；能通过多种方式与他人合作；能共同完成任务		
	6	能够有效地与他人共享信息；能够通过有限的方式与他人合作；能共同完成任务		
	3	能与他人分享信息，能给他人极少的帮助		
	1	不能给他人帮助；在小组任务完成中起极小作用		

表4-3 学生学习态度因素评价量（10分）

评价因素	得分	具体内容	师评	互评
参与	4	态度主动、积极。符合各阶段进度及要求。会认真解决过程中所遇到的困难		
	3	态度尚认真。大部分时间均能依进度完成工作。对所遇的困难未能积极寻找解决方法		
	2	未能适当地分配时间，以致未能符合各阶段进度		
	1	态度散漫，须由老师催逼方能完成工作		
准备工作	3	准备好学习所需的材料，积极准备小组成果的各种证明材料		
	2	基本能准备所需材料和各种证明材料		
	1	只准备少量所需材料及证明材料		
出勤	3	能够准时参加各种讨论、交流		
	2	基本能准时参加		
	1	不能准时参加		

表 4-4　学生合作情况因素评价量（20 分）

评价因素	得分	具体内容	师评	互评
合作态度	4	态度积极热情、关心相互的学习进展、互相积极配合		
合作态度	3	态度积极、小组成员讨论，能虚心采纳他人意见		
合作态度	2	态度比较积极、比较关心相互的学习进展、能够配合小组成员的讨论		
合作态度	1	不积极、不关心相互的学习进展		
任务完成情况	4	完全完成了所承担角色应做的任务，并能给他人提供大量建议		
任务完成情况	3	完成了所承担角色应做的任务，并能给他人提供建议		
任务完成情况	2	基本完成了所承担角色应做的任务		
任务完成情况	1	没有完成所承担角色应做的任务		
配合	4	态度积极、各尽其职，合作默契、与别人共同商讨		
配合	3	寻找解决答案、能认真听取他人的建议		
配合	2	能主动配合他人的工作，组内关系融洽		
配合	1	配合不够默契，组员相互间易脱节		
交流	4	能通过多种途径，积极、主动地与他人交流		
交流	3	能够成功地与同龄人以及整个团体进行交流		
交流	2	基本可以交换所需的资源		
交流	1	通过有限的方式与他人交流		

续表

评价因素	得分	具体内容	师评	互评
任务分工	4	按照学生的兴趣、能力进行合理的分工、分工明确		
	3	按照组员的能力进行了分工、分工较明确		
	2	进行了较为合理的分工		
	1	没有进行合理的分工		

第五章

服务拔尖创新人才培养的 PBL 教学模式实践

一、知识产权专业 PBL 教学的提出

知识产权专业，相对于其他专业而言，具有不同的学科特征，并对该专业的教学和人才培养提出了不同的要求。主要表现在以下几个方面。

（一）知识产权专业教学的主要特点

知识产权专业以培养创新型应用人才为目标。社会对知识产权专业类人才的需求多种多样，要求该专业的教学必须在保证总体培养目标的前提下，重视不同类型学生个性发展需要，克服传统人才培养的"大批量生产"模式所导致的"产品趋同化"的弊端，实现人才培养的多元化，满足市场的差异化、多样化需求。知识产权专业的教学具有以下特点。

（1）知识产权专业既有理论性又有实践性的特点。这就决定了知识产权专业的学生必须具有宽广

的专业基础和相关专业知识，还必须具有较强的操作技能和综合素质。

（2）知识产权专业知识点众多，适用面较广。对于各种法律知识，除理解和记忆外，更重要的是通过法学理论的学习和实践活动掌握一种分析问题、解决问题的方法，并由此能在适宜的场合运用该法学理论和方法去解决法律问题。因此，在知识产权专业的教学中，除了要向学生传授本专业的基本理论和基础知识外，重点应放在对学生思维方式和创新能力和创新意识的培养上。

（3）所学内容见效慢。知识产权专业的理论与方法的实践性很强，学生难以马上体会到学习的效果，往往是在今后较长时间的工作中才能体会到它的用处。同时，法学理论和方法不是一对一的解决方式，而是一对多或多对多的解决方式，即法律问题的解决方法不是唯一的，而且具有很大的不确定性。因此，在教学中既要强调学科理论与实际的紧密联系，也要重视教学方法的灵活性和启发性。

（二）知识产权专业教学实践中存在的主要问题

审视我国知识产权专业传统的教学模式，存在着许多弊端，制约着知识产权专业人才培养的质量，不利于培养出具有较强创新能力、综合能力的高级复合型法律人才。具体来说，当前我国知识产权专业教学中存在的问题突出表现在以下方面。

（1）法学理论与法律实践脱节。在现有知识产权专业的教学中，较多地强调理论知识，而传授应用性知识、培养学生实际工作能力的实践教学环节受到轻视和排挤，有些课程设置了实践环节，也仅仅流于形式。在高等教育知识产权专业教学中，往往是以课堂为中心，与现实法律实践联系不紧密，封闭程度较高；以书本为中心，与知识的更新及应用的联系较少，实践性较弱。其结果是，学生的实际工作能力和适应社会的能力越来越差，在人才市场的竞争力越来越弱。

（2）知识产权专业的教学内容与时代发展的要求脱节，教学内容及课程设置与现代经济发展状况的差距较大。我国知识产权专业的教学内容在许多方面与时代发展之间的结合不够紧密，两者之间差距较大。而法学是一门实践性很强的应用学科，法学的理论和知识来源与法律实践密切相关，随着经济和社会的发展，法学的知识和法学的理念也在不断地变化和发展。然而，知识产权专业的教学内容严重滞后于法律实践的发展，比如在知识产权专业课程教材的内容中，目前还有一些关于计划经济体制下的法学知识，导致学生对市场经济时代知识产权专业的新知识了解不足，难以适应新形势下法律工作的需要。

（3）忽视学生的个性发展，教学模式单一，缺乏多样化。现行课程体系明显显现"专才教育"模式的特点，人才培养的目标是某一个岗位的专门人才。在这一目标的指导下，专业课程设置过细、过专、过窄，培养出来的学生共性有余而个性不足。在教育模式上只注重法律知识的传授而忽略了对学生综合能力的培养。这既不符合现代市场经济的发展要求，也不利于学生在激烈的市场竞争中综合能力的培养。

（4）教学方法单一。在知识产权专业教学中，教学方法的主要特点是以教师为中心，忽视学生的主体地位，课堂讲授过多，学生自主支配时间太少，学生的主体地位作用得不到发挥；以传授为中心，课堂照本宣科，不能旁征博引、加强学科之间的联系，对学生综合素质和创新能力的培养重视不够。这种教学方式的理想状况是教师讲课条理清楚，概念表述准确，内容完整充实，板书工整简洁，时间掌握精确。而学生则认真倾听记录，课后完成作业。但是，这种教学方式重知识的传授，轻能力的培养，更不利于学生创新思维的培养。因此，这种教学方式显然不能完全达到知识产权专业课程教学的目的。

（5）教、学脱节，学、用脱节。在知识产权专业课程的教学中，由于教材等诸多因素，教师教学的内容与实践有一定距离，或者与实践结合不紧，以致难以激发学生的学习兴趣，造成教、学脱节；另一方面，学生学习一大堆理论、方法，缺乏运用的机会和能力，造成对"知识"理解不深、掌握不牢。导致学生走上工作岗位，碰到实际问题，往往不知如何下手。

（三）在知识产权专业实施PBL教学以提高教学效果

针对知识产权专业人才培养的主要特点及在教学实践中存在的诸多问题，笔者认为，必须对知识产权专业进行深入的教学改革，改革人才培养模式，改革培养方法，改革教学内容，最重要的是改革教育思想，树立与现代教育相适应的教育理念、教育思想、教育理论。为此，我们以市场需求为导向，从社会经济发展对知识产权专业人才需求的现实出发，根据当前高等教育改革的发展方向，借鉴兄弟法学院校教育改革的先进经验，课题组在知识产权专业主干课程中开展PBL教学的研究与实践。

从2024年3月份开始，我们组成了"知识产权专业主干课程PBL教学的理论研究与实践探索"课题小组，制订了PBL教学改革计划，在PBL教学的理论建构和课程内容、教学方法和教学模式的设计和选择等方面进行了较为深入的探讨。

二、知识产权专业PBL教学的实践过程

对学生的创新精神和研究能力的培养，应立足于知识产权专业各门课程的PBL教学及其与之相关的教学活动。为此，我们在

PBL 教学思想指导下，结合知识产权专业课程的特点，确定了"课堂 PBL 教学＋课外 PBL 课题活动"的柔性课程教学改革方案，在教学内容、教学方法和形式及教学评价等各个要素上强化课程教学的 PBL 特点，以构建师生交互主体、多维互动、同步提升的 PBL 教学模式。

（一）课程内容设计凸显综合性和迁移性

实施知识产权专业 PBL 教学，课程改革是一个关键因素。对此我们要求教师首先把握课程体系总体设计的基础性、前瞻性与综合性。在组织和设计课程内容的过程中，我们重点把握了以下几个基本原则：理论教学与实际运用相结合的原则，学科基础理论与前沿动态相结合的原则，课程内容精简与知识背景广博相结合的原则。

知识产权专业课程具有较强的开放性特点，现行教材的版本很多，由于各学者研究的视角或重点的不同，因此反映在具体的教科书上形成了各自不同的体系，各有特色，也有其局限性。为了使课程内容既具有基础性，又有前瞻性，我们对多种版本的教材进行了认真研究、梳理和提炼，制定了课程教学大纲，形成了有自身特色的教学内容体系。在新的课程内容体系中，一部分内容主要是反映各课程的基础理论知识、基本概念和原理，另一部分内容则是一些研讨性、不确定性课题和学生实际操作的内容。具体反映在不同课程中，这些内容的比例不完全相同，重心放在研讨性内容和学生的实际操作和运用上。在这个环节中，教师以科研带动教学，用科研成果指导教学过程和丰富教学内容，指导学生去分析和探索现实中存在的问题和对策。总之，我们在教学内容的设计上注重基础理论知识的学习与培养学生的思考、研究能力和解决实际法律问题的能力紧密结合；知识的深度与广度紧密结合。如在经济法学课程的教学中，教师对传统的课程体系进行了较大幅度的改革。改革后的课程体系分理论和实务两方面。理论课方面，在坚持经典理论框架的基础上，吸收了大量的经济学研究的最新成果，增强了理论性。在实务课方面，强化了法律问题调查、模拟法庭、经济案件的模拟审判等实践内容的训练。在教学过程中，实行"X + Y"的教学模式，即在48个课时中，32个课时（X部分）用于重要理论的传授；16个课时（Y部分）用于案例分析、方案设计、理论研讨等创新能力的培养。技能课程中实行"三三制"，即知识传授的比例占1/3，实践时间占1/3，方案设计占1/3。

同时，我们要求教师注重研讨课题设计的迁移性、生长性和应用性。PBL教学与传统教学的一个很大的区别在于教学过程经常会以课题、案例或来源于理论界或实践中的法律问题为教学的重心。在这些课题或问题的选择中我们注重其迁移性、生长性和应用性。在每个主题的课堂教学中，我们重点抓住学科的核心和基础知识点，在学科基本理论和观点的基础上进行创新和提炼，选择那些最具有迁移价值的学科基本原理进行阐述。讲授内容少而精，给学生留有足够的学习时间和思维空间进行自学研究，对重点、难点讲深讲透，引导学生多角度、深层次地理解基本原理，而对事实性知识点，则少讲或不讲；讲授内容宽而新，以学科的发展为大背景，增加有效教学信息量，强调理论知识与实际应用的结合。如在经济法学课程的教学中，为了处理好理论性与实务性教学内容的关系以及教学内容的广度、深度和新颖度的关系，教师以学科的发展为大背景，将本学科的前沿理论与相关学科（如民法学、行政法学、刑法学等）理论融入教学之中，让学生了解课程基本原理在本学科中的定位，以及与学科最新发展的联系。

同时针对本学科发展中一些热点和争议的问题，指导学生查阅相关文献资料，从而拓宽学生知识的广度和思维空间。

（二）PBL教学方法的运用上注重研究性、互动性和多样性

知识产权专业PBL教学要求综合运用研讨法、情境教学法、案例教学法等灵活多样而具有创新性的教学方法，目的在于实现课堂教学由教师单向传授式的方法向师生互动式的教学方法的转变，使学生在学习中不再是被动接受知识的容器，而是成为探究知识的主体；不仅掌握学科知识的基本观点，同时也理解知识形成和发展的过程，学会分析思考问题的方法，这样就真正实现了师生和生生之间的互动。

在实施PBL教学过程中，我们采取了以下基本模式：一是创设情境，二是启发思维，三是形成结论，四是总结评价。在教学方法上，各门课程的教学灵活采用了讨论法、案例法和讲授法等多种方法，而且在充分体现PBL教学思想的同时，突出了各自教学的特点和风格。比如在民事诉讼法学课程的教学中，教师针对课程特点采用了观摩审判法。由于学生亲临法庭，增加了对法律的感性认识，学生印象非常深刻，效果极好。此外，由学生自己组织模拟法庭。从案例选择、法庭组成、起诉状和答辩状的制作、双方当事人及其代理人的组成以及他们在法庭上发表的观点与意见，直至最后判决的形成，都由学生自己操作完成。这不仅能够使学生发现平时理论知识学习的不足，更能培养他们的实际动手能力，让学生在实际操作中发现问题和解决问题。同时促进学生之间的沟通与交流，同一个小组的学生往往相互配合、相互支持、拧成一股绳，力争在法庭上表现得更加突出、更加精彩，很好地培养了学生团结协作的精神。在其他法学课程的教学中，教师均

不同程度地采用了情境设置法、师生角色换位法等教学方法，突出了情景模拟、实地角色的演练，强调学生学习的自主性、团队合作的协作性、研究过程的创新性，从而由传统教学中教师的外部主导转变为学生的内部自主激发。

（三）课外 PBL 课题活动开展体现自主性、过程性和合作性

课外 PBL 课题研究活动是促进学生法律知识掌握和科研水平同步提高的一个非常重要的手段，同时也是连接课堂理论教学与实践的纽带。我们针对学生不同的兴趣爱好和个性特长，鼓励学生从社会实践活动中自主发现法律问题。在研究课题的设计中，教师主要把握好课题的深度、广度和时间等要素，使学生既能按时完成研究任务，又能得到有一定深度、相对完整的科研训练。学生可以根据自己的兴趣、爱好和特长自主择题，既可选择教师提供的课题，也可选择跟自己的学习、专业相关的其他课题，自由组合，形成课题小组，每个研究小组选出一位负责人，负责与教师和同学的联络、协调。确定选题后，课题小组在阅读了教师提供的参考书目和材料基础上，进行分析论证并制订研究方案，开展研究活动，并定期或不定期进行小组讨论，组长负责向教师汇报，最后形成研究结果并进行交流。对于学生的研究结果，经教师认定为优秀的研究结果可作为学科成绩（如果是考试科目可视作平时成绩），并可作为毕业论文的主体部分，若研究成果是论文方式的，可推荐到公开刊物发表。

课外课题活动的开展，使学生的法律知识视野不再囿于课堂教学的范围，他们能直接进入专业科研领域，接触和关注本学科领域最新的研究动态，了解学科发展前沿，初步了解科学研究的基本过程，并体验科学研究的苦与乐，提高了学生自主获得知识

和信息的能力及进行科学研究的能力，增强了学生与他人的合作意识和合作精神，培养了学生的创新素质和创新能力，激发了学生学习和探索的积极性与热情，并能运用理论知识解决实际问题。

（四）PBL实践教学环节改革鼓励创新性、应用性和体验性

实现法学理论教学与法律实践结合以及学生PBL课题活动与实践的结合，是知识产权专业PBL教学的一个重要环节。我们要求学生在学习法学基本理论的同时，注意理论联系实际，注重基本技能训练，培养分析问题，解决实际问题的能力。在劳动法学、民事诉讼法学、法律诊所、经济法学等课程中都专门安排了实践，一般为4~6课时。一方面，组织学生进行调查，引导学生利用所学法律知识来分析和思考现实法律问题；另一方面，利用各种社会资源，组织学生进行实践活动。

三、知识产权专业实施PBL教学的效果

通过在知识产权专业的教学中实施PBL教学，取得了预期的教学效果，主要是实现了有别于以往的几个转变。

（一）教学由以教师为中心转向为以学生为中心

在知识产权专业PBL教学中，教师最明显、最直接、最富时代性的角色特征，即教师成为"学生学习的促进者"。教师的主要任务是引导学生进行学习探索，让学生具有自己判断和选择信息的能力。教师在激发学生的学习动机、引导他们精心设计学习环境的过程中进行探索，构建法律知识体系，提高分析法律问题、发现法律问题的能力，成为学生学习的促进者、参与者、指导者

和组织者。通过师生之间教与学的交往互动，相互交流沟通，相互启发和补充，实现师生的平等对话、合作，共同创造和体验，达成彼此的共识、共享、共进，形成学习共同体，获得共同发展。

（二）课堂教学由法律知识中心转向以人为本

在知识产权专业实施 PBL 教学中，强调以人为本，以学生为主体，以实践能力与创新精神为培养目标，特别注重怎样发现、培养、坚持、强化学生的兴趣爱好和好奇心，在广泛选择中提供一种多样化、个性化的教学模式。知识产权专业 PBL 教学的课程与教学是一个动态的、开放的过程，学生是课程的主体。在这里，课程不再是外在于师生的，而是内化为"自己的课程"，教师和学生都成为课程的创造者和主体。

（三）学生学习由被动接受的学习方式转向主动探究的学习方式

通过对知识产权专业的学生实施 PBL 教学，培养了学生的主动参与意识。在知识产权专业的课堂教学中，教师从学生已有的法律知识出发，创设法律问题情境，引导学生积极参与探究新的法律知识发生过程，既符合学生年龄阶段的特点，又可以有效地培养学生的主动参与意识和合作精神。在实施 PBL 教学的过程中，通过多维的师生互动、生生合作，学生的合作精神和交往能力都能得到较好的发展。

（四）在培养目标上由单一化转向多元化

PBL 教学模式有其多元化的培养目标，除了知识性目标外，还有能力和情意等方面的发展目标。在大学的教学过程中，传授必要的知识是重要的，更重要的培养学生找到正确的学习方法和具备较强的自学能力，培养学生的科学精神和健全的人格。PBL 教学模式注重培养学生的创新意识和创新能力。在教学过程中，鼓励学生独立思索，敢于标新立异，启发学生从不同角度观察、分析问题，用不同的方法解决问题，并在比较中选出最佳方案，鼓励学生大胆猜想、发现创新萌芽并及时予以肯定。

总之，PBL教学预演了从理论到实践，从课堂到社会的转化历程。知识产权专业PBL教学为学生提供了发现法律问题、研究法律问题和解决法律问题的基本程序，提供了丰富的实践机会，大幅缩短了知识产权专业毕业生适应工作的过程，并为学生在今后工作中的开拓创新提供了可资借鉴的宝贵经验。

四、知识产权专业实施PBL教学有待讨论的问题

在知识产权专业实施PBL教学模式取得了一定的成效，但是，也存在以下有待进一步讨论的问题。

（一）学生对PBL教学模式的适应性问题

我国一般高中阶段大都采用传统教学方法，进入大学若突然改为PBL教学，强调学生的自学能力，会使学生觉得无所适从。尤其是对于那些自律性、基础较差及一些年龄较小的学生是否能够适应PBL教学是一个有待检验的问题。而PBL教学模式对学生素质的要求较高，需要多数学生具备主动学习的能力，否则很难达到预期的教学目标。但由于性格、能力和主观能动性的差异，学生对PBL教学效果的反馈不同。[1] 积极主动地学习、不怕困难且掌握较高学习技能的学生更可能从PBL教学模式中受益，如果彻底推翻传统模式实行PBL教学模式，效果可能并不理想。

---

[1] 高雪. 基于问题的学习（PBL）在医学教育中的利与弊 [J]. 基础医学与临床，2014，34（1）：142-144.

（二）教师适应 PBL 教学中的角色转变问题

实施 PBL 教学模式，需要一支具有高水平专业知识、专业技能和丰富经验且对 PBL 的教学技能深入了解和熟练掌握的教师队伍，才能有效地向学生提供有针对性的问题、确定的学习目标和实现目标的方法，以及控制讨论的方向。而担任授课任务的教师都是传统教学模式培养出来的，并未受过 PBL 教学的专门训练，这怎么能够让教师针对学生能力、问题的难易做周密的准备？PBL 模式要求教师的角色不仅是学生学习的导师，还应具备分析学生掌握知识的能力。调整学生的侧重点，引导学生发挥潜能，教师能否完成这一角色的转变是 PBL 教学成败的关键。[1] 实施 PBL 教学模式，需要教师尽快转变角色，对此，老教师是否愿意接受？年轻教师接受的过程中是否会受到老教师的负面影响？

（三）PBL 教学模式下的相应配套资金的投入问题

PBL 教学模式不仅对教师、学生有一定的要求，而且对教学场地和设备、图书和信息的获取均有较高的特殊要求。PBL 教学模式的全面实施需要足够的经费投入、教学场地和硬件设备的充足、高素质的教师队伍、方便使用的先进图书馆、丰富的网络信息支持、教学质量评估的完善体系等各方面的条件。[2] 而这些均需投入大量的配套资金来解决。

（四）有效的 PBL 教学模式评价标准的建立问题

目前的教学评价基本上属于总结性评价，每门课程学习结束

---

[1] 郭林杰，吴浩，唐承薇. PBL 教学方式探讨 [J]. 中国卫生事业管理，2014，31 (3)：215，231.
[2] 彭荣翠，崔伟，梁天坚，等. 论中医 PBL 教学中的三大影响因素 [J]. 时珍国医国药，2014，25 (10)：2518-2519.

后进行考试，大多采用闭卷笔试，着重考查书本知识的记忆和重现。而在 PBL 教学中，评价的目的不在于考查学生知识的掌握情况，而应重点评估其整合知识及运用知识解决实际问题的情况，并估量其与他人合作的学习态度与能力的情况。这样，评价的范围就相当广泛，不仅不能局限于书本知识，而且不能以书本为纲。这就需要建立一套有效的 PBL 教学模式评价标准。

总之，为使 PBL 教学模式的教学效果进一步扩大、巩固，需要不断加强对 PBL 教学模式的研究，根据各高校自身的实际情况，包括学生接受 PBL 教学的效果、教师的角色转换程度、图书资料的配备情况，遵循由感性思维上升到理性思维的认识途径，逐步建立定量和定性相结合的科学评价体系，通过实践与理论的完美结合达到最佳的教育效果。

CHAPTER 06 >>

第六章
高校拔尖创新人才成长的特质与类型

高校学生作为新时代青年的重要组成部分,肩负着实现中华民族伟大复兴中国梦的重任。习近平总书记对我国当代青年有着诸多的期许,并在一系列的讲话中提及。2013年同各界优秀青年代表座谈时的讲话中提出"广大青年要勇敢肩负起时代赋予的重任""努力成为可堪大用、能担重任的栋梁之材"❶;2016年庆祝中国共产党成立95周年大会上强调"青年是祖国的未来、民族的希望"❷;2022年党的二十大报告中提出:"当代青年生逢其时,施展才干的舞台无比广阔,实现梦想的前景无比光明。"❸每一代青年都有自己的际遇和机缘,努力做翻涌的

---

❶ 习近平. 在同各界优秀青年代表座谈时的讲话[N]. 人民日报,2013-05-05(2).
❷ 习近平. 在庆祝中国共产党成立95周年大会上的讲话[N]. 人民日报,2016-07-02(2).
❸ 习近平. 高举中国特色社会主义伟大话旗帜 为全面建设社会现代化国家而团结奋斗[N]. 人民日报,2022-10-26(1).

"后浪"是时代的呼唤。高校精英学生群体是未来建设社会的生力军,对于该群体成长成才的类型研究将对广大学生有一定引领与借鉴意义,并为我国高校精英人才培养提供实证的参考依据。

但已有研究仍存在一定的局限性。例如,实证研究较少、影响因素分析维度单一,特别是对精英学生群体成长的类型研究不足。多所高校举办各类"优秀学生"评选活动,各高校评选对象的称谓略有不同,总体上可以将高水平大学评选出的"优秀学生"视为高校精英学生群体。本研究选取"双一流"高校的"十佳杰出青年(学生)"为研究对象,对其成长成才类型进行研究,同时对其共性特质进行更为全面和系统的分析,以解决已有研究存在的问题。并且进一步发展此类研究的深度和广度,具有一定的创新性。具体研究问题如下:第一,高校精英学生具备哪些共性特质?第二,高校精英学生的成长成才分为哪些类型?第三,高校人才成长应关注什么?

国内关于大学生成长成才的研究主要集中在特定大学生群体研究、大学生成长影响因素研究、大学生成长规律及路径研究三个方面。第一,研究特定大学生群体。学者们以专业、性别、身份、评选等作为划分学生类别的依据,关注不同学生群体的成长。例如,对某类专业的大学生[1]、少数民族大学生[2]、女大学生的成长进行研究[3],或研究学校教育系统外的大学生士兵[4]、大学

---

[1] 李兆博. 工科院校本科生成长路径研究 [D]. 哈尔滨工程大学,2014.
[2] 陈怡琴. 推进少数民族大学生成长成才的探讨 [J]. 北京教育(德育),2014(Z1):64-66.
[3] 唐柳荷,罗军. 社会性别视野下女大学生成长成才状况调查 [J]. 广西青年干部学院学报,2014,24(6):30-33.
[4] 石占魁,梁爽. 退伍大学生成长及发展研究:以上海理工大学为例 [J]. 改革与开放,2018(7):94-95.

生村官❶；此外，还包括对杰出校友❷、科技创新典型人物、"中国大学生年度人物"等的研究❸，但此类研究较少。朱国军从人力资本、乡村治理、精英政治三个理论视角，通过文献研究结合逻辑推演的研究方式，提出大学生村官成长为乡村精英培养路径的整合框架❹；任少伟、陈冉从生态系统理论视域微系统、中系统、外系统和宏系统出发，采用事迹文本分析法，分析不同系统中的各个因素对"中国大学生年度人物"成长的影响❺。

第二，研究大学生成长影响因素。一类从整体环境视角出发进行全面分析，如社会转型、多校区办学格局等❻。另一类将因素具体化、特殊化，关注内部或外部、心理因素等❼。刘玉漩从辅导员的视角出发，通过对学生的观察、了解、分析、对比，将大学生成长的内部因素概括为自我认知和心智因素、学习成长动机因素、行动执行及策略因素、情商与人际借力因素❽；李永山对合肥工业大学杰出校友的研究运用了问卷调查与深度访谈的研究方法，提出影响大学生成长成才的六个因素，即社会实践、学习动机、

---

❶ 马抗美. 大学生村官成长成才机制优化研究 [J]. 中国青年社会科学, 2016, 35 (1): 87-94.

❷ 李永山. 论影响大学生成长成才的因素：关于合肥工业大学杰出校友成长成才要素的分析 [J]. 合肥工业大学学报（社会科学版），2009, 23 (3): 6-9.

❸ 任少伟, 陈冉. 生态系统理论视域下优秀大学生成长影响因素分析：以近十年"中国大学生年度人物"为例 [J]. 高校共青团研究, 2019 (4): 14-19.

❹ 朱国军. 大学生村官成长为乡村精英的培养路径研究 [J]. 科教文汇, 2018 (4): 4-6.

❺ 任少伟, 陈冉. 生态系统理论视域下优秀大学生成长影响因素分析：以近十年"中国大学生年度人物"为例 [J]. 高校共青团研究, 2019 (4): 14-19.

❻ 郝慧, 于一丁, 谭智敏. 多校区办学格局下大学生成长影响因素的研究 [J]. 教育现代化, 2018, 5 (42): 129-130.

❼ 周宇. 影响优秀大学生成长成才因素研究 [J]. 科教文汇（上旬刊），2014 (2): 44-46.

❽ 刘玉漩. 大学生成长成才内在影响因素分析 [J]. 山西青年, 2016, (4): 112.

优良学风、社会环境、个性特征、发展机遇❶。

第三，研究大学生成长规律及路径。部分研究从新时代背景出发，以社会主义核心价值观、习近平新时代中国特色社会主义思想作为思想引领，针对大学生成长成才中存在的问题提出相应路径❷。一些高校辅导员从思想政治教育视角出发，着眼于对大学生理想信念的培育；重视文化育人，对大学生党员加强党性教育等❸。莫晓燕、寇荷超从大学生成长成才的困惑入手，探究新时代引领大学生成长成才的有效路径，即乐于学、立于德、重在行❹，以逻辑推演为主，未进行实证研究；于欣欣、李兆博研究工科类大学生的成长路径，得出"学习型、学习科创型、科创型、实践型"四种典型路径，将工科大学生的成长分解为"探索期、调整期、成形期、发展期、二次调整期、收获期"六个时期❺。

国内对"精英人才"的研究集中于如何培养的应然研究方面。例如，汪睿根据精英人才的特点归纳出精英人才成长的优势积累效应规律、非匀质化规律和最佳年龄规律❻；吴德贵针对发现培养选拔优秀年轻干部总结了青年成才的六大路径，"理想＋梦

---

❶ 李永山．论影响大学生成长成才的因素：关于合肥工业大学杰出校友成长成才要素的分析 [J]．合肥工业大学学报（社会科学版），2009，23（3）：6-9．

❷ 罗莉红．以习近平新时代中国特色社会主义思想教育培养大学生成长成才 [N]．曲靖日报，2020-12-04（5）．

❸ 尹旦萍，鲁梦洁．理想信念教育是新时代大学生成长成才的必由之路 [J]．学习月刊，2019（2）：47-49．

❹ 莫晓燕，寇荷超．习近平新时代引领大学生成长成才的路径探析 [J]．绥化学院学报，2019，39（5）：7-10．

❺ 于欣欣，李兆博．工科类大学生成长路径的研究与探索 [J]．现代教育管理，2015（1）：124-128．

❻ 汪睿．人才学视阈下的精英人才成长规律研究 [J]．科教导刊（下旬），2019（5）：138-139，150．

想""学习+思考""左脑+右脑""知识+能力""总结+规划""智商+情商"。❶ 对于"精英人才成长成才类型"的实然研究则较少。

综上,既有研究较少关注以评选为分类标准的大学生群体,尤其是精英学生群体;且主要研究如何培养,较少从学生自身角度出发开展研究,对于学生成长成才类型的研究和分析较少。即使有聚焦于评选的特定群体,如"中国大学生年度人物""安徽省十佳大学生"等研究,也存在研究方法相对单一的问题,如采用事迹文本分析法,归纳分析共性层面的影响因素、共同特质或品质等层面❷,对特殊性关注不足,特别是对精英学生成长类型的实证研究较少。

一、高校拔尖创新人才成长类型的研究设计

T大学举办校级"十佳杰出青年(学生)"评选活动以来至2020年12月已进行26届,该评选是学校"含金量"最高的几大评选活动之一。本书以"十佳杰出青年(学生)"(以下简称"十佳")为例,研究对象选自T大学近3年的校十佳,为深入了解十佳的成长过程,主要采用半结构访谈法收集资料。

研究过程主要分为三个步骤:首先,分析近3年十佳的事迹文本资料,厘清十佳的共性特质、特殊成长因素等内容,并据此编制访谈提纲;其次,对2名十佳进行预访谈,进一步改进访谈提纲,其后采用方便抽样、滚雪球抽样方法对10名校十佳进行半结

---

❶ 吴德贵. 青年人才成长路径探寻 [J]. 人民论坛, 2018 (35): 40-42.
❷ 任少伟. 当代优秀大学生的卓越特质及培育研究: 透视"安徽省十佳大学生"的秘密 [J]. 黄山学院学报, 2020, 22 (2): 97-100. 聂晗颖, 甘怡群. 自我概念清晰性与生命意义感及主观幸福感的关系 [J]. 中国临床心理学杂志, 2017, 25 (5): 923-927.

构访谈（其中一名采用记者采访时的采访稿）；最后，结合文本资料与访谈结果，借鉴大学生成长相关研究，分析十佳成长的共性特质，总结高校精英学生的成长成才类型特点，并提出人才成长的相关建议。基于伦理原则，将每位受访者根据评选时学历、学院、性别及顺序进行了编码，具体参见表6-1。

表6-1 受访者基本信息

序号	评选时学历	学院	性别	编号
01	硕士	马克思主义学院	男	S-MX01
02	本科	海洋学院	男	B-HX01
03	本科	智能与计算学部	女	B-ZY01
04	本科	机械学院	男	B-JX01
05	本科	智能与计算学部	女	B-ZY02
06	硕士	建筑工程学院	男	S-MX02
07	硕士	马克思主义学院	男	S-MX03
08	本科	经管学部	女	B-GY01
09	硕士	环境学院	女	S-EY01
10	硕士	药学院	男	S-MX03

二、高校拔尖创新人才成长类型的共性特质

根据访谈问题"你认为自己的哪个核心特质使自己成为十佳""大学成长期间，从优秀到卓越，最关键的三个因素是什么"，整理出十佳对于自己核心特质的观点，以及他们对大学生成长关键影响因素的认识，得出表6-2的总结。

表6-2 受访者核心特质及成长关键因素

编号	核心特质	因素1	因素2	因素3
S-MX01	坚韧	专注	持之以恒的毅力	坚定心态
B-HX01	乐于在服务奉献中收获成长	追求细节	抓大放小、有的放矢	感恩
B-ZY01	科艺结合	坚持	拼搏	目标
B-JX01	年轻	坚持	敢于尝试	提升思想
B-ZY02	规划	规划	自律	自省
S-MX02	坚韧不拔、不抛弃、不放弃	榜样示范	理想信念	成就感
S-MX03	目标	不懈努力	勇于担当	目标
B-GY01	好胜	韧劲	效率	踏实
S-EY01	责任感	责任	坚持	目标
S-MX03	真诚	思考	执行	抓住机会

他们的核心特质并不是独一无二的，很多学生同样具备，比如确立奋斗目标、做好日常规划等。在这些大学生从优秀走向卓越的关键因素中，"坚持"出现的次数最多，其次是"目标"，此外还有"规划、拼搏、思考、责任、专注"等，是一些基本品格与特质。

参考以上关键因素，综合全部访谈资料进行分析，归纳出十佳成长成才的共性特质，他们具有明确的目标、切实的规划、较强的执行力以及适时的反省，并在优势积累效应规律的作用下，通过量变达到质变，成长为精英人才。以下内容是对精英学生成长成才共性特质的具体分析。

目标是精英学生前进的动力，帮助其确定成长与发展方向。

榜样是精英学生确立目标的依据之一，为他们树立了成长典范，这一点可以从以下访谈记录中得到证实。

> 我在大一的时候看过一场十佳评选，印象蛮深刻的。每个观众有一张黑白报纸，上面印着16个候选人的介绍加照片，当时觉得他们很优秀、太牛了，室友们一起去看，回来聊哪个是"男神"，蛮羡慕的。我当时想这应该是我大学的奋斗目标，那张报纸我一直留到了大四那年我参加评比，评比结束之后再去看那张报纸，我觉得没有辜负4年前自己写下的愿望。(B-ZY01)

> 在台下的我全程张着嘴巴听完了，觉得原来大学生活可以过成那样，我立下了一个小小的志向，特别希望有一天我也可以像他们一样站上求实会堂的舞台，为自己做一次演讲、做一次评比。(S-EY01)

> 你会发现有些人很优秀，自然就想向他看齐，在这个过程中不断地对标，会发现自己的不足，然后不断地想尽办法补足，让自己提高一点，再往上走一点。(S-MX01)

榜样作为十佳的目标，为他们指明了奋斗方向，对其成长发挥着重要的激励作用。此外，价值观是影响十佳目标确立的深层因素，指导十佳设定个人的根本性目标。

> 我始终觉得一个人的个人价值一定在实现社会价值的过程中得以彰显，说得更通俗一点就是你不能光想着自己赚多少钱，你要想着在自己获得一些之后，给你身边的人和社会带来一些相关的正向的改变。(S-MX01)

> 大学期间我充当了很多的角色，我内心的责任感使我对待每一个身份都非常慎重、非常郑重。有一个原则就是一件事要么不做，要做的话就一定要做好。(S-EY01)

从以上的访谈记录中可以发现，实现社会价值、承担责任等意识影响了他们的成长目标，而在目标确立之后，为了更好地实现目标，精英学生往往会进行事项规划。

规划是精英学生行动的前提，合理规划才能高效利用时间。良好的规划体现了较强的时间管理能力，有利于十佳形成规律、提高效率。

> 在睡前，因为手机都有事项提醒，还有记录本这样的一些 App，我会习惯性地在上面先记录一下明天要做的事，把今天做完事的删掉，把明天要做的事补上，每天做计划。然后每周会有一个宏观计划，每天会有一个小计划，把每天要做的事项时间安排好，逐项地完成，其实就可以了，会发现其实（时间）还是比较充裕的。（B‐HX01）

> 知道哪些事情是比较紧急且比较重要的，哪些事情是紧急，但不是特别重要的，哪些事情是根本不紧急也不重要的，那个时候就开始给自己划分二维坐标的 4 个象限。（B‐ZY02）

综合以上访谈，十佳提前计划各类事项，规划的主要内容是时间与事项，时间单位包括日、周、月或年，划分依据包括紧急程度和重要程度等。同时，十佳在特定时期能够抓住主要矛盾，对重心做好规划。

> 前一段时间我要准备复习考试，我就是两点一线。除了睡觉吃饭，就是图书馆、教室，谁叫我都不出去，谁让我出去玩我都不去，买再多好吃的也不去，你得有定力，我要坚信我这 1—2 个月的主要矛盾是什么，两个月之后该怎么玩就怎么玩。我觉得在不同的阶段，你要专注于一件事情，以保证效率。（S‐MX01）

> 到了大二之后，把自己的生活重心一部分放到学习上，

一部分放到我比较在意的或者说比较重视的一些社团活动上，另一部分放到舞蹈方面，把自己的时间进行合理地分配。(B-ZY02)

以上访谈记录表明，十佳能够仔细分配个人时间，通过规划各类事项及其所用时间，有序安排、提高效率，达到良好的时间管理效果。

执行是精英学生成功的保障，为其取得成就提供必要条件。借用系统的单线程与多线程来分析精英学生的任务执行情况。顾名思义，单线程是只有一个线程的进程，多线程是有多个线程的进程，将此概念用于日常生活工作中，则分别指单项任务和多项任务，实际上二者往往结合在一起。精英学生能够将单线程与多线程工作合理执行，以下访谈记录说明了十佳的执行情况。

不能三心二意，不能半途而废，什么时间段干什么事，抓住主要矛盾。只需要全心投入，把其他东西全部抛掉，这个月我就主攻一个方向，把自己沉浸进去。(S-MX01)

关于学习效率，一个是因为那个时候课程种类比较多，可能这个是需要数学计算的，下一个可能就是跟操作系统有关的了，然后另外一个可能跟编程语言有关，要求你去写代码了。所以虽然每天都在学，但是学的种类还是差别蛮大的，不会有你一直去学一门科目那种疲劳感。(B-ZY01)

如果知道一天只有学习这一件事，很多时候你会想我今天时间蛮多的，现在可以放松一下，但是如果你知道晚上还有其他事，就会想我只有白天的时间了，赶紧学完，这样反而效率会高。(B-ZY01)

通过以上访谈内容可以发现，长时期的单线程工作需要绝对专注，多线程工作较为分散，十佳们通过更换学习科目避免过度疲劳，或者由时间安排的紧迫感促成高效率。当然，在计划实施的过程中往往会出现错误，这就需要十佳们不断反思。

反省是精英学生提高的诀窍，使其发现问题、不断进步。自我反省的习惯即"复盘思维"对个人的成长发展至关重要，"复盘"是围棋中的术语，指棋手对弈结束后对下棋的全过程进行回顾，它是回顾事件、发现以往的优点和不足进而为未来做准备的过程。

> 每天睡觉之前用半个小时的时间，不需要太长，把你想对自己说的话，把你今天干的一些错事都记下来。人有时候容易不长记性，好记性不如烂笔头，需要把你每天人生的错题本记满，从错事中积累经验，避免自己再犯错误。（S-MX01）

> 我是一个比较心直口快的人，有时说话不是特别走大脑，语速特别快。每一天晚上回到宿舍，我都会反省一下自己今天做过的事以及说过的话，觉得自己在哪个地方可能说话不太恰当，做事情不太合理，我就会去改正自己的错误。（B-ZY02）

综合以上访谈可以看到，精英学生能够通过自我反省发现自己的问题，并努力改正，这是他们提高个人能力、发展自我的一大助力。

目标、规划、执行和反省是精英学生的共同"法宝"，四个环节的有效衔接及运转促使他们自我提高、自我革新。而当他们具备一定优势后，再辅以上进心，就能够获得更多的机会继续积累优势，形成良性循环，最终成长为精英。高校精英学生在具备发展的共性特质之外，其成长成才类型之间也存在一定差异。

三、高校拔尖创新人才成长成才的类型划分

根据访谈结果，结合十佳评选标准，可以得出高校学生成长

的六个基本维度：学习成绩、科研竞赛、学生工作、志愿服务、社会实践以及个人特色。学习成绩为总加权成绩专业排名；科研竞赛指参与撰写论文、申请专利等科研活动，以及获得大学生创新创业竞赛、"挑战杯"等竞赛奖项的情况；学生工作指是否担任班委、职能类学生社团干部或校长助理等职务；志愿服务即参与校内外志愿服务活动；社会实践则专指走出校园、走向社会的实践活动；个人特色指能够区别于他人的特殊之处，表现为兴趣爱好、特长、成长环境等的差异，兴趣爱好包括音乐、舞蹈、体育、主持等，特长可以是表现突出的任意一方面，成长环境即指校园环境、社会环境、军队环境等不同的环境。

将受访者的个人经历按照不同维度划分，分析10位十佳在六个维度的具体表现情况。同时，参考校内各项奖学金及单项优秀学生奖的评选条件，如志愿服务先进个人的评选条件包括：①担任过如"达沃斯学生志愿者""大运会志愿者"等省市级社会重要活动的志愿者，并经校团委认可；②获得过校级优秀志愿者称号；③在学校各部门自愿承担部分工作，工作质量和态度获得有关部门认可，满足五个条件之一即可申请。将高校学生成长的每一维度设定为六个级别，并分别以数值0~5表示（如表6-3所示），数值越大代表此维度表现越好。

表6-3 高校学生成长维度表现

维度数值	学习成绩	科研竞赛	学生工作	志愿服务	社会实践	个人特色
0	积欠学分过多延期毕业或退学	无	无	无	无	无

续表

维度数值	学习成绩	科研竞赛	学生工作	志愿服务	社会实践	个人特色
1	成绩能够顺利毕业，无积欠学分	撰写但未发表论文；参加科研竞赛未获奖	社团成员	参与校内志愿服务1次	实践队队员，实践队未获奖	参与校内兴趣爱好活动，未获奖；参加兴趣类社团或运动队等
2	成绩排名前50%	发表1篇普刊论文；获科研竞赛校级奖项	社团部长；班级普通班委（含宿舍长）	参与校内志愿服务3次及以上；志愿时长20小时	实践队队长，实践队未获奖	获院级校级奖项；担任兴趣类社团等的主要负责人
3	成绩排名前30%	发表1篇核刊论文或3篇普刊论文；获省市级科研竞赛奖项	社团主席、主任、主要负责人等；班级主要班委（班长、副班长、团支书）	参与国家级、省市级志愿服务1项；校青协或院青协等社团骨干或积极分子；每学期参加六次班级、社会服务活动	2次社会实践经历，并获校级实践奖项	完成兴趣爱好相关测评并达到较高水平

续表

维度数值	学习成绩	科研竞赛	学生工作	志愿服务	社会实践	个人特色
4	顺利保研	参与国家重点研发计划、国家自然科学基金重点项目等；发表核刊论文2篇或普刊论文4篇及以上；申请专利1项	担任5项学生工作职务，包括1项校级职务；党支部书记、兼职辅导员、学生校长助理等校内重要职务	国家级、省市级志愿服务5项；志愿时长100小时；获得优秀志愿标兵	3次社会实践经历；实践队队长，带队获省市级实践奖项	获省市级奖项
5	成绩排名前10%；获得国家奖学金等奖项	在顶级期刊发表论文3篇及以上或普刊论文10篇及以上；获得国际、国家级科研竞赛三等奖及以上；申请专利10项及以上	担任10项及以上学生工作职务；省市联盟学生组织主席；校内组织的学生导师或学生指导教师	国际级、国家级志愿服务10项以上；志愿时长300小时及以上	国际或国内知名组织实习；4次及以上社会实践经历；实践队队长，带队获国家级实践奖项	曾参军入伍；获国际级、国家级三等奖及以上奖项

结合10位十佳的事迹文本材料与访谈数据，分析得出高校精英学生成长成才的三种典型路径，即综合发展型、优势发挥型和

独辟蹊径型。

(一) 综合发展型

综合发展型精英学生指学习成绩、科研竞赛、学生工作、志愿服务、社会实践以及个人特色各维度相对均衡、处于高水平，且至少四个维度有"亮点"的人才。这类精英学生全面发展，在各方面都很优秀，是"五育并举"的缩影，如表6-4所示。

表6-4 综合发展型学生各维度表现举例

维度	B-HX01	S-MX01
学习成绩	总加权第二，获国家奖学金、美国船级社奖学金等	专业第一，托福过百
科研竞赛	不详	主攻卫生政策研究，课题成果获国家医保局采用；加入国家卫健委药品带量采购试点调研组，走访并完成万字报告
学生工作	天津市学联主席团成员、天津大学学生会主席、海洋协会主席，求实团校学生校长、党支书，学生校长助理、学工部兼职辅导员，市"大骨班"组委	天津学联主席团成员、校学生会执行主席、学生校长助理，含英班四期成员，带领集体获五四红旗标兵团支部等5项市校荣誉，个人获首届十佳团支书
志愿服务	世界智能大会志愿服务等国际级、国家级10余项志愿服务，志愿时长300余小时	在为国家级贫困县的家乡创立首家大学生公益组织，连续五年开展高考经验分享、乡村支教等服务，作为唯一在校大学生当选区青协副会长

续表

维度	B-HX01	S-MX01
社会实践	三次带队实践，曾获"全国百强实践队"	2014年组织首批赴宕学生实践队获评团中央"圆梦中国"专项实践全国百强；研究生支教团成员；赴台参加两岸青年领袖研习营；"扬帆计划·中央和国家机关大学生实习"团中央实习组团支书
个人特色	学院"十佳歌手"、"十佳主持人"、演讲比赛冠军	入选天津市青马十期、研究生党员标兵培育计划

综合发展型精英学生往往具有较高自我概念清晰性。自我概念清晰性（Self-Concept Clarity，SCC）是自我概念的结构特征，是指个体的自我概念的内容（如个体觉察到的自我特征）能够被个体清晰确定、体会内在的一致性和时间上稳定性的程度。他们对于自身有较为准确的认识与评价，能够恰当分析个人的优缺点，并在面对选择时作出适当取舍。

我们辅导员在大三下学期，大概2017年2月、3月的时候，他跟我提了一下，（说）你可以试试看今年去评十佳，我觉得大三时候去评应该就是去当"炮灰"，或者是去评了结果也是那样子，成为提名。我想如果真的要评的话，要等到实力积累足够的时候，那样也是不枉费你作为一个榜样力量去给大家学习，我觉得要有足够的积累，要有厚积薄发的力量。（B-HX01）

我大一的时候卖过麻花，搞了一个公司，最后发现没什么意义。在自己专业能力不强和对社会认识不深的情况下，搞的那些所谓的创业项目并不能真正转化为社会价值……后来我没有做过创业,第一,我自己的性格不太适合,和我的价值取向不符;第二,我缺乏这样的核心竞争力,不太会做专利类的东西。(S－MX01)

清醒的自我认识与独立思考能力对于大学生成长有着关键作用,具有高自我概念清晰性的学生更确信自己的能力,更容易作出符合自身特质和期待的决策。他们具有较强的心理素质,不会轻易被挫折打败,也能够借助他人的力量鼓舞自己。

表6－5 综合发展型学生各维度表现举例

维度	B－GY01	S－CX01
学习成绩	优异,支教保研,获 NITORI 国际奖学金、苏州育才奖学金等	优异
科研竞赛	"挑战杯"竞赛天津市一等奖、两项大创项目	结构设计大赛冠军
学生工作	担任 T 大学学生党校副主任、主持人联盟主席、经管科协主席、班长等近十项职务	T 大学研究生会执行主席,T 市学联第十四次代表大会代表,T 招投标管理协会主席,T 大学学生体育总会副主席,含英班四期成员
志愿服务	九次公益活动	不详
社会实践	七次实践,足迹遍布十余个省市,获得天津市市级优秀实践队、天津大学校级优秀实践队、院实践榜样等	六次社会实践,大凉山调研、武清区政府走访等;五次实习工作,党政机关实习、企业实习等

续表

维度	B–GY01	S–CX01
个人特色	三次代表学校登上国家级节目，十二次在校级及以上平台发言	实践实习丰富

综合发展型学生是善于"取经"的人，懂得向他人学习，在与他人比较的过程中汲取先进经验，并应用于自身发展之中。

看到比我更优秀的人，我自己想办法努力，也希望达到他们那样。通过跟他们学习，补足自己短板的方面。遇到困难自己不知道怎么办时你可以多问，你想去争取做这个事情，它的上一个人是谁，上上个人是谁，然后你去问他是怎么做的，沿着别人的路，自己有一个小的创新，更多的是靠沟通、靠学习去解决（困难）。(S–CX01)

我觉得跟学长联系是一件比较重要的事情，我觉得我就是因为跟学长联系比较多，可能跟他们取的经比较多，所以其实相对来说确实是少走了很多的弯路。联系大到可能说要不要留社团，或者是出国还是保研，还是支保干保，这种方向上的建议；小到比如说某一科怎么复习，上课怎么听讲，我觉得跟学长聊过之后都可以少走些弯路。(B–GY01)

通过以上的访谈可以得出，综合发展型精英学生善于学习他人以完善自身，这使他们的大学生活忙碌而丰富。他们不断地在社会比较中加深自我认知，补足短板、平衡各方面发展，最终成长为全方位人才。

将典型精英学生的各维度用数值表示，据此得出高校精英学生成长成才类型基本维度雷达图。综合发展型精英学生至少四个维度的数值为5，另外两个维度数值基本大于等于4，图6–1为综合发展型精英学生的基本维度雷达图。

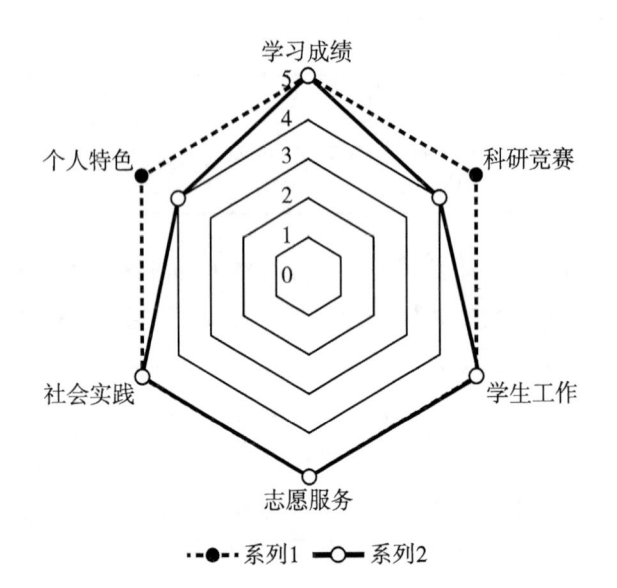

图 6-1　综合发展型精英学生基本维度雷达图举例

（二）兴趣发挥型

兴趣发挥型精英学生指各个维度水平较高，且其中某一维度特别突出的人才。此优势维度多为个人兴趣发展而来，具有独特性，详见表 6-6。

表 6-6　兴趣发挥型学生各维度表现举例

维度	B-JX01	B-ZY01
学习成绩	优异，学生干部保研	优异，支教保研
科研竞赛	申请专利 21 项，获天津市创新创业奖学金特等奖、天津大学学生科学奖，曾带领团队获得 IEEE 中国机器人设计大赛银奖、全国大学生可再生能源科技竞赛一等奖等 35 项省部级以上奖项	美国国际大学生数学建模比赛二等奖

续表

维度	B-JX01	B-ZY01
学生工作	校学生科协主席、兼职辅导员	天津大学第十届党代会党员代表,担任"天麟班"第四党支部等三个支部的支部书记,学生校长助理,学生党校副主任,含英班七期成员,参与组建天津大学第一期青年扶贫工作室
志愿服务	不详	不详
社会实践	参与发起"智慧空间站"云课堂,线上支教活动	研究生支教团成员
个人特色	对机器人有着浓厚兴趣	参加天津市体育舞蹈比赛,获得一等奖3项、二等奖4项

该类型精英学生属于"斜杠青年","斜杠青年"指不满足"专一职业"的生活方式,选择拥有多重职业和身份的多元生活的群体,因表示方式而得名。如B-ZY01:国标舞者/程序员/支部书记;S-EY01:团支书/话剧演员/青促主席/抗疫志愿者。不同的兴趣爱好(或专业、职务等)带给他们多重身份,且不同身份所代表的活动差异较大。因此,"斜杠"所表达的"多元生活方式"是他们的代名词。

尽管兴趣发挥型精英学生身份多样、活动众多,但是他们不做"煎饼人"。"煎饼人"指不将精力专注于某个感兴趣的领域,而力求在各个领域都至少获得一些基本知识,将关注点浅浅地散布在较大范围的一类人,与谚语中"门门通,门门松"表达的意义类似。兴趣发挥型精英学生不会将时间和精力过度分散,而是专注于某个兴趣或某类事物,坚持着自己的热爱。他们往往会探寻多个领域并找到其中最感兴趣的一个或几个，坚持做好热爱的事。

> 我大一的时候报了很多社团，没有目标，都想尝试一下。试过之后，发现还是要找最喜欢的、最感兴趣的去做。(B-ZY01)

> 可能刚开始什么都尝试的话，各个方面的成果并不会很理想，所以我的辅导员老师指引我，就是说我们应该有所侧重地去做一些自己感兴趣的事情，也是争取全面发展吧，一步一步来，一直到最后，也算是我一开始跟辅导员规划的，比如说学习，然后做一点科研，还有一些个人的，比如说打打球，然后出去旅游这种个人的爱好，确实等到大四的时候回头一看，发现当初跟辅导员做的那些规划也都一个个地实现了。(B-JX01)

自然而然，兴趣发挥型精英学生的成长是非匀质化的，他们不像流水线上的产品那样一般齐、一样长和标准化，他们坚持自己的兴趣，发展个性、敢于挑战。

> 从小就对机器人很感兴趣，确实是比较喜欢这方面，也想要参加一些相关的社团，想了解一下。(B-JX01)

> 我除了跳舞没有什么其他的课余活动了，课余时间都给了国标舞。(B-ZY01)

> 我从小就有一个演员梦，小时候经常看电视剧，自己在房间里演啊演，很喜欢这个东西。大一刚进学校，"百团大战"的时候我就去参加了话剧社。(S-EY01)

综合以上访谈可以得出，兴趣发挥型精英学生有各自的独特属性，将自己与其他人区别开来，兴趣爱好在该类型学生的成长发展中发挥了重要作用，让他们的大学生活丰富多彩，同时，使他们独立且具有个性，成长为拥有特长、能力广泛的精英人才。

兴趣发挥型精英学生在某一维度特别突出，该维度数值为 5，其他维度数值相对较高，多为 3 或 4，图 6-2 为兴趣发挥型精英学生的基本维度雷达。

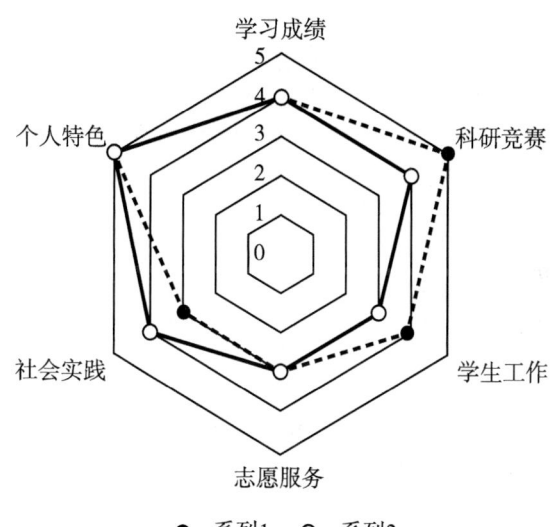

图 6-2　兴趣发挥型精英学生基本维度雷达

（三）独辟蹊径型

独辟蹊径型精英学生指个人特色维度级别最高，其他维度表现处于中上水平的人才。兴趣爱好、特长、成长环境等的巨大差异促使他们形成了独特的发展轨迹，其中最具特色的是处于军队环境中的大学生士兵群体，详见表 6-7。

表 6-7　独辟蹊径型学生各维度表现举例

维度	S-MX01	S-MX02
学习成绩	不详	不详
科研竞赛	不详	以作者身份发表学术论文 11 篇，主编教材一部，参与编写 3 部

续表

维度	S-MX01	S-MX02
学生工作	发起成立T大学大学生习近平新时代中国特色社会主义思想研究会并担任执行主席，"含英班"党支部书记，校学生会主席、学生校长助理、校研究生会副主席	全国"最美五老"王辅成老师三观宣讲团成员、学生党支部书记、校研会副主任
志愿服务	志愿服务广州亚运会、台湾大学生夏令营等，第二届中国绿博会志愿者	不详
社会实践	参加"紫光阁"计划，在国务院扶贫办实习	不详
个人特色	先后服役于解放军装甲兵学院和陆军军官学院，连续12年完成马拉松全程比赛，多次担任大型晚会主持人，获得IN乐玩主网络大赛全国15强和第十届校园歌手大赛优胜奖，广播电台签约歌手	曾服役于南京军区某特战旅，被授予"特等狙击手"、"长跑一级能手"荣誉称号；国家三级美术师，中国十大青年书法新秀

  大学生士兵群体与其他学生的成长轨迹有很大不同，这源于他们生活的军队环境。在影响人身心发展的动因方面，外铄论强调外在力量的作用，如墨子的素丝说以素丝和染丝为喻，说明人性在教育下的形成与改变，这也从侧面论证了个体在不同环境影响下的发展具有可能性与可变性。因而大学生士兵群体在军队中不断地磨砺，身心发展被刻下诸多环境烙印。

  身体层面，军队的日常体能训练考验并锻炼士兵的体能和耐力，站岗等任务磨砺体力与意志，特种部队则要求更高，甚至会突破人的生理极限。

站岗是很频繁的，基本上两天要站一次夜岗，三天站一次白岗。夜岗是两个小时，白岗是三个小时。要站岗会觉得很累。第一，你要精神高度集中，你的军姿要保持好。第二，你在那个地方是不能够分神的，你也不能想其他东西，要很专注地去干一件事情。所以说当时站岗这个事的话确实是很煎熬，很煎熬的。(S - MX01)

正常情况下，特种兵集训队的战士们每天只允许睡 4—6 个小时，还要负重 25 公斤左右，进行不少于 30 公里的武装越野，几个人一组扛 600 斤的圆木练体能。地狱周训练七天七夜不能合眼，4 分半的吃饭时间、2 分 45 秒的洗澡时间，魔鬼训练激发了战士们极限状态下的潜能，也练就了他们极强的身体素质。

精神层面，大学生士兵群体选择当兵往往源于理想，把守护他人的责任作为信念支撑着他们完成全部任务。同时，军人的荣誉感也始终影响着他们的思维方式及行动表现。

去（当兵）之前的那天晚上特别激动，我对着镜子敬了整整半个晚上的军礼，其实是非常不标准的，帽子也不会戴。我特别的激动、特别的兴奋，梦想终于实现了，特别高兴！(S - MX02)

站岗确实很煎熬，虽然这么煎熬但必须有人干。坚守这个岗位，就能够保证营区外的人和平、健康、快乐的生活。有人牺牲自己相对的自由去执行这项任务，保证营区外的人的自由。想通这些东西，其实无外乎就是用你的牺牲去换取别人相对应的自由或者说安稳的生活。(S - MX01)

地狱周训练期间，S - MX02 产生过放弃的想法："我想过放弃的，但是放弃的话，连队的连旗会被降下来，说明你这个连队派出来的兵还是不行，还是不够优秀。"(S - MX02) 被问到已经接

近极限、底线和生死边缘的时候,还在意荣誉感吗?回答是:"在意,荣誉感比生命还重要!"(S-MX02)

以上的访谈记录说明,独辟蹊径型精英学生通过军队的历练,提高了身体素质,突破体能的极限;增强了勇气与毅力,变得更加自觉自律,更具有责任感。这段经历使他们迅速成长,也让其变得愈加卓越。

独辟蹊径型精英学生因特殊的军队环境,个人特色维度为5,其他维度数值不确定,整体不会低于3,图6-3为独辟蹊径型精英学生的基本维度雷达。

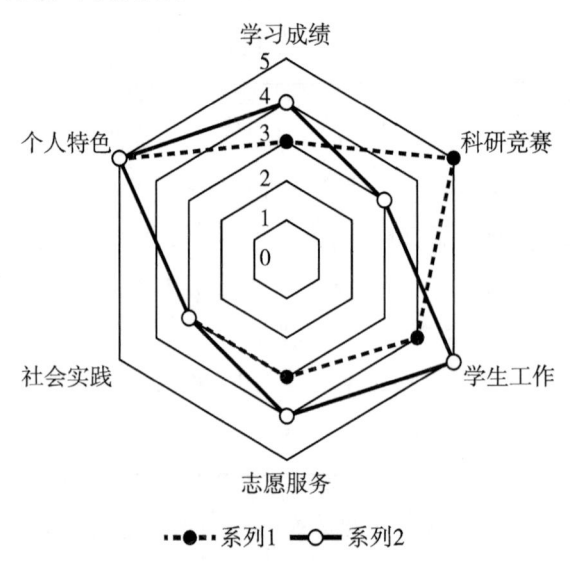

图6-3 独辟蹊径精英学生基本维度雷达

四、推动高校拔尖创新人才成长的关键要素

高校精英学生的成长成才存在共性特质,其中,设定明确的目标是根本因素,也是首要因素,因为其与价值观念密切相关,

属于思想层面；切实规划、执行和适时反省则是重要因素，是为了实现目标所采取的具体行动，也是达成目标的保障措施，归为实践层面。总的来说，将思想与实践相结合，才是精英学生成长成才的最大优势。

本研究还得出高校精英学生成长成才的三种典型分类，即综合发展型、兴趣发挥型和独辟蹊径型，各具特色。虽然精英学生的成长成才能够根据维度划分出典型类别，但是综合来看，世上没有完全相同的两片叶子，每个人实现自我的途径不同，有独特的成长轨迹和个人特色。精英学生的成才之路也是多元的，没有固定的发展模式，也不是复制所谓"成功者"的生活，而是选择适合自己的成长方式，实现个性化、多元化发展。关于人才成长发展应关注什么，从学校、教师和学生三个方面给予相关建议。

（一）学校构建多元评价体系

"十佳杰出青年（学生）"评选是高校举办的学生评选活动的一个缩影，作为榜样教育的一环，评选标准的设置代表着为学生指引的某种发展方向，容易导致"复制"现象产生。学校应通过设立多类型、多层次、多领域的评选活动，构建针对学生多样化特点的成长成才评价体系，引导学生理解自我发展的真正内涵、选择适当的成长路径，助力他们多样发展。

（二）教师对学生保持积极态度

罗森塔尔效应说明了教师期待的重要性，教师应用这种心理效应，能够最大限度地激发学生的发展潜力，引导其成长；教师真心对待学生，期待、认可、接纳、鼓励、信任他们，都可能使学生观念和行为方面发生重大转变。为了更有效地实践罗森塔尔效应、促进学生良好的成长发展，教师应增加对学生的关注，增进对学生的了解，根据学生特点予以有针对性的指导，因材施教，并适时与学生沟通交流，提出相应的成长发展建议。

(三) 大学生增强自我认识能力

自我认识对大学生的发展至关重要，学生本人要加强对自身性格、能力、观念等方面的了解，努力形成较为准确、清晰的自我概念。在此基础上，要善于发现自己、接受自己、悦纳自己，最关键的是要相信自己。对自己充满信心的学生往往会更愿意尝试，也会更迅速找到适合自己的发展道路。为了提高自我概念清晰性、更好地探求个人发展路径，大学生可以关注自身日常的观念、态度及行为表现，通过翻看照片、日记或记录本等方式回顾大学生活，思考自己做过何事、表现如何、成功或失败后的个人想法等，进一步加深自我认识，感受自己的成长，逐步确定发展目标。

尽管应在研究数据获取以及研究方法上尽量追求全面和客观，但是由于时间和精力的限制，本研究还有很多问题亟待挖掘。比如"何谓高校精英学生"这样的核心问题的研究需进一步完善，精英学生"成长成才的内涵"以及"如何培养"需要进一步深化，特别是关于精英学生前提设定的问题，如果换个角度看校园，也许校园中"精英"学生无处不在。对于大多数学生而言，一味追求成为"精英"不一定是好的发展道路，成长成才类型是多元的。让所有人都能从个性发展的角度出发的教育才是真正意义上好的教育。

CHAPTER 07 >> 第七章

文理结合的拔尖创新人才培养案例研究

2018年,教育部发布《关于加快建设高水平本科教育 全面提高人才培养能力的意见》,提出"提高创新型、复合型、应用型人才培养质量,形成全局性改革成果"❶。复合创新型人才的培养要求呼唤着高校人才培养模式的革新,由专业对口向宽口径综合素质教育转变的重要性愈加凸显。"大类培养"模式改变了高校长期按专业招生的一贯做法,按照学科大类或院系招生,即学生经过一段时间的基础学习后,根据本人意愿、兴趣、就业去向以及社会需求等情况,进行中期专业分流❷,这种模式在培养

---

❶ 教育部关于加快建设高水平本科教育 全面提高人才培养能力的意见 [EB/OL]. 中华人民共和国教育部, http://www.moe.gov.cn/srcsite/A08/s7056/201810/t20181017_351887.html.

❷ 陈士夫,王瑛. 关于地方高校大类招生培养模式的思考 [J]. 中国大学教学, 2008 (1): 64-65.

创新型人才、激发学生学习兴趣[1]等方面发挥了积极作用。据相关研究统计，2020年除军事高校外的134所"双一流"建设高校中，有115所高校不同程度地实施了大类培养，占比达85.82%[2]。

  文化素质教育的关键是科学教育与人文教育的融合，其重点在于加强人文教育[3]，在理工类高校开展人文社科大类培养，能够使学生具备宽厚扎实的知识基础，培养人文精神、批判思维和跨学科视野[4]。尽管大类培养模式促进了本科教育质量的提升[5]，但理工类高校在实施人文社科大类培养的过程中，仍面临若干挑战，如专业分流以成绩为导向，影响学生全面发展[6]；课程设置困难，冷热专业发展失衡，专业分流前后学生管理工作衔接不协调[7]等，亟待进一步研究。

  随着大类培养改革的持续推进，多所理工类高校建立了人文社会科学（以下简称人文社科）大类。B大学是一所"双一流"建设高校，其理工类专业占主导地位，具备较强的综合实力。且B大学实行人文社科大类培养时间尚短，仍处于探索阶段。本书以开展人文社科大类教学的B大学N书院为例，通过访谈法与问卷

---

[1] 尹兆华. 我国高校大类招生的困局与解困 [J]. 中国考试，2021 (1)：47–51.
[2] 谭颖芳，张悦. 大类招生与培养：历程、方案与走向 [J]. 教育发展研究，2021，41 (Z1)：81–91.
[3] 杨叔子，余东升. 文化素质教育与通识教育之比较 [J]. 高等教育研究，2007，No. 148 (6)：1–7.
[4] 李强. 厚基础宽口径培养拔尖人文社科人才 [EB/OL]. 清华大学，https://www.tsinghua.edu.cn/info/1939/76069.htm.
[5] "中国特色高等教育思想体系研究"课题组，周远清，瞿振元，等. 中国特色高等教育思想体系举要 [J]. 中国高教研究，2017，No. 284 (4)：1–25.
[6] 万俊毅，尹然平. 大类培养学生专业分流存在的问题与改进建议 [J]. 高等农业教育，2014 (10)：47–50.
[7] 岳宗德. 大类培养模式下高校学生管理工作面临的挑战与应对 [J]. 学校党建与思想教育，2015 (13)：66–67，74.

法对 N 书院进行系统调查，总结其大类培养的实践探索及存在的问题，进而为理工类高校人文社科大类培养提供实践建议，以促进本科教育教学质量的提升。

一、理工类高校人文社科拔尖创新人才大类培养的实践探索

B 大学是较早开展人文社科大类培养的理工类高校之一，了解该大学 N 书院大类培养的实践进程、专业分流、人才培养等具体内容，对其他理工类高校有一定的借鉴意义。

（一）大类培养实践进程

B 大学 N 书院前身是 2017 年设立的 Y 大类试验班。当年，由理工大类 Q 学部负责 Y 大类试验班的新生入学教育，学生入学一周后依据高考相对成绩（学生高考分数/某省该大类高考分数最高分）和入学考试成绩进行专业分流，大类培养存在一定不足，未能达到预期效果。2020 年，N 书院正式成立，大类培养模式也建立起来，学生经过一年大类培养后分流。N 书院学生有 R 试验班、S 试验班以及三类定向（指入学时已确定专业）学生，共涵盖 6 个学院的 10 个专业。每个年级的 R 试验班学生约为 165 人，可选 10 个专业；S 试验班学生约为 30 人，包括 3 个学院的 4 个专业；定向学生 20 余人。2022 年，N 书院进行专业调整，R 试验班缩减至 2 个专业，S 试验班增加为 8 个专业，合计 10 个专业。与此同时，大类培养年限缩短为半年，即学生经过一学期大类培养后于寒假期间确定主修专业。

（二）专业分流制度

根据《R 试验班 2021 级本科生主修专业确认实施细则》和《S 试验班 2021 级本科生主修专业确认实施细则》，总结 N 书院大类培养的专业分流制度，要点如下。

1. 专业名额分配

大类内各专业招生的基本名额分配不均衡。以 2021 年 R 试验班学生的专业分流政策为例，汉语言文学、马克思主义理论等 5 个专业没有直接通过高考招收本专业的大一新生，本科生全部经 N 书院培养后分流而来，这些专业在 N 书院招生人数的占比较高；金融学、工商管理等 5 个专业已通过高考招收大多数本科新生，这些大一学生不参与 N 书院的大类培养，此类专业仅开放少数名额供 N 书院学生分流。如教育学专业和法学专业的大类招生名额占比分别为 22.16% 和 19.16%，而建筑学、城乡规划专业的大类招生名额占比仅为 1.80% 和 1.20%。

2. 专业选择指导

N 书院学生接受入学教育时，各学院派教师代表进行专业介绍。在第一学期大类培养过程中，主管学院为 N 书院学生组织大类招生政策宣讲、师生交流会等专业选择指导活动；在第二学期专业遴选之前，各学院再次进行专业宣讲。同时，各班级配备来自不同学院的班主任、学业导师和朋辈学长，为学生提供个人职业生涯规划等相关专业性咨询。各学院委派能力较突出的老师担任班主任和学业导师；朋辈学长则从各专业高年级优秀学生中选拔。

3. 专业分流规则

主修专业确认坚持"志愿优先、参考分数"的原则，自前向后、分批次以成绩为标准进行专业遴选。学生成绩（A）、参考高考相对成绩（B）和学习成绩（C）。B =（学生高考分数/某省该大类高考分数最高分）×100；C = 大类核心课成绩 + 思想政治理论公共课成绩 + 英语课成绩，C 项统计第一学期学生课程的加权平均成绩，即 C = Σ（单科课程成绩 × 单科学分）/统计科目总学分；计算方法为 A = B × 50% + C × 50%。此外，若想选择部分专业，需修读这类专业要求的必选课程。

（三）人才培养方案

《B 大学 N 大类学生选课手册（2020—2021 学年）》文件包括 N 书院大类培养的课程体系（见表 7-1）。

表 7-1 2020—2021 学年 N 书院大类培养课程设置

学期	公共基础课	大类核心课	大类选修课	
一	形势与政策 大学英语 1 思想道德修养与法律基础 法制安全教育 大学生心理健康（上） 诚信教育 体育 A 体育锻炼 1 健康教育 计算机基础考试	批判性思维与创新 心理学导论	文学	文学概论 美学概论
			历史	世界文明与跨文化沟通
			哲学	西方思想史
			艺术	建筑设计基础 1（文科）
			社科	管理学 教育学基础 逻辑学概论 民法学 A
			科学	高等数学 2A 高等数学概论 5（英文）
			英语	综合英语 A 英语口语 A 英语听力 A 英语泛读 A 英语语音 A 外国语言文学导论

续表

学期	公共基础课	大类核心课	大类选修课	
二	大学英语2 中国近现代史纲要 大学生心理健康（下） 体育 B 体育锻炼2 军事理论1	哲学概论 应用写作 全球公共艺术 人文社会科学讲座	文学	实用现代汉语
			历史	中外教育史
			哲学	中国思想史
			艺术	建筑设计基础2（文科）
			社科	政治经济学 刑法学
			科学	线性代数及其应用 高等数学2B
			英语	综合英语 B 英语口语 B 英语听力 B 英语泛读 B 英语语音 B 英语语法
学分	19.5（上学期10.5，下学期9）	12（上学期4，下学期8）	≥15	

以 N 书院 2020—2021 学年的课程为例，所有学生均需学习"公共基础课"和"大类核心课"，同时每名学生需要在第一学年从"大类选修课"中选择不少于15学分的课程进行修习。"公共基础课"主要包括体育、英语等基础课程和思政课程（思想道德修养与法律基础、中国近现代史纲要等）；"大类核心课"则是与大类相关的通识课，如心理学导论、应用写作、哲学概论等；大类选修课主要是各专业的必修课，由各专业提供必选及推荐课程清单。专业分流后学生需按照专业培养方案完成课程任务，部分未达到学分要求的学生须再学习若干门必修课程。

二、理工类高校人文社科大类培养的现实困境

首先，对 B 大学 N 书院 2 名教师、7 名学生进行深度访谈。受访教师是主管学院领导和辅导员。受访学生为 2020 级、2021 级两个年级。调查时，2021 级受访者处于大一下学期，还未进行专业分流，有不同的意向专业；2020 级受访者处于大二下学期，已分流至不同学院。

其次，运用问卷调查，覆盖范围较广，涉及两个年级的所有班级和大类所有专业。共发放问卷 208 份，检测异常个案后剔除 4 份无效问卷，最终获得有效问卷 204 份，有效率为 98.1%。各量表的内部一致性信度均大于 0.8，信度较高，有利于保证数据收集的有效性。使用 KMO 和 Bartlett 检验进行效度验证，得出 KMO 值为 0.895，p 小于 0.05，调查问卷效度较好，数据能较为有效地反映调查内容。

最后，将访谈对象、问卷填答者分别以"s01"（9 位受访者按照访谈顺序依次编号为 s01~s09）"s001"（204 份问卷按照问卷填答顺序依次编号为 s001~s204）为编号，进行匿名处理。通过综合分析访谈资料和问卷数据，归纳 B 大学 N 书院存在的问题，从专业分流、课程建设、学生管理和情绪状态四个维度进行详细说明。

（一）大类专业设置泛化，分流难以匹配学生志趣

专业分流是学生学业发展的重要节点。B 大学 N 书院的定向学生不参与专业分流，在分析过程中剔除定向学生问卷，可分析的问卷数量为 190 份。经调研可知，B 大学 N 书院在专业分流层面存在以下问题。

第一，专业设置相对泛化，名额配比差异大。N 书院的工商管

理、马克思主义理论、城乡规划、汉语言文学等 10 个专业之间共性较小。大部分专业属于人文社科范畴，主要招收文科学生。但建筑学院和管理与经济学部在高考招生时已招收理科学生，且其中建筑学、城乡规划两个专业为学校王牌专业，属于工学范畴。实力强、排名靠前的学院分配名额较少，招收人数占大类学生总人数的比例仅为 3%。超过一半的学生对大类内部专业设置、专业名额分配不太认同。

第二，学生对专业介绍及咨询结果的满意度不高，获取专业信息的渠道有限。尽管 N 书院为学生提供了各专业方向的讲座，组织了专业介绍会、年级大会等活动帮助学生加强对专业的了解，但存在信息不对称问题，已获得信息的有效性不足。大多数学生与各学院教师的联系极少，获取专业相关信息的渠道较少。学生对专业介绍、程序说明以及咨询工作的满意度不高，尤其对专业分流规则依据的满意度较低（如表 7-2 所示，1~5 分别代表非常不满意、不满意、不确定、满意、非常满意）。

表 7-2　专业分流情况描述统计

变量	N 书院问卷数	满意度最小值	满意度最大值	满意度均值	标准偏差
分流前的专业介绍（讲座、介绍会等）	190	1	5	3.53	0.912
专业分流的规则依据	190	1	5	3.13	1.18
专业分流的程序说明	190	1	5	3.51	0.974
专业分流咨询工作（辅导员、班主任、各专业教师等）	190	1	5	3.57	0.999

第三，学生难以明确自我志趣，专业选择不够理性。在"大类培养第一学年专业分流时，我的目标专业是什么？"一题中，

"没有目标专业"选项设置了供学生填写的"原因"栏,有被测者填写"迷茫"(s188),有受访者表示,"我学什么都能学下去,但是不太确定能否找到自己喜欢的。"(s04)资料表明,经过第一学年的大类培养,仍有部分学生探索不出志趣所在。于是,一些学生或以专业排名、专业热度作为专业选择的依据,或由未来工资水平、就业优势等片面性因素确定个人专业,导致了一系列忽视个人兴趣和能力的"跟风"现象。

(二)课程方案不够合理,成效无法满足现实需要

课程是实施大类培养的依托,是学生理解知识、拓宽视野、发展能力的关键。N书院的课程分为"公共基础课""大类核心课"(以下简称通识课)和"大类选修课"(以下简称专业课)三个模块,设置总学分要求。其中,前两者为必修,专业课是选修。每一模块包含若干门课程,总体课程数量较多,但仍存在如下不足。

第一,课程开设时间不够合理,通识课发挥的作用有限。部分课程的时间安排冲突,学生只能通过选课了解少部分专业。多数通识课仅涉及单一专业,与其他专业关联度不高,课程内容的适用性、跨学科性不足,批判思维与人文精神的养成不到位。为了获得高分,学生在通识课投入颇多,重复背记占据了学生自主学习和思考的时间。人文社科通识课的目的之一在于培养学生独立思考的理性习惯。然而结果显示,通识课在开拓思维、激发创造力等方面的作用非常有限。

第二,专业课数量较少,学习效果不足。每个专业通常提供(1~2门)"压缩型"专业课,即将原本分设于两学期的两门课程融合于一门课程中,以讲解专业基础知识。这导致专业课内容较多,不利于学生理解和掌握。此外,专业课为学生选择专业提供

的信息支撑仍有不足。有受访学生表示，"课程没有告诉我们学这门专业未来会经历什么，未来要成为什么样的人……应该有什么样的能力。"（s06）他们无法了解意向专业的培养方案，不能检验自己是否适合深入学习某些专业，也不清楚各专业未来的发展路径。

第三，教师教学水平影响学生学习成效。目前，师资队伍水平与学生期待存在一定差距，有受访者认为，"有的老师比较欠缺教学经验。"（s05）大多数学生会因教师讲课幽默有趣而选择他们的课程，也会由于教师专业水平而影响对该专业的学习。"有的老师很有趣，他的专业性很强，就很吸引我。"（s04）学生渴望听到"大师"的课，也希望有更多人格魅力强、讲课有趣的教师。目前N书院的师资力量不能很好地满足学生需要。

（三）主管学院压力较重，管理未能形成组织认同

学生管理工作是维持大类培养平稳运行的基础工作。N书院包含R试验班、S试验班和定向学生，学生管理工作由各学院轮流负责，每一届由两个学院分别主管教务选课和学生管理，其他学院配合这两个学院完成相关工作。定向学生已确定专业，他们的选课由所在学院的教务处负责，其他事项则由主管学院负责，具体管理过程有些复杂。除此之外，学生管理工作仍面临若干难点。

第一，主管学院经费有限，管理压力较大。主要负责N书院学生管理工作的学院基本需要承担所有工作，学校未提供足够的专项经费支持。主管学院辅导员表示，"学校没有为大类拨一些款，活动的钱需要J学院自己来摊。"（s01）为了举办活动、培养N书院学生，尽可能高质量完成大类培养相关管理工作，主管学院不得不占用本学院其他学生的资源。客观上不利于主管学院自身发展，甚至影响主管学院的积极性和学生管理效果。

第二，辅导员配备不足，班主任和学业导师的作用未得到有效发挥。由主管学院的一位辅导员管理一个年级近200名的学生，其他学院辅导员不参与学生管理。对主管学院辅导员而言，工作任务十分艰巨。每个班配备一名班主任和两名学业导师，为班级同学提供专业咨询。调查数据显示，班级建设和学院管理两个维度的满意度均值接近4，而辅导员、班主任和学业导师的满意度得分较低，约为2.15和2.89，（见表7-3，1~5分别代表非常不满意、不满意、不确定、满意、非常满意）。有受访者表示，"我只见过班主任一两次，感觉作用也不是很大……我甚至没有意识到学业导师是干什么的。"（s07）说明一些学生未获得班主任和学业导师的有效指导。

表7-3 学生管理维度描述统计

维度	学生数	最小值	最大值	均值	标准偏差
班级建设	204	1	5	3.749	0.6774
学院管理	204	1.83	5	3.5956	0.63469
辅导员	204	1	5	2.1471	0.90725
班主任和学业导师	204	1	5	2.8889	1.11695

第三，学生很难与本学院学长建立长期、稳定的人际关系，且缺少对学院的归属感。各学院选拔优秀高年级学生担任各班朋辈导师，在入学教育周期间协助书院完成活动的开展，为新生答疑解惑；另设负责课程辅导的朋辈导师，主要讲解各门专业课。前者为短期陪伴，朋辈导师难以与多数学生建立持久联系；后者以课程帮扶为主，受众范围较小。同时，有4个学院几乎没有大一学生，院级社团开展活动受限。有学生表示，"N书院好像跟哪个学院都有关联，又好像跟哪个学院都没有关系，可以说是找不到

组织。"(s02)不利于学生形成对学院的归属感。

（四）迷茫焦虑情绪蔓延，竞争容易诱发心理问题

学生的情绪状态影响其生活体验和健康成长。大类培养的学生面临多样选择，仅有个别学生目标明确。第一学年期间，迷茫成为学生的主流心态，他们的情绪状态充斥着各种各样的问题。

第一，专业选择多、名额有限制，学生易感觉迷茫和焦虑。各专业地位迥异、名额存在较大差异，学生无法自由选择专业。若想分流至部分专业，就需要参与到较为激烈的竞争中。为了获得相对优势以及更大的选择权，学生要获得比别人更高的分数，以同样的考试方式、认准同一个目标而激烈竞争❶，学业压力较大，不利于学生的心理健康。同时，学生了解的专业相关信息不够全面，难以找到个人志趣，常常怀疑自己的选择。在大类培养期间，多数学生会面临难以抉择的迷茫。

第二，选择权小引发消极情绪，学业不顺影响学生自信心。部分学生由于不能很好完成某些课程的学习，得不到可任意挑选专业的分数，在分流时处于不利地位。正如以下访谈内容所述，"她的成绩不太理想，这种被选择的感觉不太好。一开始她是可以选的，但是到后来慢慢地变成了被专业选。"（s09）"被专业选择"易诱发排斥感，影响学生后续的专业学习。此外，个别学生在课程中"碰壁"，濒临挂科。这影响学生的未来发展方向，也可能导致学生心态失衡甚至自暴自弃。

第三，专业分流以后，学生可能存在新的情绪问题。在经历种种考验、专业分流后，学生脱离熟悉的生活圈，进入完全陌生

---

❶ 专访丨人类学家项飙谈内卷：一种不允许失败和退出的竞争［EB/OL］.澎湃新闻，https://www.thepaper.cn/newsDetail_forward_9648585.

的学院，重新融入新集体。为了尽快适应新环境，学生要建立新的人际关系，找到个人的"小圈子"；为了赶上专业学习进度，他们要花费更多时间和精力补足若干专业课程，学习压力较大。在适应新学院的过程中，很多学生与旧日好友的联系逐渐弱化，又可能与新集体格格不入，引发孤独感或其他更严重的心理问题。

三、理工类高校人文社科大类培养的实践对策

B 大学人文社科大类培养出现的相关问题，在其他理工类高校人文社科大类培养的实践中均有不同程度的体现。理工类高校人文社科大类培养如何应对共同的挑战？下述四项实践对策可供理工类高校参考。

（一）以顶层设计为引领，打造有序全面的大类布局

在大类培养正式实施前，由专业人员调研和评估人文社科专业总体实力、开设人文社科大类的可行性等；根据专业口径、学生规模和实施机构，形成大类培养的实践框架❶，初步规划大类专业布局及相应方案。学校相关职能部门确立一定的评价标准，全面评估各项实践方案，做好顶层设计和整体统筹。结合高校特色、人文社科特点，在不同的大类培养模式中作出选择，如学院内大类招生培养、跨学院大类招生培养、开设实验班大类招生培养等❷。明确人文社科大类的定位及培养目标，如以素质为本位、培养通专融合的复合型人才，据此制定科学完整的招生计划和培养方案。实践中由专业人员对各环节进行质量监测，构建大类培养

---

❶ 赵婷婷，秦已媛.大类模式：我国研究型大学本土专业教育模式改革探索［J］.苏州大学学报（教育科学版），2021，9（1）：9-18.

❷ 赵菊梅.传统与变革：我国本科院校大类招生培养模式与分类体系［J］.现代教育管理，2020（8）：43-52.

情况反馈体系;并结合改革现状、社会需求和各学科前沿发展,对大类培养模式适当调整改进。确保人文社科大类机构的办学经费和人员配备需求;健全协调机制,使机构与各学院的关系稳定平衡;搭建沟通平台,使人文社科大类机构与其他大类机构建立联系,向它们学习经验、寻求支持。

(二) 以发掘志趣为核心,科学引导学生分流

专业分流的宗旨在于引导学生发掘个人能力和兴趣,最终实现学生依照志趣、理性选择专业。专业分流的关键环节是确立专业分流规则。政策制定者应坚持科学、公平、全面等原则,规划专业分流时间,制定明确的专业分流细则,设置多角度的考评指标❶,并及时向大类学生详细说明。专业分流的必要措施是为学生提供专业选择指导。一是建立指导教师团队,充分发挥班主任和学业导师作用。以定期班会或师生交流会等形式加强师生联系,专业认知导论与生涯规划教育并行❷,做好专业咨询工作。二是形成朋辈辅导小组。该小组由各学院高年级学生组成,以线上服务方式为主,针对大学生活、专业学习和发展等方面答疑解惑。三是构建多数量、小规模的学习共同体。每个共同体聚集不同专业意向的大类学生,学生围绕一定领域或若干问题深入思考,共享多学科学习资源、锻炼跨学科思维能力❸。

(三) 以平等尊重为旨归,实行自由开放的人本管理

大类培养实施机构应集成人员、资金、结构、管理等要素,

---

❶ 李姣姣,陈莉."大类招生、分流培养"运行机制的困境和对策:以工商管理类专业为例 [J].黑龙江高教研究,2014 (8):81-83.

❷ 颜兵兵,魏天路,李德君.地方院校大类招生教育模式现状分析及对策 [J].教育与职业,2016 (7):25-28.

❸ 胡景谱,徐敏睿."负责任创新"教育:现状、要求与路径:以理工科类大学生为视角 [J].长沙理工大学学报 (社会科学版),2021,36 (3):121-127.

形成活力迸发的生态系统。建立标准化、规范化制度，明确机构内各部门职权，课程教学、教务管理和学生管理工作均应协调配合；组建一体化专业管理团队，设定统一、明确的目标，让所有管理及服务人员有章可循。具体管理实践需综合考虑两个维度。一是为学生提供自主管理平台，如设置大类内部兴趣小组、组建班委会等班干部队伍，培养学生的组织和管理能力，提升其自觉性和创造性并适时进行引导，增强学生对大类培养的归属感和认同度。二是在学生管理工作中渗透人文关怀，以各类型、各层次的活动为载体，如读书沙龙、参观实践、茶话会等，以制度文化仪式培养学生的自由精神和创新精神[1]，让学生浸润于开放包容、多元灵活的文化氛围中。同时，加强大类培养期间和分流后学生的心理健康教育，可开展网络心理干预工作，通过情绪讲座、网络心理咨询等方式，及时缓解学生消极情绪，调适和疏导学生心理问题[2]。

（四）以学科融合为导向，构建多元特色的课程体系

纽曼强调普遍知识，注重"以自由、公平、冷静、克制和智慧为特征"的思维习惯的形成[3]。全力整合学校课程资源，凸显理工类专业优势，融合科学教育与人文教育，构建丰富多元的通识课模块，以培养学生跨学科视野和独立思考习惯。通识课设计还应结合共性与个性，不同专业教师协同创新，挖掘并凝练"共性知识"以组织专题课程；允许学生"定制"课程表，如设置个性

---

[1] 彭静雯，刘玉．如何对大学生进行创业精神培养："基于项目的信息大类专业教育试点班"案例［J］．高等工程教育研究，2013（6）：143-147．
[2] 陈方芳，杨瑾雯．大学生社会心态的网络调适和疏导对策：基于重大突发事件背景下的思考［J］．长沙理工大学学报（社会科学版），2022，37（2）：95-103．
[3] 陈洪捷，施晓光，蒋凯，主编．国外高等教育学基本文献讲读［M］．北京：北京大学出版社，2014：137．

课程学分、微辅修项目[1]等。专业课模块开设学科名著导读等课程，帮助学生了解学科基本观点；充分考虑学生的知识结构、心理发展特点和学习兴趣等情况，向大类学生开放更多专业课，注重课程内容的基础性和丰富性。两个模块均可利用线上学习平台，提供或推荐多样化的网络课程资源；创新考试方式，建立智能化、高质量试题库[2]，如采用制作知识思维导图、口试等考核办法。此外，优化选课流程，加强选课指导[3]，为学生提供更高的选课自由度；由学生评价高、个人魅力强、教学经验丰富的老师担任专业课主讲教师。

国内不同高校对"大类"的理解不同，且在院校特色、学科分类、课程体系、教学运行方式和学生管理工作等方面存在差异，因此，不同高校的大类培养模式形式各异。在大类培养实践进程中，高校应因"校"制宜，突破改革的体制障碍与利益关系壁垒[4]，构建多方合作的新格局，形成持续发展的质量保障机制。最终服务于学生的全面发展，培养复合型、创新型人才，建设高水平本科教育，提高高等教育人才自主培养质量，为建成社会主义现代化强国提供强大的人才支撑和智力支持[5]。

---

[1] 周立芳，陈积明，徐贞. 本科生跨专业培养的思考与探索：以浙江大学信息大类为例 [J]. 中国大学教学，2022（6）：34-40.

[2] 王克臣，冷超. 特色应用型本科院校按大类招生培养方案的改革探索：以哈尔滨学院为例 [J]. 教育探索，2016（12）：80-82.

[3] 谷辉，刘向东. 基于大类培养的教学运行机制改革探索 [J]. 中国大学教学，2013（12）：66-68.

[4] 谭颖芳，张悦. 大类招生与培养：历程、方案与走向 [J]. 教育发展研究，2021，41（Z1）：81-91.

[5] 教育部关于加快建设高水平本科教育 全面提高人才培养能力的意见 [EB/OL]. 中华人民共和国教育部，http://www.moe.gov.cn/srcsite/A08/s7056/201810/t20181017_351887.html.

CHAPTER 08 >> 第八章
中英比较的新文科拔尖创新人才培养案例研究

人文社会科学是人文学科和社会科学的统称，人文学科是研究人类精神文化现象的科学，关注的是人与自我的关系，包括人的精神、价值、观念和情感；社会科学是研究人类社会现象的科学，关注的是人与他者的关系，包括各种社会现象及其发展规律[1]，因此，人文社会科学的意义就在于以人为中心，考察人本身的理性、思想，以及人与人之间的关系、社会属性，"其发展水平反映了一个民族的思维能力、精神品格、文明素质，体现了一个国家的综合国力和国际竞争力。"[2] 然而，在科学主义势盛的今天，传统文科正深陷全球性的"文科危机"之中，究其原因不外乎三点：一是没能处理好科技与人文

---

[1] 熊澄宇. 关于新文科建设及学科融合的相关思考 [J]. 上海交通大学学报（哲学社会科学版），2021，29（2）：22-26.
[2] 习近平. 在哲学社会科学工作座谈会上的讲话 [N]. 人民日报，2016-05-19（2）.

的关系。在科学化范式高歌猛进的今天,文科在科技知识中的缺位使得社会越发机械冰冷,导致"一些人对人本主义的精神茫然不知,另一些人对科学理性精神全然不晓"❶。二是没能处理好过去与现在的关系。人文社会科学沉湎于过去而缺乏必要的现实关怀,用"通识教育"维系文科在现代大学中那封闭的"一亩三分地",在高喊"精神""灵魂""人格"之类空洞的口号中不断消解文科存在的现实意义。三是缺乏对高素质创新人才的培养。传统文科通过专业教育培养了一批善于自我愉悦的"贵族型"知识精英,但人文社会科学在形塑价值观念、涵养人文精神的教育价值方面并没有得到有效彰显。

社会大变革的时代,也是哲学社会科学大发展的时代。党的十九大以来,新时代、新形势、新使命呼唤高等文科教育的创新发展❷,"新文科"建设亦责无旁贷地肩负着回应时代需求的历史使命和重任。新文科的"文科"是"人文社会科学"(或称"哲学社会科学")的简称,"新"是指从传统文科转变为新文科的新背景和新挑战。一是新科技革命。自然科学与人文社会科学在知识生产层面的交叉融合催生了新的研究对象和研究范畴,新技术手段的创新性应用又为传统文科的研究提供了新的研究范式,无处不在的技术应用对传统文科的研究内容和研究范式产生了根本性乃至颠覆性的冲击,需要新文科予以应对。二是历史新节点。中华民族优秀传统文化是当代中国的丰厚遗产和宝贵财富,新文科建设应当承担起传承文化根脉、创新文化发展、树牢文化自信、

---

❶ 查·帕·斯诺.对科学的傲慢与偏见[M].陈恒六,刘兵译.成都:四川人民出版社,1987:1-14.

❷ 樊丽明."新文科":时代需求与建设重点[J].中国大学教学,2020(5):4-8.

促进多元文化交流交融的新使命和新要求❶。三是国际新形势。当今世界正处于大发展、大变革、大调整时期，全球格局正在发生深刻变化，人文社会科学本身具备的理性和价值属性，决定了新文科将在构建中国特色的哲学社会科学，提升国家"软实力"、国际影响力以及参与国际治理能力中发挥重要作用。因此，新文科并非对传统文科的简单否定与彻底抛弃，而是人文社会科学在新时代背景下，为应对传统文科面临的"文科危机"所进行的一次自我革新与历史转向。

新文科建设启动于2019年4月，在教育部发布《"六卓越一拔尖"计划2.0》后受到社会各界，特别是学术界的广泛关注。已有研究对新文科建设的理论内涵、建设意义与实践路径❷进行了广泛而深入的界定和探讨，并对学科交叉融合、文科专业建设、人文与科技的关系、中国特色哲学社会科学体系建设❸等新文科建设的主要议题分别做了分析。然而，现有研究成果多集中在宏观和中观的理论分析和逻辑层面，真正具体到操作层面、微观层面（如人才培养、课程设计、教学改革与评估）的研究却十分鲜见❹。

---

❶ 樊丽明."新文科"：时代需求与建设重点 [J].中国大学教学，2020（5）：4-8.

❷ 樊丽明，杨灿明，马骁，等.新文科建设的内涵与发展路径（笔谈）[J].中国高教研究，2019（10）：10-13.段禹，崔延强.新文科建设的理论内涵与实践路向 [J].云南师范大学学报（哲学社会科学版），2020，52（2）：149-156.周毅，李卓卓.新文科建设的理路与设计 [J].中国大学教学，2019（6）：52-59.

❸ 李政辉，孙静.跨学科人才培养的实践模式：以世界一流大学为例 [J].现代教育科学，2019（6）：140-145.刘利.新文科专业建设的思考与实践：以北京语言大学为例 [J].云南师范大学学报（哲学社会科学版），2020，52（2）：143-148.徐新建.数智革命中的文科"死"与"生" [J].探索与争鸣，2020（1）：23-25.殷忠勇.论建构中国特色哲学社会科学学术评价体系 [J].江苏社会科学，2020（1）：7-8，33-40.

❹ 张海生，张瑜.多学科交叉融合新工科人才培养的现实问题与发展策略 [J].重庆高教研究，2019，7（6）：81-93.

因此，当下深入探讨新文科人才培养问题不仅必要，而且紧迫。本章也将以牛津大学和中国人民大学开设的哲学、政治学、经济学专业（Philosophy, Politics and Economics, PPE）作为案例进行比较研究，尝试从技术操作层面上探究新文科建设背景下人才培养的现实需求与发展策略。

一、中英比较的新文科拔尖创新人才培养研究设计

（一）案例选取与数据来源

作为一门具有百年历史的跨学科专业，PPE 能够为新文科建设提供极具意义的思路和视角。1920 年 10 月，为了回应第一次世界大战对英国保守主义的人才培养模式带来的冲击和挑战，满足大英帝国在本土和殖民地对高级学术与管理人才的需求[1]，牛津大学贝利奥尔学院（Balliol College, Oxford University）率先开设了由哲学、政治学、经济学等三个学科（被称为"MordenGreats"）共同构成的新型本科专业，即哲学、政治学、经济学专业。PPE 的设立使三个人文和社会科学类学科的知识、方法、理论、实践真正融为一体，在推动学科交叉融合、解决所处时代的重大问题、培养高素质领导型人才等方面取得了巨大成功，受到全球大学的争相效仿。时至今日，欧美大部分顶尖大学均已开设 PPE 专业，不同国家和地区的大学还开设了诸如政治、哲学和法学（Politics, Philosophy and Law, PPL），伦理、政治和经济（Ethics, Politics and Economics, EPE）等衍生性专业。可以说，牛津大学的 PPE 开创了一条传统文科通过交叉融合实现自我革新的创新发展之路，使

---

[1] 姚新中. PPE 的历史机缘及其时代任务：新文科建设的三大转向 [J]. 云梦学刊, 2021, 42 (3): 20-26.

面临"文科危机"的传统文科在新时代背景下重新焕发生机，是新文科建设的典型代表，被誉为人文学科最顶端的一颗明珠。

本书以牛津大学和中国人民大学的 PPE 专业作为新文科人才培养的研究案例，主要有两方面考虑：一方面，牛津大学和中国人民大学的 PPE 专业具有典型性和代表性。作为创始学校，牛津大学开设的 PPE 专业在人才培养模式上具有最初始的普遍性特征，反映的是西方的高等教育理念及人文社会科学发展趋势，特别是在经过不断调整与发展后，该校 PPE 专业不仅已经取得了实践上的成功，而且积累了适应时代需求、体现普遍特征的文科人才培养经验，值得深入分析、酌情借鉴。与此同时，中国人民大学是中国设立和开办 PPE 专业规模最大、反响最好的学校之一，反映的是新文科建设背景下中国文科人才培养的文化环境、时代需求与本土化人才培养经验。因此，比较二者的异同优劣将有助于"以小见大"地探寻在中国当前新文科建设语境下，人文社会科学人才培养的现实需求与发展策略。

另一方面，则与两所大学 PPE 专业人才培养相关的研究资料的可获得性密切相关。在进行本章的研究之前，根据我们的预调查发现，国内外开设 PPE 专业的高校大都没有将其人才培养方案等相关资料公开，但牛津大学和中国人民大学均专门设置了官方网站用以公布本校 PPE 的各类资料和信息，从中可以洞察中英两国文科人才培养的特点、进程与最新动向。按照资料的可获得性原则，本章的研究确定的资料文本为牛津大学"哲学、政治学、经济学"官方网站公布的《2020 年进入一年级的学生手册》(Handbook for students entering Year 1 in 2020)、《2020 年进入二年级的学生手册（适用于二年级和三年级）》[Handbook for students entering Year 2 in 2020（applies over Years 2 and 3）]，以及《中国人民大学本科生培养方案（2019）》，其中包括了适用于2019级本科生的《政治学、经济学与哲学专业（PPE实验班）培养方案》。所选取资料能够完整涵盖牛津大学、中国人民大学PPE专业人才培养的具体方案及相关内容。

（二）研究思路与分析框架

新文科建设是在特定时代背景之下提出的一项人文社会科学改革实践任务，其核心和关键任务是对文科人才培养进行清晰认识、深刻理解与彻底变革。因此，本书首先在技术层面上探究归纳、完整还原案例学校PPE专业人才培养的经验方式、基本路径和突出特征，具体从人才培养目标、课程结构类型、教学方式方法、人才培养结果评价等四个方面进行分析（见表8-1）；进而从特殊到一般，在宏观层面上总结提炼、整体把握新文科建设背景下人文社会科学人才培养的新要求、新方向、新策略。

表8-1　牛津大学和中国人民大学PPE专业人才培养方案分析框架

	分析维度	说明
牛津大学和中国人民大学PPE专业人才培养方案	人才培养目标	人才培养目标的确定是实施高等教育的最初原点，反映了特定专业的根本追求
	课程结构类型	建设特定结构和类型的课程群是大学特定专业能够提供的最基本、最有价值的服务
	教学方式方法	教学方式方法的创新是大学在培养拔尖创新人才过程中对各专业优质教育资源的运用手段，体现了特定专业的教育理念和育人能力
	培养结果评价	结果评价是对特定专业人才培养成效的衡量，评价手段、评价内容、评价流程等评价制度本身体现了专业的价值导向和业务追求

二、中英比较的新文科拔尖创新人才培养案例分析

人才培养目标居于人才培养方案的首位和中心,不仅规定了人才培养的方向、规格和质量标准,也决定了目标达成所需要的课程结构、教学方法以及评价方式。因此,人才培养目标的达成不能只是一句空话,而需要辅之以一系列的配套设施和制度安排,其基本逻辑是:以课程目标为中心,通过课程的设计与安排、多元教学方法和人才培养评价方式的合理布局和有效支撑,最终实现人才培养目标的有效达成。

(一)人才培养目标:知识、能力和素质的递进、均衡发展

牛津大学和中国人民大学 PPE 专业均遵循人才成长规律设定人才培养目标,在坚持循序渐进培养原则的基础上,注重学生知识、能力、素质的均衡、递进发展。在知识获得维度,均遵循由浅入深、由基础到专业的培养逻辑,首先强调学生对哲学、政治学和经济学的基本理论、概念、原理等基础知识的学习、理解和掌握,在此基础上使学生对实践中与之相关的学科前沿知识和问题形成更为深刻、全面的理解,从而具备方法论意义上的知识分析和运用能力。在能力培养维度,均遵循由具体到一般、由特殊性到普遍性的发展规律,以掌握获取各个学科的知识并将其融会贯通的智力技能为基础,进而发展学生的实践能力,即对复杂观点进行批判性思考和清晰表达交流的能力,以及学生的可迁移能力,即把在专业学习中习得和养成的素质与技能转化为工作和生活中的建设、领导能力。在人格素质维度,相比牛津大学而言,中国人民大学 PPE 专业对学生的道德品质、学术动机和身体素质提出了专门要求,这既体现了中国长期坚持的德智体美劳全面发展的教育方针,也反映出中国高等教育人才培养遵循社会需求逻

辑而非学术逻辑的本土化特征，强调学生的综合全面发展。

表 8-2　牛津大学与中国人民大学 PPE 专业人才培养目标比较

目标纬度	牛津大学 PPE 专业人才培养目标	中国人民大学 PPE 专业人才培养目标
知识	对哲学、政治学、经济学有良好的认识和理解	扎实的哲学、政治学与经济学专业知识
	在指导和独立阅读的基础上，培养学生分析哲学、政治和经济主题的能力	系统学习中外哲学、政治学与经济学基础理论，掌握用哲学思维来分析政治、经济现象的技能
能力	提高学生的批判和分析技能	具有逻辑与批判性思维
	具备对所研究问题进行批判性分析的语言表达能力和对话交流能力	具备杰出的理论思维能力和分析问题、解决问题及语言表达能力
	具备独立思考、学习与写作能力，具备高效率地组织调查与单独领导能力	具备杰出的实际工作能力，熟练掌握至少一门外国语及计算机操作技能
	掌握哲学、政治学、经济学的持续专业发展技能，并具备将其应用于广泛的就业和生活中去的能力	—
人格素质	—	适应全球化与我国现代化建设需要
		具有追求真理的素养
		品学兼优、德才兼备的高层次复合型人才
		在体育方面，必须达到"学生体质健康标准"

信息来源：University of Oxford. Handbook for students entering Year 1 in 2020［R］.UK：University of Oxford, 2021：6-7.

中国人民大学. 中国人民大学本科生培养方案（2019）［R］.北京：中国人民大学, 2019：493.

可见，样本院校 PPE 专业在人才培养目标上打破了传统文科专业以"单一""片面""孤立"为特征的知识结构、能力结构和素质结构，在突出强调三个传统专业的知识、能力和素质深入交叉融合的过程中，树立起以"整体""全面""综合"为特征的全新育人目标，实现了由单一学科知识结构转向多学科/跨学科知识结构、由单一专业能力结构转向多学科/跨学科专业能力结构、由单一专业性人才培养转向通用复合型人才养成的系统转变。中国人民大学则在人才培养目标中进一步突出了"立德树人"、需求导向、德智体美劳全面发展等"扎根中国"的本土化特征。

（二）课程结构类型："多"学科与"跨"学科

牛津大学和中国人民大学的 PPE 专业分别表现为"多"学科与"跨"学科的课程结构类型。牛津大学的 PPE 专业为 3 学年制，其课程结构按照学年和学科进行安排。第一学年的课程分别由哲学、政治学和经济学的基础知识构成，通过导论性质的核心必修课引导学生入门，打下坚实的理论基础。在第二学年开始之前，学生将在导师的指导下，结合自身兴趣任意选择三门学科中的两门，或者继续同时学习这三门学科。第二、第三学年的课程结构仍然按照不同学科予以确定，每个单一学科提供的课程又进一步区分为核心课程和选修课程，由学生在导师指导下选择搭配（见表 8-3）。中国人民大学的 PPE 专业为 4 学年制，课程结构按照课程类型和教学单位进行安排，分为通识教育、专业教育、创新研究与实践、素质拓展与发展指导四种类型。其中，通识教育和专业教育的课程类型中包括核心课程和其他课程，核心课程由多个教学单位设置，并据此区分为通识核心课、部类核心课和专业核心课；其他课程中则专门纳入了创新创业教育和素质拓展教育相关的课程（见表 8-4）。

表 8-3 牛津大学 PPE 专业课程结构

学年	学科	课程类型	课程名称
第一学年	哲学导论	核心课程	逻辑概论
			道德哲学
			普通哲学
	政治理论和实践导论	核心课程	政治理论概论
			政治实践概论
			政治分析
	经济学导论	核心课程	微观经济学概论
			宏观经济学概论
			数量方法
第二、第三学年	哲学	核心课程	伦理学
			早期现代哲学
			知识与现实
			柏拉图：共和
			亚里士多德：尼各马可伦理学
		选修课程	心灵哲学等 23 门课程
	政治学	核心课程	比较政府
			1990 年以来的英国政治和政府
			政治理论
			国际关系
			政治社会学
		选修课程	现代英国政府与政治等 24 门课程

续表

学年	学科	课程类型	课程名称
第二、第三学年	经济学	核心课程	定量经济学
			宏观经济学
			微观经济学
			数学和概率讲座
		选修课程	发展中国家经济学等5门课程

信息来源：University of Oxford. Handbook for students entering Year 1 in 2020 [R]. UK：University of Oxford，2021：13-15.

University of Oxford. Handbook for students entering Year 2 in 2020（applies over Years 2 and 3）[R]. UK：University of Oxford，2021：13-16.

表8-4 中国人民大学 PPE 专业课程结构

教育类型	课程类别		
通识教育	思想政治理论课		
	基础技能	大学外语（非英语专业）	
		公共数学	
		公共计算机	
	通识核心课		
	国际小学期全英文课		
	通识教育大讲堂系列公开讲座		
	经典历史著作阅读		
专业教育	部类核心课	部类共同课	
		部类基础课	
	专业核心课		
	个性化选修课		

续表

教育类型	课程类别
创新研究与实践	社会研究与创新训练
	社会实验与志愿服务
	专业实习
	毕业论文
素质拓展与发展指导	新生研讨课
	大学体育
	心理健康教育
	职业生涯规划
	国防教育
	公共艺术教育

信息来源：中国人民大学．中国人民大学本科生培养方案（2019）［R］．北京：中国人民大学，2019：493．

瓦斯克斯（Vasquez）等学者根据不同学科之间的交叉融合和依存联系程度，将课程整合模式的类型划分为学科整合、多学科整合、科际整合、跨学科整合[1]。其中，多学科整合课程是围绕特定主题、使用多门保持独立的相关学科开发课程，并在相对同一的时间开展教学，多门平行学科之间的关联要靠学生自己掌握。跨学科整合课程的特点则是：学科不再是课程的组织中心，取而代之的是社会生活中的现实问题，学科知识被融入单元或主题之中，成为课程的主要内容[2]。分析发现，牛津大学 PPE 的课程类型

---

[1] Vasquez J, Sneider C, Comer M. STEAM Lesson Essentials, Grades 3-8: Integrating Science, Technology, Engineering, and Mathematics [M]. NC: Portsmouth, Heinemann, 2013: 231-238.

[2] 李学书．STEAM 跨学科课程：整合理念、模式构建及问题反思［J］．全球教育展望，2019，48（10）：59-72．

属于"多"学科整合模式，即不同学科分别开设若干门本学科课程并将其罗列开来，通过学生的学习和掌握，使不同学科的知识在个体层面上实现相互关联，至于能否实现多种学科知识的交叉融合则更多地依赖学生自身的先天悟性和后天勤奋程度。相比之下，中国人民大学 PPE 的课程类型则属于"跨"学科整合模式：一是打破以学科为单位形成的院系壁垒，学生的选课范围涵盖多个二级教学单位开设的 PPE 专业课程，且部分课程由两位及以上教师配合完成授课；二是解决问题所需要的知识、技能、态度以及相应的高阶思维成为课程关注的重点，整合课程过程非常重视学生主体性的发挥以及课程与真实情景和世界的联系，更有利于学生搭建跨学科的知识结构。

（三）教学方法："学生中心"与"教师中心"的结合

案例院校的教学方法同时体现了"学生中心"与"教师中心"两大教学观的结合。课堂教学（Classes）和公开讲座（Lectures）是两所大学 PPE 专业共同使用的"知识中心"教学方式，除此之外，两所学校还结合本校办学经验，围绕"学生中心""问题中心"原则使用了不同形式的教学方法。牛津大学的 PPE 采取了导师指导（Tutorials）和实验室教学（Data labs）的方法。得益于历史悠久的住宿学院制传统，导师指导成为牛津大学 PPE 专业主要且独具特色的教学方式，每个 PPE 本科生至少有分别来自哲学、政治学、经济学的三位导师，每周至少有两次甚至更多次的导师指导活动，在师生长期亲密共处中构建起学生的跨学科知识体系；此外，实验室教学法的引入使学习者能够在反复练习中掌握研究方法、提高信息素养，凸显了"学生中心"的教学观（见表 8-5）。相比之下，中国人民大学的 PPE 专业则采取了研讨课（seminar）和实践教学的方法。研讨课促进学生参与、师生互动，有利于开展启发式、批判式教学,是激发课堂教学活力,培养学生自主学习能力、批判性思维、跨界整合能力和创新能力的有效方式[1]。实践教学则以实际问题的发现、分析、解决为突破口,培养学生的多学科知识跨界整合能力、理论与实践相结合的知识应用能力,在学做结合的过程中快速提升学生的事业心、责任感、领导力等综合素质(见表8-6)。

表8-5 牛津大学 PPE 专业教学方法及具体操作

教学观	教学方法	具体操作
知识中心	课堂教学	课堂教学是一种特别适合作业练习的教学方式,每学期结束时,学院会安排学生参加考试,测试其对相关知识的理解
知识中心	讲座	在每个学期开始时,学校会公布一份由哲学、政治学、经济学提供的讲座名单,学生会在导师的建议和指导下规划本学年将要去听的讲座
知识中心	讲座	讲座的内容有的是对著作进行介绍,有的是对一个发展迅速,但在学界尚未达成共识的新兴学科提供权威的观点与概述
知识中心	讲座	由于 Covid-19 大流行,讲座可能在线或预先录制
学生中心 问题中心	导师指导课	导师指导课是牛津大学最具特色的教学形式,任何学生所参加的导师指导课或大学课程的教师都可以视作学生的导师

---

[1] 周光礼. 一流本科教育的中国逻辑:基于C9高校"双一流"建设方案的文本分析 [J]. 湖南师范大学教育科学学报, 2019, 18 (2): 15-22.

续表

教学观	教学方法	具体操作
学生中心 问题中心	导师指导课	导师指导课的教学方式是要求学生在阅读了特定书单后参与讨论，或带着作业去由导师辅导写作，具体包括"图书馆搜索、阅读、思考和写作"
		导师指导课不是用来代替讲座或积累知识的课堂教学，而是用来培养学生连贯的语言论点和独立思考能力的，并解决具体的困难和误解
		由于 Covid-19 大流行，导师指导课可以是在线的而非面对面的
	数据实验室	数据实验室的教学方法主要是在学生入学第一年时，向新生介绍统计软件的使用方法，例如 STATA 和 R

信息来源：University of Oxford. Handbook for students entering Year 1 in 2020 [R]. UK：University of Oxford，2021：9-12.

表 8-6　中国人民大学 PPE 专业教学方法及具体操作

教学观	教学方法	具体操作
知识中心	课堂教学	以教师课堂讲授为主，穿插实践调研、学生展示、观影参观等形式，学期结束时进行考试评估
	公开讲座	公开讲座主要聘请名师名家，围绕若干广泛的主题为学生开设讲座
		公开讲座目的是开阔视野、接触前沿、激发兴趣、启迪智慧，为学生广阔的发展前景穿针引线

续表

教学观	教学方法	具体操作
学生中心 问题中心	研讨课	研讨课倡导以学生为中心，以阅读或实践（实验）为辅助手段，强调师生的直接互动和学生的小组合作，使学生在研究问题的过程中适应大学生活，帮助学生塑造专业素养
		研讨课采用研讨型教学方式，涵盖主题发言、课堂讨论、课堂辩论、名家讲座、心得交流、实地参观、模拟实验、个案分析等多元化教学方式
	实践教育教学	鼓励学生开展科学研究和社会调查活动，参与各项社会实践及志愿服务，进行专业实习
		实践教学目的在于培育学生的问题意识和创新意识，树立正确的价值导向，增进人文关怀和社会责任感，使其了解社会、接触生产、树立事业心、责任感

信息来源：中国人民大学．中国人民大学本科生培养方案（2019）［R］．北京：中国人民大学，2019：494，497，501，503．

根据戴维·肯博（David Kember）等学者的研究，大学教师的教学方法可以分为"信息传递/以教师为中心"（Information Transfer/Teacher–Focused approach，ITTF）和"概念转变/以学生为中心"（Conceptual Change/Student Focused approach，CCSF）两类。其中，ITTF方法更加关注教师"传播信息"和"传递结构化知识"（imparting information/transmitting structured knowledge）；CCSF方法更加关注对学生而言的"促进理解"和"概念转化/智力发展"（facilitating understanding/conceptual change/intellectual development)❶。同时，相关研究表明，大学教师越是倾向于采用 CCSF 方法，学生就越倾向于产生深度学习；与之相反，大学教师越是倾向于采用 ITTF 方法，学生就越倾向于采用浅层学习❷。分析发现，两所样本院校 PPE 采取的教学方式，是对 ITTF 方法和 CCSF 方法的结合。ITTF 教学方法能够将学科知识完整、系统地传授给初学者，并可以确保学生根据个人兴趣爱好和学术发展方向，及时准确地接触到特定研究领域内最前沿的研究成果，但学生在其中被置于一个被动接受的地位，因此很难充分调动学习主体建构知识架构的积极性。CCSF 教学方法恰好与之互补，这一类教学方法虽然在知识传授方面缺乏体系化，但能够使学生在教师的引导而非灌输之下主动建构起跨学科的知识架构。因此，正如中国学者张人杰所言，"现应作出的选择，看来不是将'学生中心'与'教师中心'推倒重来，而是使之扬长避短，在二者之间寻求平衡状态"。

（四）人才培养评价：结果评价、过程评价、增值评价与综合评价

案例院校 PPE 人才培养成果的评价方式本质上是对结果评价、过程评价、增值评价与综合评价等评价原则的整体性运用。牛津大学在 PPE 培养方案中的评价（Assessment）部分列出了人才培养结果的主要评价方式（见表 8-7），具体包括在学生入学、第一学年结束、学生毕业时分别组织的三次考试，以及全程检测学生成

---

❶ Kwan K P. Lecturers' approaches to teaching and their relationship to conceptions of good teaching [J]. Instructional Science, 2000, 28 (5-6): 469-490.
❷ Trigwell K, Prosser M, Waterhouse F. Relations Between Teachers' Approaches to Teaching and Students' Approaches to Learning [J]. Higher Education, 1999, 37 (1): 57-70. Trigwell K, Prosser M. Development and Use of the Approaches to Teaching Inventory [J]. Educational Psychology Review, 2004, 16 (4): 409-424.

长的个人报告和逐年发布的考试条例。其中，预备考试和毕业荣誉考试属于结果评价，学院报告系统的定期反馈属于过程评价，摸底考试与毕业考试共同构成增值评价，考试条例的逐年更新和定期公布不仅确保了教师在进行评价时的规范性，而且发挥学生成长的"指挥棒"作用，为学生明确努力方向和学习重点。相比之下，中国人民大学 PPE 专业人才培养结果的评价方式较为单一和笼统，具体以期中考核、期末考核和整体评价为主，绝大多数课程设置的期中考核和在课程结束时组织的期末考核分别体现了过程评价和结果评价的原则；评价主体和评价标准的多元化反映了中国人民大学 PPE 的综合评价趋势，如数学课程、计算机课程等公共课程的考核和学分认定办法由数学学院和信息学院等不同院系负责。

表 8-7　牛津大学 PPE 专业人才培养结果评价方式及具体操作

评价类型	评价方式	具体操作
结果评价	预备考试（the Preliminary Examination）	在第一学年结束时进行，由三门科目组成
	毕业荣誉考试（the Final Honour School）	在第三学年（培养方案最后一学年）结束时进行，由八门科目组成
过程评价	考试条例（Examination conventions）	适用于一门或多门课程的具体评估标准，规定了老师如何评分以及如何根据评分结果来区分学生的奖学金层次。具体包括评分量表、奖学金分类标准、口试考试标准、进步的奖励、逾期不交作业的惩罚

续表

评价类型	评价方式	具体操作
增值评价	学院报告系统（OxCORT）（the college reporting system：OxCORT）	定期根据导师和学院其他老师的反馈来生成个人报告，用以记录学生的学业表现情况，学院还会根据报告，通过专门程序处理学生学业表现不佳等问题
	摸底考试（collections）	学院在每学期开始前组织的学生考试，目的在于测试学生的已有知识存量，并让学生练习参加考试的技巧

信息来源：University of Oxford. Handbook for students entering Year 1 in 2020 [R]. UK：University of Oxford，2021：15-16.

University of Oxford. Handbook for students entering Year 2 in 2020 (applies over Years 2 and 3) [R]. UK：University of Oxford，2021：21-22.

表8-8　中国人民大学PPE专业人才培养结果评价方式及具体操作

评价类型	评价方式	具体操作
过程评价	期中考核	不同课程的期中考核形式多样，包括认真阅读规定的材料，并就阅读材料在课堂上作一次正式的汇报；统一组织闭卷考试等
结果评价	期末考核	不同课程的期末考核形式多样，包括提交课程论文、统一组织闭卷考试等
综合评价	综合评价	综合评价形式及主体多样，包括课程参与度评价，以及创新研究与社会实践的考核与学分认定等

信息来源：中国人民大学. 中国人民大学本科生培养方案（2019）[R]. 北京：中国人民大学，2019.

教育评价事关教育发展方向，有什么样的评价指挥棒，就有什么样的办学导向。长期以来，中国大学始终为缺乏合理、准确、系统的评价标准和评价方式的问题所困扰，中共中央、国务院印发的《深化新时代教育评价改革总体方案》首次提出了改进结果评价、强化过程评价、探索增值评价、健全综合评价的系统性改革思想，❶改进结果评价是对功利性评价文化的反思，强化过程评价强调评价的动态性和诊断性，探索增值评价有利于打破评价结果的固化，健全综合评价意涵着评价标准和主体的多元性。❷分析发现，牛津大学 PPE 专业人才培养结果评价更为成熟系统，多种评价方式最终指向结果评价、过程评价和增值评价等三大评价类型。结果评价目的在于衡量学生在特定时间节点对学科基础理论的掌握程度和知识水平；过程评价能够以周期性、动态性视角跟踪学生的发展过程，突出评价的诊断、调控和改进作用，保证学生长期健康发展；增值评价强调不仅要在不同学生之间进行横向评价比较，也要以"自我"为评价维度，对学生在接受教育前后的进步情况进行发展性评价。此外，运用多元的评价主体和标准全方位关照作为完整个体的评价对象，将有利于提高学生综合素质、引导学生全面发展。

三、从中英比较结果推断出拔尖创新人才培养与教学改革的前景

研究发现，牛津大学和中国人民大学在 PPE 专业的人才培养模式上的确有很多相似之处，二者也各自拥有一些独具特色的做法值得互补与借鉴。第一，在人才培养目标上，两所大学的 PPE 专业均要求学生对哲学、政治学、经济学的知识实现从一到多、

---

❶ 中共中央国务院印发《深化新时代教育评价改革总体方案》[N].人民日报，2020-10-14（1）.

❷ 周光礼，袁晓萍.聚焦"四个评价"深化教育评价机制改革[J].中国考试，2020（8）：1-5.

从专到博的跨学科整合；均要求学生完成从智力技能，到实践能力，再到可迁移能力的应用性能力发展。相比牛津大学，中国人民大学的 PPE 专业更加强调学生综合素质的发展，以促使学生成长为完整意义上的"人"。第二，在课程结构上，两所大学的 PPE 专业均强调多个学科知识的交叉融合，但牛津大学 PPE 专业课程结构体现的是基于学生个体悟性和勤奋程度的"多"学科交叉融合思路；中国人民大学 PPE 专业课程结构则体现了基于知识体系和教师课程设计水平的"跨"学科交叉融合思路。相比而言，"跨"学科的课程结构更有利于学生对多个学科知识的交叉融合。第三，在教学方法上，两所大学的 PPE 专业均结合了"知识中心"与"学生中心""问题中心"两种教学观指导下的多种教学方法，从而既保证了知识传授的连贯性、准确性、系统性，又调动起学生学习知识、独立思考的积极性和主动性，提高学生的综合素质及知识应用能力。第四，在结果评价上，两所大学的 PPE 专业均采取了结果评价和过程评价的评价方法，其中，牛津大学通过定期颁布规定，保证了评价的常态化、制度化、规范化，并在学生评价中实施了增值评价的评价方法；中国人民大学则以多元的评价标准和评价主体，对 PPE 专业人才培养的综合评价进行了探索。

实际上，PPE 专业集中体现了新时代背景下人文社会科学从传统文科到新文科所经历的人才培养模式的三大转向：一是从单一学科到跨学科交叉融合的转向。案例院校 PPE 在人才培养目标和课程结构设计中均十分强调对哲学、政治学、经济学的跨学科交叉融合，弥补了过去片面、封闭的单一学科只能培养出视野狭隘、适应性差的文科专业人才的弊病，使多个学科的知识、方法、理论在人才培养过程中真正融为一体。二是从知识逻辑到应用逻辑的转向。案例院校 PPE 专业均采取学生中心、问题导向的教学观，强调文科不仅应当看到那些自始至终伴随人类文明的永恒问题所具有的存在论意义，更有责任去领悟文科对现实社会进步和未来文明发展所产生的方法论价值，从而将文科的视野从理论转移到实践，培养能够介入社会生活、深入大众领域、解决实际问题的高层次应用型人才。三是从培养文科专业人才到造就综合性高素质人才的转向。案例院校 PPE 专业综合运用多种评价原则开展全方位教育评价，而教育评价又作为"指挥棒"引导学生向综合化高素质方向发展，在多学科交叉融合的基础上，促进学生知识、能力、人格的全面发展，成为兼具深厚的家国情怀和开阔全球视野的综合性高素质人才。

然而，在分析对比中英两所顶尖人文社科类大学 PPE 专业人才培养方案的过程中发现，中国文科人才培养仍然存在两点急需改进的不足之处。一是教学方法过于单一，文科教学方法有待进一步丰富。尽管两所学校秉持着同样的教学观，即将 ITTF 方法和 CCSF 方法相结合，共同指导教学方法的选择，但牛津大学 PPE 专业采取的导师指导、使用数据实验室等教学方法有其悠久历史和先进性，特别是在中国文科教育仍然以教师教授法为主的情况下，学习借鉴世界一流文科大学先进教学理念和教学方法对于进入新文科人才培养行列具有重要实践意义。二是人才培养结果评价缺乏规范化、制度化，新文科教育的评价标准、评价程序和评价工具有待进一步改革探索。评价在教育发展中的重要性不言而喻，但目前来看，我国文科人才培养的评价方式仍然以考试为主，在没有进行分类评价的情况下导致功利主义、科学主义评价观甚嚣尘上，既不利于反映文科教育所具有的长期性、复杂性、价值性等基本特征，也不能够发挥评价对人才培养和学生成长的指导性、改进性、发展性作用。因此,新文科人才培养评价必须实现制度化、标准化、规范化。

中英两所顶尖大学PPE专业在人才培养方面存在的一些共性特征,以及中国人民大学扎根本土形成的卓有成效的经验做法,应当将其发扬光大,并推广至整个新文科建设当中。同时,还要认识到我国文科人才培养仍面临一些"瓶颈"问题,并以新文科建设为契机加快改革发展进程。因此,围绕人文社会科学在新文科人才培养模式中的三大转向,笔者对跨学科新文科拔尖创新人才培养提出以下建议。

(一)注重跨学科的知识体系、实践应用能力以及全面发展的人格素质的培养

就知识而言,文科与理工农医等其他学科在知识生产层面上的交叉融合,要求新文科人才既要形成跨学科的知识体系,又要具备综合运用多学科知识的整合能力,秉持跨学科的理念对人工智能、生物工程等前沿科技领域,甚至人类尚未探索到的领域进行"攻城式"的文化发掘、人文关怀和价值引领[1],从而发挥人文社会科学具有的揭示、累积和沉淀不同学科文化价值的独特功能[2]。就能力而言,新文科人才不仅应当在传统文科的熏陶下成为谈吐有致、博古通今的谦谦君子,更要带着深厚的文化底蕴和热切的人文关怀走出书斋,实现文化的创造性转化和创新性发展,成长为具有批判精神和领导能力,能够满足社会需求、服务国家发展的国之栋梁。同时,科学技术在研究范式层面的介入,要求

---

[1] 吴岩."守城"到"攻城":新文科建设的时代转向[J].探索与争鸣,2020 (1):26-28.
[2] 周毅,李卓卓.新文科建设的理路与设计[J].中国大学教学,2019 (6):52-59.

新文科人才必须熟练运用先进科技以开展学术研究。就人格素质而言，新文科要以文化人，始终以立德树人作为人才培养的根本任务，传承创新中华民族优秀传统文化，培养兼具中国立场和世界格局，有知识能力，有高尚人格，有家国情怀，有国际视野的高素质综合人才[1]，使新文科人才以扎实的学识积累和研究能力、崇高的责任感与使命感以及充足的自信心与创新力，在提升中国的国家"软实力""硬实力"及在国际社会中的影响力和话语权中发挥更大作用。

（二）以"多"学科知识罗列的课程结构走向不同学科知识的"跨"学科交叉融合

学科是一套制度化的、系统有序的知识体系；课程来源于学科，是从学科知识中选择一部分"最有价值的知识"组成的教学内容；专业则是围绕特定培养目标搭建的课程群[2]。新文科建设的基本路径在于"融合"：通过传统学科与新技术的融合使课程升级，通过传统学科之间的交叉融合加强创新，因此，新文科的课程体系设计必须体现跨学科融合性：①在专业层面的"多"学科交叉融合，即一门课程的知识来源于单个学科，特定专业的课程体系由若干单一学科的课程按照一定比例搭建而成，这是一种低层次的"多"学科交叉融合，成功与否取决于该专业的学生本身是否具有跨学科知识整合的悟性和能力。②课程层面的"跨"学科交叉融合，即一门课程的知识来源于多个学科，特定专业的课程由不同学科的教师共同授课，这是一种高层次的跨学科交叉融

---

[1] 刘利．新文科专业建设的思考与实践：以北京语言大学为例［J］．云南师范大学学报（哲学社会科学版），2020，52（2）：143-148．

[2] 周光礼．"双一流"建设的三重突破：体制、管理与技术［J］．大学教育科学，2016（4）：4-14，122．

合，即在课程开始之前就打通了不同学科之间的知识和专业壁垒，但对教师的课程设计能力提出了更高的要求。因此，新文科课程建设一方面要在专业层面上，保证特定专业所有课程与专业目标分解成的若干子目标之间一一对应，保证每个目标都会有课程予以支撑[1]；另一方面要在课程层面上，不断提高新文科教师的课程规划和设计能力，鼓励不同学科的教师合作开设同一门课程，从而开发出一流水准、一流质量的"金课"。

（三）统筹运用"教师中心"和"学生中心"的多元教学方法

人文社会科学的知识不止包括可以用文字、符号和言语表达的显性知识，更存在大量的无法运用外显符号说明，且不能以语言、文字等形式传递的缄默知识（tacit knowledge）[2]。认知科学通过大量实证材料发现，认知经历的多样性与学生创造能力呈正相关[3]，因此，新文科教学方法的创新要以能够为学生提供更多元的认知经历作为基本原则，使学习者同时掌握显性知识与缄默知识。事实上，尽管课堂教学能够有效传递文科的显性知识，但仅有课堂教学却只能给学生提供单一的认知经历，即记忆和模仿；而人文社会科学中缄默知识的情境性、文化性、层次性等特殊性质，将会进一步要求新文科建设创新教学方法以丰富学生的认知经历，提高其批判思维和创新能力。因此，有必要在教学方法确定上，以"教师中心""知识中心"为基础，凸显"学生中心"和"问

---

[1] 周光礼."双一流"建设中的学术突破：论大学学科、专业、课程一体化建设 [J].教育研究，2016，37（5）：72－76.
[2] 石中英.缄默知识与教学改革 [J].北京师范大学学报（人文社会科学版），2001 (3)：101－108.
[3] 周光礼."双一流"建设的三重突破：体制、管理与技术 [J].大学教育科学，2016（4）：4－14，122.

题中心"的教学原则。其中,"科教融合"强调科学研究本身就是一种效率很高和非常有力的教学形式,提倡本科生在研讨课、科研项目等"学生中心、问题导向"的参与性、交流性、实践性教学方式中关注学术前沿、掌握显性知识、习得缄默知识;"产教融合"则强调校企合作,以优质教育资源支撑高质量教育教学,是丰富学生认知经历、打通知识与能力之间壁垒的重要教学方式。引入"科教融合"和"产教融合"的教学方法对于新文科人才培养大有裨益。

(四) 总体规划结果评价、过程评价、增值评价与综合评价

人文社会科学的复杂多元性、科学与价值二重性、累积叠加性决定了新文科的人才评价应当建立健全常态化的评价制度、采取定性定量相结合、过程评价与结果评价相结合的综合评价方法。①新文科的复杂多元性要求建立健全周期性、常态化的评价制度。学科体系具有地域性和国别性,作为高等教育的国家标准,学科分类体系属于国家政策范畴,具有极高的权威性。在我国,新文科建设涵盖了除理工农医外的其他八个学科门类,人文社会科学又以"人"作为研究对象,同时开展思辨和实证研究,这决定了新文科必须建立公平公开公正的周期性、常态化人才评价制度,以应对其广度宽、难度大的复杂多元性特征。②新文科的科学与价值二重性要求采取定性、定量相结合的综合评价方法。人文社会科学不仅基于事实、追求客观真理、体现科学性,而且蕴含意识形态、追求主观标准、体现价值性,具备价值与事实、主观与客观的双重属性。这决定了新文科的人才评价必须采取定性评价与定量评价相结合的方法,根据评价者对学生的平时表现和学生的量化得分给出综合性评价。③新文科的累积叠加性要求过程评价和结果评价结合使用。与理工农医科人才可以略过学科发展史

而直接进入学科前沿不同,人文社会科学的知识具有弥散性、积累叠加性,个体必须拿出时间和精力来回溯经典、领悟精髓,没有捷径可走。这决定了新文科的人才评价必须将过程评价和结果评价结合起来,以诊断性、动态性评价取代惩罚性、功利性评价。

第九章
立足教学改革的拔尖创新人才培养综合改革展望

CHAPTER 09 >>

一、高校分类为拔尖创新人才培养的教学改革提供类型指导

高等教育强国建设的内在要求是建成高质量的高等教育体系，而建成高质量高等教育体系，必须实现以结构优化和质量提升为目标的内涵式发展。根据教育部2022年教育统计数据，我国共有3013所高等学校，在学总规模占世界高等教育总规模的20%。我国已经建成世界规模最大的高等教育体系。在从"教育大国"迈向"教育强国"的进程中，关键是要以现有体系为基础，调整学科结构、优化资源布局、引导分类发展，从而释放高等教育体系内在的"体系化"动力，发挥"1+1>2"的整体协同效果。因此，高等学校分类是掌握、管理和推动高质量高等教育体系建设的核心抓手与战略支点，必须从战略高度做好高校分类管理工作。

（一）高校分类管理的基础与问题

高校分类不是一个新问题，而是任何国家或区域的高等教育体系发展到一定规模必须解决的问题。计划经济时期，我国高校分类主要依据两个标准：一是在"行业办学"背景下按照行业及其学科（包括学科类型和学科数量）进行横向分类，产生了工科院校、师范院校、综合院校之别；二是在"重点建设"背景下按照重点大学和非重点大学进行纵向分类。

改革开放以来，我国高校分类受三方面共同影响。第一，高校国家标准体系的建立与完善，大大推动了高校分类的标准化和纵向分化。1980年，《中华人民共和国学位条例》将高等教育层次分为学士、硕士、博士三级，高校据此被分为四类，即非授予学士学位的高校和授予学士、硕士、博士学位的高校。1986年，《普通高等学校设置暂行条例》将普通高校分为全日制大学、独立设置的学院和高等专科学校、高等职业学校。2000年至2008年，国家先后出台了系列政策法规（包括《高等职业学校设置标准（暂行）》《中华人民共和国民办教育促进法》《普通高等学校基本办学条件指标（试行）》《独立学院设置和管理办法》），针对高职院校、普通高校、独立学院、民办高校等不同类型高校的特征作出"从无到有"的规定。第二，"211工程""985工程"等多轮重点建设政策的实施，使我国高校纵向分层更加精细化。第三，完成于"世纪之交"的高等教育管理体制改革改变了高校归属部门和办学层次，部属高校、地方高校、行业特色型高校等类型的出现进一步丰富了高校的分类。

新时代以来，相关政策提出了高校分类的若干要求和分类方案，其中，经济社会发展对人才类型和层次的需求、学校办学历史、基础条件和学科专业优势成为主要分类依据。2017 年 1 月，教育部明确提出"以人才培养定位为基础，我国高等教育总体上可分为研究型、应用型和职业技能型三大类型"，这是我国官方层面首次提出的高校分类方式。

总体而言，高校分类面临三个问题。

一是高校分类的行政主导色彩过于浓厚。过去 70 余年，我国高校分类始终是政府实施管理的结果。同时，高校分层分类结果与资源分配直接挂钩，使行政力量几乎成为高校分类的唯一力量，政府成为高校分类中能够真正产生影响力的唯一主体，"树标杆、促分层"也成为高校分类一以贯之的逻辑遵循，导致高校"千校一面"。

二是高校分类依据的标准过于单一。分类是复杂系统的简单化，任何单一分类依据都是对高校某一特征的突出和强调。将高校分为研究型、应用型、职业技能型，不仅片面强调人才培养类型在高校分类中的作用，而且将人才的研究能力与应用能力割裂对立起来，导致高校分类不精准，根源在于分类依据是唯一的。

三是高校分类采取的规范性分类法过于刚性。规范性分类法与描述性分类法相对，前者强调分类的人为建构，后者主张分类的自发演化。中国高校分类是"自上而下"的规范性分类，反映了举办者的价值导向和办学理想，本身隐含着好与坏、重点与非重点的区分，具有评价功能，是办学"指挥棒"。过于刚性的规范性分类约束了高校因地制宜、区域规划、特色发展的可能。

以上三个问题共同导致了一个结果，那就是高校分类不仅没能起到促进高等教育体系结构调整和整体发展的作用，反而催生了所有高校都同质化倾向。

（二）高校分类管理的趋势与经验

高校分类是世界之问，从国际趋势和新时代以来的国内实践两个方面看，当前有一些显著趋势。

1. 从规范性分类与描述性分类的分离，走向二者融合

盎格鲁-撒克逊体系的高校分类以美国卡内基高等教育分类法、英国大学历史分类法为代表，二者都是描述性分类，即将高校的实然情况描述呈现出来；欧洲大陆体系的高校分类以德国高校分类法、法国高校分类法为代表，二者都是规范性分类，即政府用分类勾勒出高校发展的应然图景。但是，近年来，两大体系在高校分类上出现了趋同融合态势，美国加州高等教育总体规划是政府主导的规范性分类，旨在使一个区域的公立高等教育有序发展；欧盟"大学图"（U-map）分类法则是描述性分类，为描述拥有3000所高校的欧洲高等教育体系提供可能。可见，当前国际趋势是：描述性分类为主的英美出现了局部有效的规范性分类，规范性分类为主的欧洲出现了覆盖整体的描述性分类。

2. 从学科行业依据与人才培养依据的分离，走向二者兼顾

在计划经济时期，高等教育处于精英化阶段，高校在人才培养的目标和规格上均为培养理论型、研究型、高层次人才，因此，只能依据学科的类型和数量差异进行高校分类。普及化时代，高校人才培养目标中不仅涉及与学科相关的人才行业归属，还有行业需求的多样化、学科类型的多样化和人才培养规格层次的多样化，诸多影响因素有机融合在一起。

3. 从作为其他管理行为的"副产品"，转变为专门政策对象

计划经济时期，高校分类并没有被政策话语专门关注和提及，只是作为其他高等教育管理行为的延伸结果。随着高等教育规模扩大、类型增加，高校分类管理开始获得明确的政策空间，并为

之做了一系列制度建设工作。

4. 从纵向分层分类转变为横向分化与纵向分层相结合

纵向分层一直是我国高校分类的最大问题，造成高校间身份固化、竞争缺失、重复交叉。新时代以来，高校分类的横向维度受到重视，无论是管高校、办高校还是评高校，克服同质化倾向、引导高校分类特色发展、强调人才培养类型差异，成为高校分类的要求和目标。

（三）高校分类管理的原则与任务

基于国际国内趋势和对现状的把握，我们认为，新时代高校分类管理可以这样做。

1. 兼顾规范性分类和描述性分类两种方法，发挥中央和地方积极性

要在有限时空范围内，采取规范性分类寻找高等教育体系的内部关系；在更广泛时空范围内，采取描述性分类呈现高等教育体系的客观存在。中国各地开展高校分类管理的实践探索进度不一，这与各地方发展不均衡有很大关系。国家层面的分类应当尽量描述更多高校类型，引导高校科学定位、鼓励高校分类发展；地方政府应当准确把握国家层面对高校分类管理的战略要求，以省情为基础构建本省高校分类体系，确保每所高校基于自身战略定位实现向上发展。

2. 高校分类管理依据要多元多维，综合考虑高校在教育、科技、人才"三位一体"中的核心位置

高等教育是唯一能够兼具教育、科技、人才的教育类型，在人才培养、科技创新和知识应用方面发挥不可替代的作用。从人才培养层次和面向出发，高等学校可以形成行业型学院、行业性研究型大学、文理学院、学术性研究型大学4种类型。从科技创新

的深度和广度出发，高等学校可以形成特色性研究型大学、特色性应用型大学、综合性研究型大学、综合性应用型大学4种类型。从创新应用的主体和对象出发，高等学校可以形成文科见长地方高校、理工见长地方高校、文科见长部属高校、理工见长部属高校4种类型。

3. 高校分类管理实施二次立体分类，扩大分类的适用范围，消除隐性"排名"风险

分类是复杂系统的简单化，抽象程度越高的分类，其涵盖的范围就越广泛、越全面。按照教育、科技、人才进行的分类是一次分类，要基于一次分类结果进行二次分类，将每所高校从人才培养、科技创新和知识应用3个维度出发，在每个维度的4种类型中分别确定所属类型，如北京外国语大学在3个维度上分别归类为学术性研究型大学、特色性研究型大学、文科见长的部属大学，简称"文科特色学术研究型部属大学"。二次分类将12种（3维度×4类型）分类标准有机综合起来，能够有效消除单一分类标准导致的零和博弈。

4. 充分体现分类的用户导向，淡化分类的行政主导和刚性色彩，适时建立高校类型管理数据库

分类是人人可用的工具，高校分类归根结底是为了服务人们对复杂高校系统的认识和改造。应当按照"谁主张、谁分类"的治理原则，使分类结果的使用者从自身认知水平、价值期待和结果需求出发，合理有效地使用分类工具。建议国家建立高校类型管理数据库，按照上述二次分类法，以教育、科技、人才作为分类的基础依据，将我国高校进行统一类型管理。从而动态掌握高校类型结构格局，将分类的权力交给地方政府、大学、师生、家长等使用者，规避分类带来的隐性评价风险。

二、家校社协同为拔尖创新人才培养的教学改革创设良好环境

教育的最高境界是"春风化雨润无声",只有以系统思维推进大学生文化生活建设,才能建构起生态化、格局性、涵养性的文化环境,才能使大学生追求高质量文化生活的动力从内部持续迸发。为了建成健康丰盛的文化生活"大格局",必须实现家校社协同,达到"1+1+1>3"的效果。家庭主动尽责,培育向上向善的家庭文化,实现学生素质培育、品位提升和良好习惯养成。发挥学校主体作用,用好思政课这个主阵地,以社会主义核心价值观引领大学生思想,引导其树立正确的世界观、人生观和价值观,从而使青年学生懂得分辨"黑白""是非""美丑",在实践生活中主动寻求高质量文化、摒弃文化糟粕、抵制不良文化。社会有效支持,既要提供健康丰富的高质量文化产品和服务,又要及时净化文化环境、健全网络综合治理体系,营造清朗的社会文化氛围及良好网络生态。

(一)高校为拔尖创新人才提供高质量文化产品与服务

大学是社会的文化高地。要发挥课堂主渠道作用,以"金课"标准打造文化通识课,以学校特色学科支撑建构核心课程群,与其他大学形成校际、院际课程合作关系,用实际行动支持教师开设高质量通识性课程。要发挥科研的文化属性,组织学术青年论坛、国际文化交流论坛等活动,为多元文化的碰撞交流搭建平台。要彰显大学独有的文化价值,以校史、校训、校园、校友为依托,打造舞台剧、演唱会等百花齐放的校园活动品牌。要加大资源投入力度,立项开展校园文化育人工程,充分调动教师积极性,建设"一站式"学生社区和集成式"智慧校园",提供线上线下相结合的文化服务。要扩展高质量文化产品边界,建设以大学为中心

向外扩展的社会实践体系，加强图书档案管理工作建设，提供"向外向内"全覆盖的文化服务。

（二）社会各界为拔尖创新人才提供高质量教育产品与服务

社会中蕴含着最丰富的文化资源，要推进社会资源向大学生开放共享。大学所在的城市社区要积极开展公益性社会实践活动，增强大学生的社会责任感。各类教育基地和公共文化服务机构，如爱国主义教育基地、法治教育基地、科普教育基地和图书馆、博物馆、文化馆、非物质文化遗产馆、美术馆、纪念馆、科技馆、演出场馆、体育场馆、国家公园等，要为大学生提供服务便利，包括免费或优惠开放、设立开放日或绿色通道等；要提供面向青年学生群体的服务类型，如开展常态化科普宣传教育、实践体验活动、文化传承宣讲等。出版社、电视台等文化性组织要创作、提供符合青年大学生审美需求的优秀文艺作品，开展高雅艺术进校园的活动，在丰富学生精神文化生活的同时，有力提高学生的文化鉴赏能力、增强文化自信。

文化与物质的一个重要区别在于，物质力量往往存在多寡之分，而文化则更强调类型特色之别。在文化资源占有量存在各方面不均衡的现实状况下，有三点弥补之策。一是要注重文化的时空性，从大学的历史背景和属地特征出发，因时因地制宜开发个性化的高质量文化产品和服务，避免出现大学生参与文化生活的"拔苗助长"与"水土不服"现象。二是要注重文化的交流融通性，在校际、学段之间，不同民族学生个体之间创造更多交流、交往、交融的机会，促进大学生之间相互理解、包容、尊重和欣赏，既要确保大学文化是百花齐放的、丰富健康的，又要培养各民族学生对共同文化和价值的认同。三是要发展线上线下文化资源传递，网络是文化的新载体，网络育人是文化育人的新阵地，这一新载体具有超时空、虚拟性、交互性、敏捷性、群聚性和迅速扩散性等特点，要利用技术优势搭建贯通式全覆盖文化育人平台，使文化资源的流通范围不再限于特定校园内。

（三）改善网络环境下的拔尖创新人才教育氛围

网络是文化的重要载体，但也会产生不良影响，关键是要"堵疏并用"。"堵"就是要治理。要针对腐朽落后的思想文化和网络有害信息、不良网络行为进行严肃查处，部署净化社会网络文化环境的行动。"疏"就是要引导。要创作丰富的高质量文化产品，组织开展多姿多彩的线上文化活动，加快数字教育的集成化、智能化、国际化建设，真正占领网络文化高地；要以班会、讲座咨询、思政课、经典案例宣传等方式，引导大学生树立网络责任意识和道德意识，及时辨别并主动拒绝不良文化；要对沉溺网络、受不良影响的学生及时进行心理健康干预和疏导。

三、学科专业优化调整为拔尖创新人才培养的教学改革提供重要抓手

我国高校学科专业布局已进入新一轮调整期。《普通高等教育学科专业设置调整优化改革方案》颁布实施一年多来，我国高校学科专业优化调整改革的覆盖面广、结构性强，目标明确、导向清晰，人才培养与经济社会发展的适配性高。尽管成效显著，当前的改革仍有一些问题和隐患值得注意，突出表现为：学科专业优化调整冲击了人文社会科学，文科类专业存在"紧缺"与"过剩"并存的现状；高校作为关键行动主体，在学科专业调整中能发挥的作用有限，"行政主导"与"市场导向"有待进一步平衡；警惕学科专业优化调整中的"形式主义"与质量隐患。有针对性地破解高校学科专业优化调整改革中的突出问题，必须加强如下

五个方面的工作：关注人文社会科学学科专业的重组与转型，维持研究型大学的基础学科与专业规模；专业裁撤的同时需及时重组资源，促进供给侧改革与需求侧改革的动态平衡；引导不同类型高校错位发展学科专业结构，提高高校在优化调整中的积极性与治理能力；以资源配置模式作为改革支点，促进行政力量与市场导向的动态平衡；坚持高校学科专业优化调整的质量优先，以课程改革和知识更新推动专业升级改造。

2023年3月2日，教育部等五部门印发《普通高等教育学科专业设置调整优化改革方案》（简称《方案》），相关工作至今已有效开展一年多。学科专业是高校开展招生和人才培养工作的基本单位，也是国家从宏观层面实施人才供给调控的有效抓手。调整高校学科专业则是一种正向的动态优化与更新行为，能够使高等教育始终适应需要、保持活力。中华人民共和国成立以来，我国曾在不同发展阶段多次制定、修订和颁布"国家专业目录"与"本科专业设置规定"；进入新时代，高校学科专业调整的力度大、频率快、数量多，工作成效显著、影响深刻。为了进一步提升高等教育对高质量发展的支撑力、贡献力，必须及时总结经验、发现问题、确定方向。

（一）高校学科专业优化调整改革的现状

我国高校学科专业已进入新一轮调整期。2024年3月19日，教育部公布的2023年度普通高等学校本科专业备案和审批结果，集中反映了《方案》实施一年来，以及近年来我国高校学科专业调整的改革现状。

第一，高校学科专业优化调整改革的覆盖面广、结构性强。2023年，我国高校学科专业的增、撤、调共涉及3389个专业点，数量为历年最多。此外，教育部引导和支持高校优化学科专业结构,共增设 24 种新专业;调整改革的"加减法"并用,梳理急需紧缺专业 520 种、就业率相对较低专业 223 种。

第二,高校学科专业优化调整改革的目标明确、导向清晰。当前改革以服务国家发展、突出优势特色、强化协同联动为基本导向,2018—2023 年新增备案和审批了 36 种"四新"专业,布点总数达到 2920 个,占所有新增备案和审批专业数量的超四分之一;"新工科"专业点更是占新增工学门类专业点总数的 47%。

第三,高校学科专业优化调整与经济社会发展需求之间的适配性高。学科专业优化调整的实质,是有组织有计划地推动教育链、人才链与产业链、创新链相互衔接,增加人才培养与社会需要之间的"咬合度"和"适配性"。如 2023 年,人工智能、新能源等战略性新兴产业增加值已占 GDP 的 13% 以上;相应地,在 2016—2023 年教育部备案审批的专业数量中,新增数量最多的前 10 种热门专业全部与战略性新兴产业密切相关,包括数据科学与大数据技术、人工智能、机器人工程、智能制造工程、大数据管理与应用、网络与新媒体、数字经济、数字媒体艺术、智能科学与技术、智能建造。此外,专业布局因地制宜聚焦区域产业结构动态调整,如山西实施煤炭产业转型,高校提前聚焦新能源、新材料等专业;贵州将"大数据"作为五大支柱产业集群之首,贵州大学布局国内首个大数据人才培养本科学院。高校学科专业优化调整与国家战略、区域发展需求可谓"同频共振"。

(二)高校学科专业优化调整改革的问题

尽管高校学科专业优化调整的成效显著,当前的改革仍有一些隐患值得注意。

第一,学科专业优化调整冲击了人文社会科学,文科类专业存在"紧缺"与"过剩"并存的现状。从数据上看,2018—2023

年，新增"新工科"专业点2186个，占所有新增"四新"专业点总数的74.9%；新增"新文科"专业点则仅有533个，占新增总数仅为18.3%。被所在大学撤销的专业中，撤销数量最多的4个专业均为"大文科"专业，分别是公共事业管理、信息管理与信息系统、服装与服饰设计、产品设计，导致"文科无用论"的声音在坊间又起，影响考生报选专业。此外，财经商贸等传统"大文科"专业的确存在招生规模过大、增速过快、社会需求不足、就业去向落实率偏低的"过剩"问题；但同时，文科类急需战略型人才，如涉外文科管理人才、文理交叉复合型人才、基础研究储备人才仍然"紧缺"，结构调整任务较重。

第二，高校在学科专业调整中发挥的作用有限，"行政主导"与"市场导向"有待进一步平衡。我国学科专业设置与调整受到资源配置影响较大，在"生均综合定额+专项"的预算拨款模式下，高校开办专业越多、招生规模越大，生均综合定额拨款就越多。学科专业成为资源配置的依据，高校容易出现学科专业设置求大求全、调整改革"趋热避冷"的办学冲动。同时，资源配置越多，学科专业越容易固化和窄化，传统专业改造就愈加困难。此外，我国学科专业设置与调整工作，长期由国家教育主管部门主导。"行政主导"的体制机制有助于从宏观上把握人才培养与社会需要的适配程度，但也会产生对市场快速变化和地方经济观照不足、挤压高校办学自主权的行使空间等现实问题。

第三，警惕学科专业优化调整中的"形式主义"与质量隐患。学科专业调整是一项优化性改革，但要杜绝急功近利、形式主义的风气，避免在匆忙推进中影响人才培养质量。从"双一流"建设高校到地方普通院校，本科阶段均有不少"年轻"专业存在，有些高校甚至每年都新设专业，如人工智能专业近6年共新增了

532个专业点，数据科学与大数据技术新增了471个专业点。一股脑儿地增设一批"热门"专业，难免会留下专业设置同质化、人才培养趋同化、就业竞争内卷化、育人质量下降等隐患。短时间内增设开办的专业，也一定程度上存在课程内容变革、学科知识更新、人才培养方式迭代不够及时等问题，有"新瓶装旧酒"的嫌疑。

（三）高校学科专业优化调整改革的对策

针对性破解高校学科专业优化调整改革中的突出问题，必须加强如下五个方面的工作。

第一，关注人文社会科学专业的重组与转型，维持研究型大学的基础学科与专业规模。人文社会科学的发展水平反映了民族精神、体现着国家实力。基础研究和学科交叉领域，是习近平总书记指出的大学所具有的天然优势。在研究型大学中开展基础研究，不仅包括自然科学的数学、物理、化学、生物，还包括人文学科的文学、历史、哲学、宗教学，社会科学的经济学、政治学、社会学、心理学。在美国，研究型大学的学科布局有一个共性特征，即基础学科齐全，文理学院面向本科阶段开设的自然科学、社会科学和人文学科相关专业无一式弱。如麻省理工学院、加州理工学院虽然都以理工科见长，却都有精干的人文学科和社会科学。人文社会科学是大学走向长远、发挥道德引领功能的底蕴所在。

第二，专业裁撤还需及时重组资源，促进供给侧改革与需求侧改革的动态平衡。教育的供给侧改革同样包括"去库存"和"升级供给能力"两项重要任务。对于学科专业调整来说，哪些专业应当被作为"库存"削减，是基于高校办学定位比较出来的。如斯坦福大学建筑学院的专业排名（全国第十）低于本校平均水平（全国前五），且规模小、专业少、建设成本高，因此撤销了建筑学院。此外，"去库存"不是最终目的，而是将资源、力量释放出来，进而重新整合，以培养出适应新需求的人才。裁撤了传统文科专业后，核心课程、师资力量等资源必须根据新发展需要及时重组，形成"数字经济""国家安全学"等新兴文科专业。如美国芝加哥大学之所以演化出举世闻名的"芝加哥学派"，一个最关键的原因便是注重社会科学各学科的互相支持与重组合作，以发挥学科的整体作用。教育的需求侧改革则要引导学生、家长，结合社会发展需要和个人兴趣，合理选择专业方向。当下大学专业的选择并不能决定未来的就业情况，不能过分追求当下就业率。

第三，引导不同类型高校错位发展学科专业结构，提高高校在优化调整中的积极性与治理能力。高校是在学科专业优化调整改革中最具有话语权的行动主体之一，但目前的表现乏善可陈，既由于缺少积极性和自主权而"不好调整"；又由于欠缺足够的治理能力而"调整不好"，归根结底还是因为高校在学科专业优化调整中的权力和责任没有对等。为此，高校要根据经济社会发展需求、区域发展急需、自身办学定位与条件等，主动形成不同类型高校错位发展的专业结构，做强优势特色学科，避免简单跟风、重复建设，提升专业设置的质量。高校还应主动作为，建立适应经济变化的调整机制，针对就业率过低、不适应社会需求的专业要谨慎增设，及时调减，提前谋划增设和撤销的专业。

第四，以资源配置模式为改革支点，促进行政力量与市场导向的动态平衡。市场导向的学科专业设置机制，能够更为敏锐地感知和回应社会需求。市场导向的学科专业设置与调整，是面向现实问题与需求的，不由学术力量或行政力量单方面主导。市场导向的资源配置由问题决定，如果高校固守没有社会需求的学科专业，得不到资源支持自然就发展不下去，进而寻求转型，由此带来学科专业优化调整。因此，要建立市场导向的应用学科绩效型资源配置模式，通过学科专业建设的绩效来引导资源配置，激发学科专业创新活力和育人潜能。要构建政府和市场结合的新兴学科资源配置模式，在有效满足国家战略需要的同时，与企业需要紧密对接，推进学科优化调整布局。

第五，坚持高校学科专业优化调整的质量优先，以课程改革和知识更新推动专业升级改造。为高质量发展输送高适配性的人才，这是高校实施学科专业优化调整的出发点和落脚点。改革的目的是全面提高人才自主培养质量，建设高质量高等教育体系，绝不能为了改革而改革、为了调整而调整。要认识到，各门"学科"是制度化的知识体系，"专业"是专门学业或专门职业，"课程"则是学科知识体系中选择出的"最有价值的知识"。专业由若干门课程组成，如果我们把大学视为"超市"，学生视为"顾客"，那么专业只是商品分类的柜台，课程才是琳琅满目的"商品"，是大学的真正产品。由于经济快速发展，新技术、新产业、新模式和新业态的迭代迅速、更新周期缩短，这对人才的需求更灵活，对通用能力的要求更高。历史表明，在专业的"潮起潮落"中，优质课程是"硬通货"，是"定海神针"；从国际经验上看，学科专业调整的整体趋势也是"淡化专业，强化课程"。要将高校学科专业优化调整与课程调整、加强知识更新等工作协同推进，以学科知识更新推进专业升级，以课程教学改革推动专业改造。

结　语

　　PBL教学模式强调以学生主动学习为主，提倡以问题为基础的讨论式和启发式教学，这种模式利用现实问题作为引导学生自主获取和应用新知识的驱动力，有助于培养学生的学习兴趣，激发其学习主动性；同时锻炼了学生的自学能力，有利于培养学生良好的学习习惯和创新思维习惯，以及与他人协作的能力和分析解决问题的能力，切实把教育从应付考试模式转换到提高学生能力素质上来，把学生从被动客体转换到自觉主体的角色上来；PBL教学模式以问题为中心，以学生为主体，具有综合性、系统性及更大的灵活性，它以培养学生良好的学习方式、学习能力为目的，强调自主探究、批判性思考和创新实践的精神，着眼于培养学生终身受用能力，体现"以学生发展为本，以学生人人成功为目标，以学生学会学习为中心，以培养学生创新能力为核心"的教育思想内涵。PBL教学模式在教学效果上，特别是在学生自学能力培养上，明显优于传统教学模式。

　　没有一种教学模式是完美无缺的，从国外PBL

教学模式的实践经验来看,在实行(或试行)过程中也遇到了一系列困难。❶ 传统结构和过程的缺乏是那些习惯于以目标和纪律为导向的教师的担心之处。PBL 中的学生所学的知识给人一种缺乏深度和系统的感觉,而且在"小组"讨论中浪费了大量的时间。另外,由于小组中每 6~8 名学生一个导师,这对教师数量需求很大,而高等教育的教师数量明显偏低。同时,也需教师有充足的时间实施 PBL 教学。为保证 PBL 教学模式顺利进行,还必须给学生提供足够的参考书、电教设备及实践基地。因此,不能说 PBL 教学是包治百病的灵丹妙药,也不是说传统教学模式一无是处。在高等教育阶段实施 PBL 教学,需要学生适应这种教学模式,需要教师尽快转换角色,需要建立一套相应的教学与教师管理制度,需要教师的专业知识与教育理念及时更新,需要教师对自己教学思想和行为进行必要反思,需要学校投入适当的配套资金等。

就目前情况来看,高等教育教师 PBL 教学改革的积极性调动问题、教师自我提高(如进修、访学、培训等)及教改的经费投入问题等都不尽如人意,还有待于进一步的改革和完善。各高等教育应结合自身的实际情况,取长补短,相互借鉴,为高等教育的教学改革提供一个新思路。

---

❶ 慕景强. PBL 在医学教育中的应用现状研究 [J]. 西北医学教育,2004,12 (3):170-173,188.

参考文献

(一) 外文文献

1. Efrain Boom Cárcamo, Lina Buelvas Gutiérrez, Leticia Acosta Oñate, et al. Gamification and problem-based learning (PBL): Development of creativity in the teaching-learning process of mathematics in university students [J]. Thinking Skills and Creativity, 2024, 53, 101614-101614.

2. Bin Kong. Application of PBL Model in Public Speaking Courses [J]. Curriculum and Teaching Methodology, 2024, 7 (6).

3. Pedro José Lara Bercial, María Cruz Gaya López, Juan Miguel Martínez Orozco, et al. PBL Impact on Learning Outcomes in Computer Engineering: A 12-Year Analysis [J]. Education Sciences, 2024, 14 (6): 653-653.

4. NATHALIE DUVAL-COUETIL, JESSAMINE PILCHER, PHIL WEILERSTEIN, et al. Undergraduate Involvement in Intellectual Property Protection at Universities: Views from Technology Transfer Professionals [J]. The

international journal of engineering education, 2014, 30 (1): 60 - 71.

5. Olatoye, Mukaila A. Prospects and Problems of Educating Information Professionals in Knowledge Industry for Future Change [J]. Information and Knowledge Management, 2013, 17 - 22.

6. Del Siegle, Talbot S. Hook, Kenneth J. Wright. Confronting the Gordian Knot: Disentangling Gifted Education's Major Issues [J]. Gifted Child Quarterly, 2024, 68 (3): 175 - 188.

7. Barrows, H S, Kelson, A. et al. Problem - based learning: A Total Approach to Education [M]. Illinois: Southern Illinois University Press, 1993.

8. Dodds A E, Osmond R H, Elliott S L. Assessment in problem - based learning: the role of the tutor [J]. Ann Acad Med Singapore, 2001 (4).

9. Kwan K P. Lecturers' approaches to teaching and their relationship to conceptions of good teaching [J]. Instructional Science, 2000, 28 (5 - 6): 469 - 490.

10. Lee Hyeseong, Gentry Marcia. The Major Characteristics and Trends of Gifted Education Doctoral Dissertation Research From 2006 Through 2016 [J]. Journal for the Education of the Gifted, 2023, 46 (4): 340 - 373.

11. Michel M C, Bischoff A, Jakobs K H. Comparison of problem - and lecture - based pharmacology teaching [J]. Trends Pharmacol Sci, 2002 (4).

12. Snyder S. The administrative tutorial: a PBL workshop for faculty development fellows [J]. Acad Med, 2001, 76 (5): 574.

13. Trigwell K, Prosser M. Development and Use of the Approaches

to Teaching Inventory [J]. Educational Psychology Review, 2004, 16 (4): 409-424.

14. Peters Scott J, Makel Matthew C, Carter James S. Gifted education advances school integration and equity [J]. Phi Delta Kappan, 2023, 105 (3): 50-54.

15. Trigwell K, Prosser M, Waterhouse F. Relations Between Teachers' Approaches to Teaching and Students' Approaches to Learning [J]. Higher Education, 1999, 37 (1): 57-70.

16. Vasquez J, Sneider C, Comer M. STEAM Lesson Essentials, Grades 3-8: Integrating Science, Technology, Engineering, and Mathematics [M]. NC: Portsmouth, Heinemann, 2013: 231-238.

(二) 中文文献

专著类

1. 赵淑辉, 包苏红, 等. 新时代高校立德树人教育教学理论与实践 [M]. 北京: 光明日报出版社, 2023.

2. 于文安. 新时代教育评价基础研究 [M]. 厦门: 厦门大学出版社, 2022.

3. 卫新. 基于核心素养的书院制育人模式的实践研究 [M]. 苏州: 苏州大学出版社, 2022.

4. 陈洪捷, 施晓光, 蒋凯, 主编. 国外高等教育学基本文献讲读 [M]. 北京: 北京大学出版社, 2014.

5. 贺卫方. 中国法学教育之路 [M]. 北京: 中国政法大学出版社, 1997.

6. 霍宪丹. 中国法律教育的发展与转型 [M]. 北京: 法律出版社, 2004.

7. 罗正华. 教育学 [M]. 长春: 东北师范大学出版社, 1985.

8. 潘懋元. 高等学校教学原理与方法［M］. 北京：人民教育出版社，1995.

9. 余喜林. 人才培养供给侧改革研究［M］. 北京：光明日报出版社，2021.

10. 樊伟. 坚持深化教育改革创新［M］. 北京：中国人民大学出版社，2021.

11. 新锦成研究院. 河南省2017届高校毕业生就业状况与人才培养质量跟踪调研报告［M］. 北京：光明日报出版社，2019.

12. 乔伊斯，威尔. 教学模式［M］. 荆建华，等，译. 中国轻工业出版社，2002.

13. 施良方. 课程论［M］. 北京：教育科学出版社，1996.

14. 施良方，崔允. 教学理论：课堂教学的原理、策略与研究［M］. 上海：华东师范大学出版社，1999.

15. 石鸥. 教学论［M］. 长沙：湖南教育出版社，1998.

16. 宋浩波. 犯罪社会学［M］. 北京：中国人民公安大学出版社，2005.

17. 孙绵涛. 高等教育学概论［M］. 武汉：华中师范大学出版社，1991.

18. 吴文侃，杨汉青. 比较教育学［M］. 北京：人民教育出版社，1989.

19. 徐久生. 校园暴力研究［M］. 北京：中国方正出版社，2004.

20. 薛天祥. 高等教育学［M］. 桂林：广西师范大学出版社，2001.

21. 余清臣. PBL学习［M］，北京：教育科学出版社，2003.

22. 袁振国. 教育原理［M］. 上海：华东师范大学出版社，2001.

23. 曾宪义，张文显. 中国知识产权专业教育教学改革与发展战略研究［M］.北京：高等教育出版社，2002.

24. 张楚廷．大学教学学［M］.长沙：湖南师范大学出版社，2002.

25. 甄贞．诊所法律教育在中国［M］.北京：法律出版社，2002.

26. 郑金洲．教育通论［M］.上海：华东师范大学出版社，2000.

27. 查·帕·斯诺．对科学的傲慢与偏见［M］.陈恒六，刘兵译．成都：四川人民出版社，1987：1-14.

报纸类

1. 林焕新．我国各级各类教育达到历史最好水平［N］.中国教育报，2022-09-28（9）.

2. 刘建军．深入理解"建构中国自主知识体系"［N］.中国社会科学报，2023-01-03（1）.

3. 陆一．构建中国特色拔尖创新人才培养体系［N］.中国教育报，2022-03-29（2）.

4. 王正平．教育强国建设凸显立德树人重要使命［N］.中国教育报，2023-09-21（7）.

5. 吴珂．供需两端联合发力 加速推进专利转化［N］.中国知识产权报，2024-02-28（01）.

6. 周光礼，公钦正．高校人才，如何将"职业"变成"志业"［N］.光明日报，2023-05-09（14）.

7. 习近平．在中国科学院第十七次院士大会、中国工程院第十二次院士大会上的讲话［N］.人民日报，2014-06-10（2）.

8. 习近平．在哲学社会科学工作座谈会上的讲话［N］.人民日报，2016-05-19（2）.

9. 习近平．在北京大学师生座谈会上的讲话［N］.人民日报，2018-05-03（2）.

10. 习近平．高举中国特色社会主义伟大旗帜 为全面建设社会主义现代化国家而团结奋斗［N］.人民日报，2022－10－26（1）.

11. 中共中央、国务院印发深化新时代教育评价改革总体方案［N］.人民日报，2020－10－14（1）.

12. 何洁，钱红艳，王怀艳．培养拔尖创新人才，向科研最高峰迈进［N］.南京日报，2024－09－13（A02）.

13. 李平．调整优化学科专业 造就拔尖创新人才［N］.山西日报，2024－08－13（10）.

14. 姚晓丹．强化自主培养，让拔尖创新人才不断涌现［N］.光明日报，2024－07－15（1）.

15. 程晓琳．学位法，助力培育拔尖创新人才［N］.新华日报，2024－05－13（3）.

16. 储召生．再谈拔尖创新人才的自主培养［N］.中国教师报，2024－03－20（1）.

17. 汪一丁．文化育人理念下高校教育管理创新研究［N］.中国文化报，2024－06－27（7）.

18. 刘小莉．人工智能时代高等教育管理的改革和创新［N］.精神文明报，2024－06－20（B02）.

19. 张一舟．"以人为本"理念下教育管理的创新探索［N］.中国电影报，2022－07－13（11）.

20. 谢曦临．专创融合理念融入高校应用型人才培养教育教学研究［N］.河南经济报，2024－01－20（12）.

期刊类

1. 莫凡．科技自立自强视野下拔尖创新人才成长过程的思想政治引导探赜［J］.教育探索，2024，（9）：72－77.

2. 常宝宁．我国拔尖创新人才早期甄别的经验、问题与建议

[J/OL]. 湖南师范大学教育科学学报，1-7 [2024-12-11]. http：//kns.cnki.net/kcms/detail/43.1381.G4.20240918.1030.002.html.

3. 陈亮，袁满，陈泽寅. 高等教育赋能科技创新中心建设的工作机理、风险解构与实施路径 [J]. 高校教育管理，2024，18 (5)：26-37.

4. 李枝航，周光礼. 高质量高等教育体系：内在意蕴、衡量标准与建设路径 [J]. 清华大学教育研究，2024，45 (4)：60-68，149.

5. 柴西琴. 浅谈对探究教学的认识与思考 [J]. 学科教育，2001，(10) 7-12.

6. 陈方芳，杨瑾雯. 大学生社会心态的网络调适和疏导对策：基于重大突发事件背景下的思考 [J]. 长沙理工大学学报（社会科学版），2022，37 (2)：95-103.

7. 陈始发，朱格锋. 论习近平立德树人重要论述的逻辑理路 [J]. 现代教育管理，2021 (5)：15-21.

8. 陈士夫，王瑛. 关于地方高校大类招生培养模式的思考 [J]. 中国大学教学，2008 (1)：64-65.

9. 陈小鸿，黄亚平：关于高校 PBL 教学若干问题的理性思考 [J]，长春工业大学学报（高教研究版），2007 (1).

10. 程广云，张子夏. 立何德 树何人：对习近平立德树人教育重要论述的思考 [J]. 学术研究，2022 (2)：1-5.

11. 楚国清. 大力提升新时代高校立德树人成效：学习习近平总书记关于立德树人的重要论述 [J]. 北京联合大学学报（人文社会科学版），2021，19 (3)：1-6.

12. 戴锐，曹红玲. "立德树人"的理论内涵与实践方略

[J]．思想教育研究，2017（6）：9-13．

14. 邓友超．落实立德树人根本任务再出发［J］．人民教育，2024，（7）：卷首．

14. 丁月牙，瞿振元，周光礼．深刻领会党的二十大精神 助力高等教育高质量发展［J］．中国人民大学教育学刊，2023（1）：5-16．

15. 杜玉波．加快推进中国特色高等教育强国建设［J］．中国高教研究，2024（1）：1-10．

16. 段禹，崔延强．新文科建设的理论内涵与实践路向［J］．云南师范大学学报（哲学社会科学版），2020，52（2）：149-156．

17. 樊丽明．"新文科"：时代需求与建设重点［J］．中国大学教学，2020（5）：4-8．

18. 樊丽明，杨灿明，马骁，等．新文科建设的内涵与发展路径（笔谈）［J］．中国高教研究，2019（10）：10-13．

19. 冯建军．立德树人的时代内涵与实施路径［J］．人民教育，2019（18）：39-44．

20. 刘益东．AI教育革命加快拔尖创新人才培养与评价［J］．中国考试，2024（8）：1-11．

21. 张爽，成欣欣．中小学校拔尖创新人才培养的教师素养及支持策略研究［J］．中国教育学刊，2024（8）：14-20．

22. 周海涛，林思雨．健全拔尖创新人才培养链条［J］．中国教育学刊，2024（8）：1-6．

23. 冯建军．"培养什么人、怎样培养人、为谁培养人"的中国答案［J］．教育研究与实验，2021（4）：1-10．

24. 冯用军，赵丹，高杨杰，等．加快建设教育强国 为中华民族伟大复兴提供有力支撑（笔谈）［J］.现代教育管理，2023（10）：24-45.

25. 高帆."新质生产力"的提出逻辑、多维内涵及时代意义［J］.政治经济学评论，2023，14（6）：127-145.

26. 高国栋.高校立德树人工作的理论内涵与路径优化［J］.思想教育研究，2020（12）：146-150.

27. 公钦正.国家级特区高等教育与经济社会协同发展研究：基于深圳、浦东经验的雄安新区高等教育规划［J］.湖南师范大学教育科学学报，2021，20（6）：55-64.

28. 公钦正，赵亚丽.新时代坚持和完善党委领导下的校长负责制的应然与实然分析［J］.黑龙江高教研究，2023，41（10）：27-33.

29. 谷辉，刘向东.基于大类培养的教学运行机制改革探索［J］.中国大学教学，2013（12）：66-68.

30. 管培俊，刘伟，王希勤，等.学习贯彻习近平总书记在中共中央政治局第五次集体学习时的重要讲话精神（笔谈）［J］.中国高教研究，2023（7）：1-8.

31. 韩健文，谢洪波，蒋茵婕.新时代高校立德树人的实现路径［J］.学校党建与思想教育，2021（6）：30-32.

32. 郝志军，徐继存.教学模式研究20年：历程、问题与方向［J］.教育理论与实践，2003（12）.

33. 刘湉祎.人与环境的互动：拔尖创新学习行为的激发与保护［J］.江苏高教，2024，（8）：91-101.

34. 于慧，张丽莉.新质生产力条件下高校拔尖创新人才培养研究［J］.教育理论与实践，2024，44（27）：3-8.

35. 郑宏，陈星.中国高校拔尖创新人才培养力研究：问题与

策略 [J]. 教育与考试, 2024 (4): 80 - 85, 96.

36. 何克抗. 建构主义: 革新传统教学的理论基础 [J]. 电化教育研究, 1997 (3): 58 - 60.

37. 胡景谱, 徐敏睿. "负责任创新"教育: 现状、要求与路径: 以理工科类大学生为视角 [J]. 长沙理工大学学报 (社会科学版), 2021, 36 (3): 121 - 127.

38. 霍宪丹. 法律职业与法律人才培养 [J]. 法学研究, 2003 (4): 80 - 89.

39. 姜晓昱. PBL 应用于高等院校本科教学实践的三种变型 [J]. 江苏高教, 2007 (3): 75 - 77.

40. 赵春晖, 李世萍, 赵宗孝. 拔尖创新人才培养: 社会科学知识与自然科学知识同等重要: 任继周院士专访 [J]. 高等理科教育, 2024, (4): 1 - 5.

41. 李姣姣, 陈莉. "大类招生、分流培养"运行机制的困境和对策: 以工商管理类专业为例 [J]. 黑龙江高教研究, 2014 (8): 81 - 83.

42. 李敏谊, 李金阁, 虞立红. 美国高校荣誉教育的培养目标及选拔标准综述 [J]. 中国大学教学, 2009 (6): 96.

43. 李学书. STEAM 跨学科课程: 整合理念、模式构建及问题反思 [J]. 全球教育展望, 2019, 48 (10): 59 - 72.

44. 李玉倩. 新质生产力视角下行业产教融合共同体建设逻辑与路径 [J]. 南京社会科学, 2023 (12): 122 - 129.

45. 李泽生, 冼利青, 梁彩花. 运用教育评价理论, 评定 PBL 学生的学业成绩 [J]. 医学教育探索, 2004 (3).

46. 李政辉, 孙静. 跨学科人才培养的实践模式: 以世界一流大学为例 [J]. 现代教育科学, 2019 (6): 140 - 145.

47. 梁瑞仪．基于问题的学习模式的研究［J］．中国电化教育，2001（6）．

48. 林彦红．科教融合理念的创新与实践：以中国科学院大学为例［J］．研究生教育研究，2015（4）：27-32．

49. 刘海峰，别敦荣，张应强，等．开创中国特色世界一流大学建设新路（笔会）［J］．苏州大学学报（教育科学版），2022，10（2）：1-24．

50. 刘利．新文科专业建设的思考与实践：以北京语言大学为例［J］．云南师范大学学报（哲学社会科学版），2020，52（2）：143-148．

51. 刘伟忠：PBL教学中的难点与实施重点［J］．中国高等教育，2006（24）．

52. 刘向兵．教育强国的核心要义思考［J］．中国人民大学教育学刊，2023（6）：12-15，182．

53. 卢德馨：关于研究型教学的进一步探讨［J］．中国高等教育，2004（24）．

54. 罗建平，桂庆平．扎根中国大地 加快建设中国特色社会主义大学：习近平总书记关于教育的重要论述学习研究之六［J］．教育研究，2022，43（6）：4-18．

55. 马万华．建构主义教学观对大学教学改革的启示［J］．高等教育研究，1999（5）．

56. 幕景强．PBL在医学教育中的应用现状研究［J］．西北医学教育，2004（3）．

57. 倪海东．深入落实立德树人根本任务 回答好教育强国建设的核心课题［J］．学校党建与思想教育，2023（23）：1-3．

58. 彭静雯，刘玉．如何对大学生进行创业精神培养："基于项目的信息大类专业教育试点班"案例［J］.高等工程教育研究，2013（6）：143-147.

59. 戚如强. 习近平立德树人思想的理论渊源与精神实质［J］.马克思主义研究，2018（7）：35-42.

60. 瞿振元. 教育、科技、人才一体化与高等教育变革［J］.中国人民大学教育学刊，2024（2）：5-13，3.

61. 沈建新，王海燕，王海红. PBL：一种新型的教学模式［J］.国外医学·医学教育分册，2001（2）.

62. 石中英. 缄默知识与教学改革［J］.北京师范大学学报（人文社会科学版），2001（3）：101-108.

63. 束永睿，胡秋梅. 在加快建设教育强国新征程中落实好立德树人根本任务［J］.思想教育研究，2023（7）：101-105.

64. 孙忠兵. 研究型教学：当代课堂教学新理念［J］，基础教育研究，2001（3）.

65. 谭颖芳，张悦. 大类招生与培养：历程、方案与走向［J］.教育发展研究，2021，41（Z1）：81-91.

66. 汤丰林，申继亮. 基于问题的学习与我国的教育现实［J］.比较教育研究，2005（1）.

67. 童明波. 探索"研究主导性"本科教学模式［J］.中国高等教育，2004（9）.

68. 万俊毅，尹然平. 大类培养学生专业分流存在的问题与改进建议［J］.高等农业教育，2014（10）：47-50.

69. 汪劲松. 实施 PBL 教学，推进创新性教育［J］.中国高等教育，2003（6）.

70. 王济华. "基于问题的学习"（PBL）模式研究［J］.当代教育理论与实践，2010（3）：98-100.

71. 王嘉毅，张晋．立德树人的科学内涵与现实要求［J］．中国电化教育，2020（8）：1-6，40．

72. 王鉴，姜纪垒．中国共产党立德树人教育思想的百年历程与基本经验［J］．教育研究，2021，42（7）：16-26．

73. 王克臣，冷超．特色应用型本科院校按大类招生培养方案的改革探索：以哈尔滨学院为例［J］．教育探索，2016（12）：80-82．

74. 王蓉，韩振峰．习近平新时代立德树人重要论述探析［J］．北京交通大学学报（社会科学版），2021，20（2）：135-140．

75. 王松．科教融合面临的问题与对策［J］．中国高校科技，2012（12）：38-39．

76. 韦宝平．创新教育与教育模式改革：兼论研究型教学［J］，中国成人教育，2002（11）．

77. 韦宝平．创新教育视角下的 PBL 教学［J］．江苏高教，2003（4）．

78. 魏崇辉．新质生产力的基本意涵、历史演进与实践路径［J］．理论与改革，2023（6）：25-38．

79. 魏抗美．论创造心理学理论体系的构建［J］．江汉大学学报（人文科学版），2005（2）．

80. 吴安春，姜朝晖，金紫薇，等．落实立德树人根本任务：习近平总书记关于教育的重要论述学习研究之十［J］．教育研究，2022，43（10）：4-13．

81. 吴升华．论 PBL 医学教育模式［J］．医学与哲学，2000（12）．

82. 吴岩．"守城"到"攻城"：新文科建设的时代转向［J］．探索与争鸣，2020（1）：26-28．

83. 习近平．思政课是落实立德树人根本任务的关键课程［J］．新长征（党建版），2021（3）：4-13．

84. 习近平在清华大学考察时强调 坚持中国特色世界一流大学建设目标方向 为服务国家富强民族复兴人民幸福贡献力量［J］．思想政治工作研究，2021（5）：14-16．

85. 习近平．深入实施新时代人才强国战略 加快建设世界重要人才中心和创新高地［J］．当代党员，2022（1）：3-7．

86. 习近平．扎实推进教育强国建设［J］．求是，2023（18）：4-8．

87. 谢秉智：积极推动 PBL 教学提高大学生创新能力［J］．辽宁教育研究，2005（6）．

88. 熊澄宇．关于新文科建设及学科融合的相关思考［J］．上海交通大学学报（哲学社会科学版），2021，29（2）：22-26．

89. 徐新建．数智革命中的文科"死"与"生"［J］．探索与争鸣，2020（1）：23-25．

90. 颜兵兵，魏天路，李德君．地方院校大类招生教育模式现状分析及对策［J］．教育与职业，2016（7）：25-28．

91. 杨叔子，余东升．文化素质教育与通识教育之比较［J］．高等教育研究，2007，148（6）：1-7．

92. 姚新中．PPE 的历史机缘及其时代任务：新文科建设的三大转向［J］．云梦学刊，2021，42（3）：20-26．

93. 殷忠勇．论建构中国特色哲学社会科学学术评价体系［J］．江苏社会科学，2020（1）：33-40，7-8．

94. 尹兆华．我国高校大类招生的困局与解困［J］．中国考试，2021（1）：47-51．

95. 袁振国．立德树人的理论内涵与落实机制建设［J］．人民教育，2021（Z3）：41-44.

96. 袁振国，沈伟. 立德树人的落实机制：现状、挑战与对策［J］. 苏州大学学报（教育科学版），2021，9（1）：1-8.

97. 岳宗德. 大类培养模式下高校学生管理工作面临的挑战与应对［J］. 学校党建与思想教育，2015（13）：66-67，74.

98. 张海生，张瑜. 多学科交叉融合新工科人才培养的现实问题与发展策略［J］. 重庆高教研究，2019，7（6）：81-93.

99. 张善喜. 习近平关于立德树人重要论述的理论来源与创新发展［J］. 思想教育研究，2023（11）：32-37.

100. 张维刚. PBL模式在"电视纪录片创作"课程教学中的应用［J］. 现代教育技术，2009（9）.

101. 张伟贤. 浅谈发现教学法的实施［J］. 江苏广播电视大学，2006（1）.

102. 张瑛. 论本科生科研与教学之融合：美国加州大学伯克利分校本科生科研措施之启示［J］. 当代教育论坛，2012（2）：87-90.

103. 张应强. 中国高等教育现代化的方法论创新［J］. 教育研究，2023，44（9）：108-126.

104. 赵洪. PBL教学与大学教学方法改革［J］. 高等教育研究，2006（2）.

105. 赵菊梅. 传统与变革：我国本科院校大类招生培养模式与分类体系［J］. 现代教育管理，2020（8）：43-52.

106. 赵婷婷，秦已媛. 大类模式：我国研究型大学本土专业教育模式改革探索［J］. 苏州大学学报（教育科学版），2021，9（1）：9-18.

107. 钟启泉. 教师"专业化"：理念、制度、课题［J］. 教育研究，2001（12）．

108. 周光礼．"双一流"建设的三重突破：体制、管理与技术［J］．大学教育科学，2016（4）：4-14，122．

109. 周光礼．"双一流"建设中的学术突破：论大学学科、专业、课程一体化建设［J］．教育研究，2016，37（05）：72-76．

110. 周光礼．一流本科教育的中国逻辑：基于C9高校"双一流"建设方案的文本分析［J］．湖南师范大学教育科学学报，2019，18（2）：15-22．

111. 周光礼．中国大学的战略与规划：理论框架与行动框架［J］．大学教育科学，2020（2）：10-18．

112. 周光礼．习近平总书记"双一流"建设思想研究［J］．清华大学教育研究，2022，43（3）：15-22．

113. 周光礼．推动建设世界重要人才中心的实践方略［J］．国家治理，2023，（18）：44-50．

114. 周光礼，黄露．为什么学生不欢迎先进的教学理念？基于科教融合改革的实证研究［J］．高等工程教育研究，2016（2）：48-56．

115. 周光礼，袁晓萍．聚焦"四个评价"深化教育评价机制改革［J］．中国考试，2020（8）：1-5．

116. 周光礼，周详，秦惠民，刘振天．科教融合学术育人：以高水平科研支撑高质量本科教学的行动框架［J］．中国高教研究，2018（8）：11-16．

117. 周洪宇，李宇阳．论建设高质量教育体系［J］．现代教育管理，2022（1）：1-13．

118. 周立芳，陈积明，徐贞．本科生跨专业培养的思考与探索：以浙江大学信息大类为例［J］．中国大学教学，2022（6）：34-40．

119. 周忠信等. PBL教学模式的研究进展和现实意义［J］. 医学与哲学（人文社会医学版），2007（8）.

120. 周毅，李卓卓. 新文科建设的理路与设计［J］. 中国大学教学，2019（6）：52-59.

121. 朱忆天，李莉. 习近平立德树人重要论述的生成逻辑、核心意蕴与践行路径［J］. 河南师范大学学报（哲学社会科学版），2022，49（3）：17-23.

122. 祝智庭，戴岭，赵晓伟，等. 新质人才培养：数智时代教育的新使命［J］. 电化教育研究，2024，45（1）：52-60.

123. 邹忠民. 从传授性教学到PBL教学［J］. 图书情报工作，2002（7）.

124. "中国特色高等教育思想体系研究"课题组，周远清，瞿振元等. 中国特色高等教育思想体系举要［J］. 中国高教研究，2017，No.284（4）：1-25.

125. 慕景强. PBL在医学教育中的应用现状研究［J］. 西北医学教育，2004，12（3）：170-173，188.

126. David H. Jonassen. 面向问题求解的设计思路（上）［J］. 钟志贤，谢榕琴译. 远程教育杂志，2004（6）.

网络类

1. 教育部关于加快建设高水平本科教育 全面提高人才培养能力的意见［EB/OL］. 中华人民共和国教育部，http://www.moe.gov.cn/srcsite/A08/s7056/201810/t20181017_351887.html.

2. 李强. 厚基础宽口径培养拔尖人文社科人才［EB/OL］. 清华大学，https://www.tsinghua.edu.cn/info/1939/76069.htm.

3. 习近平在中共中央政治局第十一次集体学习时强调：加快发展新质生产力 扎实推进高质量发展［EB/OL］.（2024-02-01）

[2024-03-25]. https://www.gov.cn/yaowen/liebiao/202402/content_6929446.htm.

4. 专访 | 人类学家项飙谈内卷：一种不允许失败和退出的竞争[EB/OL]. 澎湃新闻, https://www.thepaper.cn/newsDetail_forward_9648585.

附录：调查问卷

关于教学模式改革的问卷调查

（学生调查问卷）

同学：你好！

你现在参加的是关于教学模式改革的问卷调查。

下面问卷中的选择题，请将你的答案写在题后的方框中；问答题，请将你的答案写在题下空白处。这次问卷调查，我们将严格保密，结果只用于研究分析，不会对你产生任何不利影响。请你如实反映真实情况和想法。

感谢你的合作！

《高等院校教学模式改革研究》课题组

2024 年 3 月

1. 你的性别：□

   1）男   2）女

2. 你的中学性质：□

   1）普通中学   2）县（市）级重点

   3）全国重点   4）其他（请注明：   ）

3. 你的年级：□

   1）大一   2）大二   3）大三

4. 在你的大学学习中，你的老师讲课时主要采用的教学模式是：□

   1）只有老师讲授

2）老师讲授为主，学生主动学习为辅

3）学生主动学习为主，讲授为辅

4）其他方法（请注明：　　　　）

5. 通常情况下，在学习过程中什么最能激发你学习的兴趣？□

　　1）老师讲授的内容　　　　2）自己感兴趣的内容

　　3）与考试密切相关的内容　4）其他（请注明：　　　　）

6. 在学习中的困难你首先会采取什么方法解决？□

　　1）图书馆或网络查资料　　2）跟同学讨论

　　3）请教老师或专家　　　　4）置之不理

　　5）其他（请注明：　　　　　　　　　　　　　）

7. 下面几种评价学生的方式中，你最喜欢哪种？□

　　1）考试结果　　　　　　　2）学习态度

　　3）作业完成情况　　　　　4）综合方式

8. 上课前你会认真预习将要学习的课程吗？□

　　1）非常认真　　　　　　　2）认真

　　3）一般　　　　　　　　　4）不认真

　　5）非常不认真　　　　　　6）说不清

9. 在学习中遇到困难时，相信依靠自己能够完全解决吗？□

　　1）非常相信　　　　　　　2）相信

　　3）一般　　　　　　　　　4）不相信

　　5）非常不相信　　　　　　6）说不清

10. 学习过程中，你会主动地去查阅所学课程的相关书籍资料吗？□

　　1）非常主动　　　　　　　2）主动

　　3）一般　　　　　　　　　4）不主动

　　5）非常不主动　　　　　　6）说不清

11. 教师的教学，有利于学习兴趣的培养吗？□
    1）非常有利　　　　　　　2）有利
    3）一般　　　　　　　　　4）不利
    5）非常不利　　　　　　　6）说不清

12. 教师的教学，有利于提高分析问题、解决问题的能力吗？□
    1）非常有利　　　　　　　2）有利
    3）一般　　　　　　　　　4）不利
    5）非常不利　　　　　　　6）说不清

13. 通过老师的讲解，你理解和掌握课程中的重点和难点的程度怎么样？□
    1）非常好　　　　　　　　2）好
    3）一般　　　　　　　　　4）不好
    5）非常不好　　　　　　　6）说不清

14. 课堂授课过程中，师生间的互动情况怎么样？□
    1）非常好　　　　　　　　2）好
    3）一般　　　　　　　　　4）不好
    5）非常不好　　　　　　　6）说不清

15. 课堂授课过程中，同学间的互动情况怎么样？□
    1）非常好　　　　　　　　2）好
    3）一般　　　　　　　　　4）不好
    5）非常不好　　　　　　　6）说不清

16. 教师的教学，有利于你对所学知识的联系与应用吗？□
    1）非常有利　　　　　　　2）有利
    3）一般　　　　　　　　　4）不利
    5）非常不利　　　　　　　6）说不清

17. 教师的教学，有利于学习效率的提高吗？□

1）非常有利 2）有利
3）一般 4）不利
5）非常不利 6）说不清

18. 教师的教学过程，有利于自主学习技能的锻炼吗？□
    1）非常有利 2）有利
    3）一般 4）不利
    5）非常不利 6）说不清

19. 教师的教学，有利于学生的信息搜索和利用能力的培养吗？□
    1）非常有利 2）有利
    3）一般 4）不利
    5）非常不利 6）说不清

20. 如果不用考试，你会认真学习吗？□
    1）非常认真 2）认真
    3）一般 4）不认真
    5）非常不认真 6）说不清

21. 对老师目前这种教学方式满意吗？□
    1）非常满意 2）满意
    3）一般 4）不满意
    5）非常不满意 6）说不清

22. 请问在目前教学模式下，你有最满意的一门课吗？若有，请写出课程名称、老师的教学特点以及你的专业。

23. 目前的教学模式有哪些方面需要改进？

请检查一下，看是否存在遗漏。
再次感谢您的合作与配合，谢谢！

关于教学模式改革的问卷调查

（教师调查问卷）

老师：您好！

　　您现在参加的是关于教学模式改革的问卷调查。

　　下面问卷中的选择题，请将您的答案写在题后的方框中；问答题，请将您的答案写在题下空白处。这次问卷调查，我们将严格保密，结果只用于研究分析，不会对您产生任何不利影响。请您如实反映真实情况和想法。

　　感谢您的合作！

《高等院校教学模式改革研究》课题组

2024 年 3 月

1. 您的年龄：□

　　1）30 岁及以下　　　　2）31 岁到 40 岁

　　3）41 岁到 50 岁　　　　4）51 岁及以上

2. 您的性别：□

　　1）男　　　　　　　　2）女

3. 您的职称：□

　　1）助教　　2）讲师　　3）副教授　　4）教授

4. 您的学历：□

　　1）本科及以下　　　　2）硕士研究生

　　3）博士研究生

5. 您所授课程的性质：□

   1）基础课　　2）专业课　　3）公共课

6. 在您的教学工作中，一般采用什么样的教学模式？□

   1）讲授　　　　　　　　2）学生主动学习

   3）讲授为主，学生主动学习为辅

   4）学生主动学习为主，讲授为辅

   5）其他方法（请注明：　　　　）

7. 您的课前准备工作情况：□

   1）查阅了充足资料，进行周密课堂设计

   2）查阅了大量资料，进行了课堂设计

   3）查阅了一些资料

   4）查阅了少许资料

   5）轻车熟路了，不用准备，直接上课

8. 在备课过程中，您认为应该重视（可多选）□

   1）针对学生实际情况备课　　2）针对教材内容备课

   3）重视编写教案　　　　　　4）重视查资料

   5）重视课后反思　　　　　　6）重视课堂设计

   7）其他（请注明：　　　　　　　　　　）

9. 在您的课堂上，学生参与教学的情况怎样？□

   1）非常好　　　　　　　2）好

   3）一般　　　　　　　　4）不好

   5）非常不好　　　　　　6）说不清

10. 对于课程的重点和难点，学生在课堂讲授过程中的理解程度：□

    1）非常理解　　　　　　2）理解

    3）一般　　　　　　　　4）不理解

5）非常不理解　　　　　6）说不清

11. 您认为目前这种讲课方式对学生自主学习能力的培养作用大吗？□

1）作用很大　　　　　2）有作用
3）一般　　　　　　　4）没作用
5）非常没用　　　　　6）说不清

12. 您的教学有利于学生间协调合作精神的培养吗？□

1）非常有利　　　　　2）有利
3）一般　　　　　　　4）不利
5）非常不利　　　　　6）说不清

13. 您的教学有利于学生所学知识的联系与应用吗？□

1）非常有利　　　　　2）有利
3）一般　　　　　　　4）不利
5）非常不利　　　　　6）说不清

14. 您和学生之间的交流情况怎么样？□

1）非常好　　　　　　2）好
3）一般　　　　　　　4）不好
5）非常不好　　　　　6）说不清

15. 您学生的出勤率如何？□

1）非常好　　　　　　2）好
3）一般　　　　　　　4）不好
5）非常不好　　　　　6）说不清

16. 您经常在课堂上提问学生吗？□

1）每堂课都提问学生　　2）经常提问
3）有时候提问　　　　　4）很少提问
5）没有提问过（选此项请跳过第17题）

17. 您从学生在课堂上对问题的回答，判断学生对知识的把握情况：□
    1）非常好 2）好
    3）一般   4）不好
    5）非常不好 6）说不清
18. 您会给学生留课后作业吗？□
    1）会   2）一般会
    3）一般不会 4）不会
19. 您通过对学生作业的批改，判断学生对知识的把握情况：□
    1）非常好 2）好
    3）一般   4）不好
    5）非常不好 6）说不清
20. 您对目前的这种考核方式满意程度：□
    1）非常满意 2）满意
    3）一般   4）不满意
    5）非常不满意 6）说不清
21. 您对学生考核结果的满意程度：□
    1）非常满意 2）满意
    3）一般   4）不满意
    5）非常不满意 6）说不清
22. 您对目前教学模式有什么样的评价和建议（如：好的做法）？

请检查一下，看是否存在遗漏。
再次感谢您的合作与配合，谢谢！

拔尖创新人才贯通培养问卷调查

（教育行政机关工作人员版）

您好！"全面提高人才自主培养质量，着力造就拔尖创新人才"被正式写入党的二十大报告，成为党和国家的明确意志。为全面分析河南省内拔尖创新人才培养方面的现状，了解拔尖创新人才培养过程中的成功经验和存在问题，帮助各培养单位提升人才培养质量，助力学生创新能力发展，特此开展本次调研。您的回答将有助于我们了解拔尖创新人才培养中的真实情况，发现急需解决的问题，提升课题研究结论的科学性。本次调查为匿名调查，我们将对您的答题信息严格保密，请放心如实作答。衷心感谢您的支持与配合！

1. 您的性别：（   ）

   A. 男　　　　　　　　　　B. 女

2. 您的学历：（   ）

   A. 大专　　　B. 本科　　　C. 硕士　　　D. 博士

3. 您认为创新人才最重要的素质：（   ）

   A. 有大无畏的进取精神和开拓精神

   B. 有较强的永不满足的求知欲和永无止境的创造欲望

   C. 有强烈的竞争意识和较强的创造才能

   D. 有独立完整的个性品质和高尚情感

4. 您认为培养创新人才应该从哪个阶段开始？（   ）

A. 幼儿园　　B. 小学　　C. 中学　　D. 大学

5. 您对目前我省拔尖创新人才培养状况的满意程度：（　　）

   A. 一般　　B. 满意　　C. 不满意

6. 您认为什么样的人才能成为拔尖创新人才（可多选）？（　　）

   A. 学习成绩优秀　　　　B. 品德高尚

   C. 有一技之长　　　　　D. 社会实践能力强

   E. 有创新成果

7. 您认为影响拔尖创新人才成长的内部因素包括哪些（可多选）？（　　）

   A. 道德品质高尚　　　　B. 理想抱负远大

   C. 创造力强　　　　　　D. 智商高

   E. 奋斗目标明确

8. 您认为影响拔尖创新人才成长的外部因素包括哪些（可多选）？（　　）

   A. 名师指导　　　　　　B. 团队密切协作

   C. 政策措施有力　　　　D. 环境宽松

   E. 科研条件优越

9. 您认为阻碍拔尖创新人才培养以及成长的主要原因是（可多选）：（　　）

   A. 人才选拔机制不科学　B. 教育观念落后

   C. 功利主义负面影响　　D. 制度不合理

   E. 奖励力度不够

   F. 氛围不宽松

10. 在人才创新培养建设中，您认为政府需要做的是（可多选）：（　　）

    A. 完善公平合理的科技立项程序与审批制度

B. 保护知识产权

C. 完善科技成果的评价和奖励机制

D. 促进人才合理流动，完善公平、公正、公开的用人制度

11. 在人才创新培养建设中，您认为政府工作的重点是（可多选）：（　　）

    A. 培养提升本土人才

    B. 引进外地和留学人才

    C. 完善各级各类人才的激励政策

    D. 完善和实施政府人才工作制度

    E. 创新用人机制

    F. 营造良好的人才成长环境

12. 您认为学校在加快拔尖创新人才成长与培养方面应采取哪些对策（可多选）？（　　）

    A. 设立拔尖创新人才专项基金

    B. 建立拔尖创新人才选拔培养的配套制度

    C. 注重学科的交叉与综合

    D. 努力提高教师的创新能力

    E. 大胆探索拔尖创新人才培养的多种模式

13. 您认为教育行政部门在加快拔尖创新人才成长与培养方面应采取哪些对策（可多选）？（　　）

    A. 设立国家拔尖创新人才基金资助优秀学生

    B. 试行大师，名师单独选拔自主培养研究生

    C. 加大拔尖创新人才的资助与奖励力度

    D. 建立教学科研生产三结合的创新人才培养新机制

    E. 拔尖创新人才培养要首重德育

14. 您认为哪些实践活动或项目有利于拔尖创新人才培养？（　　）

A. 社会活动

B. 科技创新活动、科研项目或竞赛

C. 社会兼职

D. 社会实践及自愿服务

E. 专业学习

15. 您认为创新人才属于哪种类型？（   ）

    A. 理论型　　　　　　　　B. 应用型

    C. 记忆型　　　　　　　　D. 指导型

16. 您认为我省人民最欠缺的是什么？（   ）

    A. 创造性　　　　　　　　B. 创造精神

    C. 创新意识　　　　　　　D. 创新能力

17. 对我省的创新人才培养体系您是否了解：（   ）

    A. 一般

    B. 熟悉

    C. 不了解

18. 加快培养拔尖创新人才，提高创新能力，我省急需采取哪些措施（可多选）？（   ）

    A. 完善城乡义务教育一体化发展政策机制

    B. 构建小、初、高、大一体化衔接拔尖创新人才培养体系

    C. 大力发展本省高等教育

19. 关于促进本省拔尖创新人才培养，提高创新能力，您有何宝贵的建议？

请检查一下，看是否存在遗漏。

再次感谢您的合作与配合，谢谢！

拔尖创新人才贯通培养调查问卷

（高校教师版）

您好！"全面提高人才自主培养质量，着力造就拔尖创新人才"被正式写入党的二十大报告，成为党和国家的明确意志。为全面分析河南省内拔尖创新人才培养方面的现状，了解拔尖创新人才培养过程中的成功经验和存在问题，帮助各培养单位提升人才培养质量，助力学生创新能力发展，特此开展本次调研。您的回答将有助于我们了解拔尖创新人才培养中的真实情况，发现急需解决的问题，提升课题研究结论的科学性。本次调查为匿名调查，我们将对您的答题信息严格保密，请放心如实作答。衷心感谢您的支持与配合！在〇或□中打勾

1. 您的性别：[单选题]
   〇男　　　　　　　　　　〇女
2. 您所供职的院校层级：[单选题]
   〇大专院校　　　　　　　〇普通本科院校
   〇双一流及211以上本科院校
3. 您的学历：[单选题]
   〇学士　　　　　　　　　〇硕士
   〇博士　　　　　　　　　〇学士学位以下
4. 您的职称：[单选题]
   〇助教　　〇讲师　　　　〇副教授　　　〇教授

○主要负责行政工作，未从事教学工作

5. 在您的工作院校中，是否存在学生创新培养的项目或者研究课题？[单选题]

　　○是　　　　　　　　　　○否

6. 您认为，当前您所在院校开展的学生创新培养项目与课题研究是否能够满足当下现实的需要？[单选题]

　　○社会效果较好，可以满足

　　○社会效果一般，仍存在改进空间

　　○无法满足，需要进行改革

7. 您认为对拔尖创新人才的长期贯通培养体系是否能够更好满足发展需求：[单选题]

　　○是　　　　　　　　　　○否

8. 您认为贯通培养体系所包含的要素应当有哪些？[多选题]

　　□培养理念贯通，协调大中小幼阶段的培养理念

　　□管理制度贯通，加强管理衔接、优化选拔机制

　　□培养计划贯通，建立统一要求、阶段分明的培养计划

　　□课程体系贯通，建立统一各段的创新课程

　　□质量保障贯通实施全过程、多元化的质量管理体系

　　□其他

9. 您认为，当前您所在的院校中对于各专业学习能力拔尖的学生的培养模式是否能够满足这些学生的发展需要？[单选题]

　　○完全可以满足

　　○能满足学生部分需要，但仍需改进

　　○完全不能满足

10. 您认为将对标普通高中的"强基计划"目标群体扩大到初中阶段，是否能够更好选拔拔尖创新人才？[单选题]

○是　　　　　　　○否

11. 您认为对于拔尖创新人才培养的重要性体现在哪些方面？［多选题］

    □提升学术研究能力

    □改进当下人才培养模式

    □激发学生创新能力

    □增强学生的社会实践能力与适应能力

    □为社会发展转型提供人才储备力量

    □增强学生团体意识，强化协作能力

    □其他

12. 您认为对于拔尖创新人才培养需要提供的支持与帮助应该有哪些？［多选题］

    □提供更多实践机会和项目资源

    □提供更多学术研究平台和资源支持

    □加强学科交叉和综合能力培养

    □提供更好的导师指导和支持体系

    □改革现有的课程与评价体系

    □其他

13. 你认为拔尖创新人才培养体系应注重培养以下哪些能力？［多选题］

    □创造力

    □团队合作能力

    □解决问题的能力

    □批判性思维能力

    □沟通和表达能力

    □实践和动手能力

□其他

14. 你认为拔尖创新人才培养体系中的导师指导和支持对学生的影响是：[单选题]

　　○非常重要

　　○重要

　　○一般

　　○不重要

15. 您认为影响拔尖创新人才成长的内部因素包括哪些？[多选题]

　　□良好的道德修养与正确的三观

　　□明确的目标方向与毅力

　　□完整的知识结构体系与丰富的知识面

　　□良好的逻辑思考能力与独立判断能力

　　□良好的创新思维与创新意识

　　□其他

16. 您认为影响拔尖创新人才成长的外部因素包括哪些？[多选题]

　　□行业内专家指导与专业团队密切合作

　　□满足人才发展需要的全新培养模式

　　□培养与支持政策到位

　　□良好的科研与生活保障条件

　　□良好的学术研究氛围

　　□学术民主激励机制

　　□完善的评价体制机制

　　□科研领域交流与合作的广度与深度

17. 在人才创新培养建设中，您认为政府更需要做的是哪些工作？[多选题]

　　□完善公平合理的科技立项程序与审批制度

□保护知识产权

□完善科技成果的评价和奖励机制

□促进人才合理流动，完善公平、公正、公开的用人制度

□为科研人才提供必要的支持与保障

18. 在拔尖创新人才培养中，您认为政府工作的重点应该是什么？

[多选题]

□培养提升本土人才

□引进外地和留学人才

□完善各级各类人才的激励政策

□完善和实施政府人才工作制度

□创新选拔用人机制

□大力发展人才中介服务机构

□营造良好的人才成长环境

19. 您认为目前我国在拔尖创新人才培养方面存在的主要问题有哪些？[多选题]

□教育体制僵化，求同教育特色明显

□管理体系不能满足当下发展需要

□对于学生的不合理约束过多

□教学内容与教学方法不能满足学生发展需要

□教学培养与社会实际需要脱轨

□官僚主义与形式主义严重

□考评制度不合理

□学生发展规划不合理

□高水平教师的作用发挥不够

□课程设置不合理

20. 您认为阻碍拔尖创新人才培养及成长的主要原因有哪些方面？

［多选题］

□高校自主管理权不够

□高校管理行政化，对学生管理缺乏灵活度

□人才选拔机制不科学

□过分追求求同教育，限制学生特色发展

□教育观念成就功利主义负面影响

□盲目扩招导致生源质量下降

□过分强调教师权威

21. 您认为我国在哪个领域最急需创新人才？［单选题］

○经济发展领域

○教育科研领域

○科学理论研究领域

○重点技术研发领域

○其他

22. 您认为高校的拔尖创新人才培养应当集中在哪些专业？［填空题］

23. 您认为如果河南开展拔尖创新人才培养，应当在哪些领域优先进行拔尖创新人才培养？［填空题］

24. 请分享您对拔尖创新人才贯通培养体系的建议。（请填写具体内容）

请检查一下，看是否存在遗漏。
再次感谢您的合作与配合，谢谢！

拔尖创新人才贯通培养调查问卷

(幼小中学教师版)

您好!"全面提高人才自主培养质量,着力造就拔尖创新人才"被正式写入党的二十大报告,成为党和国家的明确意志。为全面分析河南省内拔尖创新人才培养方面的现状,了解拔尖创新人才培养过程中的成功经验和存在问题,帮助各培养单位提升人才培养质量,助力学生创新能力发展,特此开展本次调研。您的回答将有助于我们了解拔尖创新人才培养中的真实情况,发现急需解决的问题,提升课题研究结论的科学性。本次调查为匿名调查,我们将对您的答题信息严格保密,请放心如实作答。衷心感谢您的支持与配合!在□内打勾

1. 您的性别:[单选题]
   □男　　　　　　　　□女
2. 您所供职的学校层级:[单选题]
   □幼儿园　　□小学　　　□初中　　　□高中
3. 您所供职的学校属于当地重点吗?[单选题]
   □重点　　　　　　　□非重点
4. 您知道拔尖创新人才贯通培养吗?[单选题]
   □知道　　　□非常关注　□不知道
5. 在您供职的学校中,是否存在拔尖创新人才培养的项目或者研究课题?[单选题]

☐ 是 ☐ 否

6. 您认为，当前您所在学校开展的拔尖创新人才培养项目与课题研究是否能够满足当下现实的需要？［单选题］
   ☐ 社会效果较好，可以满足
   ☐ 社会效果一般，仍存在改进空间
   ☐ 无法满足，需要进行改革

7. 您认为，当前您所在的学校中对于各专业学习能力拔尖学生的培养模式是否能够满足这些学生的发展需要？［单选题］
   ☐ 完全可以满足
   ☐ 能满足学生部分需要，但仍需改进
   ☐ 完全不能满足

8. 您认为我省在哪个领域最急需拔尖创新人才？［单选题］
   ☐ 经济发展领域　　　　　　　☐ 教育科研领域
   ☐ 基础科学研究领域　　　　　☐ 重点技术发展领域

9. 您认为如果河南开展拔尖创新人才培养，应当从哪个学段优先进行？［单选题］
   ☐ 幼儿园　　　☐ 小学　　　☐ 初中　　　☐ 高中

10. 您认为对于拔尖创新人才培养的重要性体现在哪些方面？［多选题］
    ☐ 提升学术研究能力
    ☐ 改进当下人才培养模式
    ☐ 激发学生创新能力
    ☐ 增强学生的社会实践能力与适应能力
    ☐ 为社会发展转型提供人才储备力量
    ☐ 其他

11. 您认为对于拔尖创新人才培养需要提供的支持与帮助应该有哪

些方面？［多选题］

☐提供更多实践机会和项目资源

☐提供更多学术研究平台和资源支持

☐加强学科交叉和综合能力培养

☐提供更好的教师指导和支持体系

☐改革现有的课程与评价体系

☐其他

12. 您认为拔尖创新人才培养体系应注重培养以下哪些能力？［多选题］

    ☐创造力

    ☐批判性思维能力

    ☐解决问题的能力

    ☐实践和动手能力

    ☐沟通和表达能力

    ☐团队合作能力

13. 您认为影响拔尖创新人才成长的内部因素包括哪些？［多选题］

    ☐良好的道德修养与正确的三观

    ☐明确的目标方向与毅力

    ☐完整的知识结构体系与丰富的知识面

    ☐良好的逻辑思考能力与独立判断能力

    ☐良好的创新思维与创新意识

    ☐其他

14. 您认为影响拔尖创新人才成长的外部因素包括哪些？［多选题］

    ☐行业内专家指导与专业团队密切合作

    ☐满足人才发展需要的全新培养模式

    ☐培养与支持政策到位

☐良好的科研与生活保障条件

☐良好的学术研究氛围

☐学术民主激励机制

☐完善的评价体制机制

☐科研领域交流与合作的广度与深度

15. 您认为阻碍拔尖创新人才培养及成长的主要原因有哪些方面？
［多选题］

☐教育观念落后，只注重应试

☐人才选拔机制不科学

☐过分追求求同教育，限制学生特色发展

☐教育观念成就功利主义负面影响

☐奖励机制欠缺

☐跨学科跨学段的贯通培养机制未建立

16. 您认为在拔尖创新人才培养中，政府及教育主管部门的重点是什么？［多选题］

☐培养提升本土人才

☐引进外地和留学人才

☐完善各级各类人才的激励政策

☐在幼小中设立拔尖创新人才培养项目与课题

☐完善现有的课程与评价体系

☐为科研人才提供必要的支持与保障

☐营造良好的人才成长环境

17. 您认为在拔尖创新人才培养中，学校工作的重点应该是什么？
［多选题］

☐发展特色课程

☐注重学科的交叉融合

□建立激励机制鼓励教师发掘有创新潜能学生
　　□为拔尖创新人才培养项目与课题研究提供必要的支持与保障
　　□建立拔尖创新人才选拔培养的配套制度
18. 您认为拔尖创新人才培养应当集中在哪些专业？[多选题]
　　□哲学　　　　　　　□历史学
　　□汉语言文学　　　　□计算机
　　□数学　　　　　　　□物理学
　　□化学　　　　　　　□经济学
　　□人工智能　　　　　□信息技术
19. 您认为拔尖创新人才贯通培养体系应当包括哪些？[多选题]
　　□培养理念贯通
　　□管理制度贯通
　　□培养计划贯通
　　□课程体系贯通
　　□质量保障贯通
20. 请分享您对河南省拔尖创新人才贯通培养体系的建议。（请填写具体内容）

　　　　　　　　　　　　　　　请检查一下，看是否存在遗漏。
　　　　　　　　　　　　　　　再次感谢您的合作与配合，谢谢！

拔尖创新人才贯通培养问卷调查

（高中、初中学历版）

您好！"全面提高人才自主培养质量，着力造就拔尖创新人才"被正式写入党的二十大报告，成为党和国家的明确意志。为全面分析河南省内拔尖创新人才培养方面的现状，了解拔尖创新人才培养过程中的成功经验和存在问题，帮助各培养单位提升人才培养质量，助力学生创新能力发展，特此开展本次调研。您的回答将有助于我们了解拔尖创新人才培养中的真实情况，发现急需解决的问题，提升课题研究结论的科学性。本次调查为匿名调查，我们将对您的答题信息严格保密，请放心如实作答。衷心感谢您的支持与配合！

1. 您的性别：（　　）

   A. 男　　　　　　　　　　B. 女

2. 您的身份是：（　　）

   A. 高中学生　　　　　　　B. 初中学生

3. 您的学历是：（　　）

   A. 高中　　　　　　　　　B. 初中

   您知不知道拔尖创新人才培养？如果知道继续作答，如果不知道下边问题不用作答。

4. 您觉得您的拔尖创新精神在哪个学习阶段培养比较合适？（　　）

   A. 越早越好　　　　　　　B. 就是现在

C. 到了大学也可以　　　D. 工作以后

5. 如果学校的中学生拔尖创新人才贯通培养举措和应试教育相冲突，您还会支持吗？（　　）

　　A. 全力支持　　B. 观望态度　　C. 屈从应试

6. 您认为创新能力对现在的中学生来说是否重要？（　　）

　　A. 十分重要　　B. 不太重要　　C. 无所谓

7. 您觉得学校能够作为拔尖创新人才培养的场合有哪些？（多选题）（　　）

　　A. 常规课堂教学

　　B. 社团活动

　　C. 文艺会演

　　D. 艺术教育

8. 您认为目前的教育环境、教育政策在拔尖创新人才的培养方面主要的障碍有哪些？（多选题）（　　）

　　A. 过于注重应试

　　B. 贯通培养课程体系设置不合理

　　C. 缺乏贯通培养理念

　　D. 轻视创新，过于功利

　　E. 缺乏贯通培养计划

　　F. 贯通培养管理制度不完善

　　G. 贯通培养质量难以保障

请检查一下，看是否存在遗漏。
再次感谢您的合作与配合，谢谢！

拔尖创新人才贯通培养问卷调查

（专科以上学生版）

您好！"全面提高人才自主培养质量，着力造就拔尖创新人才"被正式写入党的二十大报告，成为党和国家的明确意志。为全面分析河南省内拔尖创新人才培养方面的现状，了解拔尖创新人才培养过程中的成功经验和存在问题，帮助各培养单位提升人才培养质量，助力学生创新能力发展，特此开展本次调研。您的回答将有助于我们了解拔尖创新人才培养中的真实情况，发现急需解决的问题，提升课题研究结论的科学性。本次调查为匿名调查，我们将对您的答题信息严格保密，请放心如实作答。衷心感谢您的支持与配合！

1. 您的性别：（   ）

    A. 男　　　　　　　　　　B. 女

2. 您的身份是：（   ）

    A. 专科学生　　　　　　　B. 本科学生

    C. 硕士研究生　　　　　　D. 博士研究生

3. 您的学历是：（   ）

    A. 专科　　B. 本科　　C. 硕士　　D. 博士

    您知不知道拔尖创新人才培养？如果知道继续作答，如果不知道下边问题不用作答。

4. 在您的学习过程中，你是否得到了足够的创新教育和贯通培养

支持？（　　）

  A. 是   B. 否

5. 您是否认为拔尖创新人才的创新意识及能力会随着时间的推移而变化？（　　）

  A. 创新意识及能力越来越弱

  B. 会，创新意识及能力越来越强

  C. 不会，创新意识及能力没有明显变化

  D. 不清楚

6. 您认为我国在哪个领域最急需培养贯通创新人才？（　　）

  A. 经济   B. 科研   C. 教育   D. 政治

7. 如果有关于创新精神的讲座和课程，您是否愿意参加？（　　）

  A. 十分愿意，可以提高我的自身水平

  B. 愿意，如果时间、地点都方便的话，我会参加

  C. 不太愿意，除非有必要，否则我不会参加

  D. 很不愿意，我认为是浪费时间

8. 您认为拔尖创新人才贯通培养体系中的导师指导对学生的影响是：（　　）

  A. 非常重要 B. 重要   C. 一般   D. 不重要

9. 您认为创新人才贯通培养的重要性体现在哪些方面？（多选）（　　）

  A. 提升学术研究能力

  B. 培养创新创业精神增强

  C. 问题解决能力

  D. 培养团队协作能力

  E. 激发创造力

  F. 加强实践能力

10. 如果您觉得创新教育和贯通培养支持不足，请选择你认为需要改进的方面：（多选）（　　　）

   A. 制订完善的培养计划

   B. 提升创新教育培养理念

   C. 加强培养支持的质量保障

   D. 完善培养环境的管理制度

   E. 加强创新教育的课程体系建设

   F. 提供更多学术研究平台和资源支持

11. 您认为拔尖创新人才贯通培养体系应注重培养以下哪些能力？（多选）（　　　）

   A. 创造力　　　　　　　　　B. 团队合作能力

   C. 解决问题的能力　　　　　D. 批判性思维能力

   E. 沟通和表达能力　　　　　F. 实践和动手能力

12. 您认为影响拔尖创新人才贯通培养的个人因素包括哪些？（多选）（　　　）

   A. 道德品质高尚

   B. 世界观、人生观、价值观正确

   C. 理想抱负远大

   D. 奋斗目标明确，知识结构合理

   E. 智商高

   F. 情商高

   G. 创造力强

13. 您认为影响拔尖创新人才贯通培养的环境因素包括哪些？（多选）（　　　）

   A. 名师指导，团队密切合作　　B. 培养模式独特

   C. 政策措施有力　　　　　　　D. 科研条件优越

E. 环境宽松　　　　　　　F. 学术民主激励机制

　　G. 健全评价体系　　　　　H. 科学国际交流与合作

14. 您认为拔尖创新人才贯通培养的内部规律包括哪些?（多选）
　　（　　）

　　A. 理想抱负远大　　　　　B. 奋斗目标明确

　　C. 主攻方向稳定　　　　　D. 优势不断积累

　　E. 智能结构优化　　　　　F. 非智力因素良好

　　G. 开拓进取精神强　　　　H. 创新能力不断提高

　　I. 黄金年龄效应

15. 您认为拔尖创新人才贯通培养的外部规律包括哪些?（多选）
　　（　　）

　　A. 名师指导　　　　　　　B. 名校培养

　　C. 培养模式独特　　　　　D. 团队良好合作

　　E. 环境宽松　　　　　　　F. 学术民主激励机制健全

　　G. 科研条件优越　　　　　H. 国际合作与交流

16. 在您的学习过程中，你参与过以下哪些创新项目或实践活动?
　　（多选）（　　）

　　A. 科研项目　　　　　　　B. 创业项目

　　C. 开源项目　　　　　　　D. 社会实践

　　E. 创新竞赛　　　　　　　F. 实习项目

　　G. 其他

17. 您认为目前我国在拔尖创新人才贯通培养方面存在的主要问题
　　是什么?（多选）（　　）

　　A. 教育体制僵化　　　　　B. 管理过死

　　C. 约束过多　　　　　　　D. 教学内容陈旧

　　E. 教学方法呆板老套　　　F. 教学形式单一

G. 形式主义严重　　　　　　H. 考评制度不合理

I. 部分强调全面发展　　　　J. 高水平教师的作用发挥不够

K. 课程设置不合理

18. 您认为阻碍拔尖创新人才贯通培养及成长的主要原因是？（多选）（　　）

    A. 高校自主权不大

    B. 高校管理行政化

    C. 人才选拔机制不科学

    D. 遵循教育规律不够

    E. 教育观念成就功利主义负面影响

    F. 盲目扩招

    G. 降低人才质量

    H. 过分强调教师权威

19. 请分享您对拔尖创新人才贯通培养体系的建议。（请填写具体内容）

请检查一下，看是否存在遗漏。

再次感谢您的合作与配合，谢谢！

致　谢

　　党的二十大报告明确提出，要"全面提高人才自主培养质量，着力造就拔尖创新人才"。拔尖创新人才培养已经成为国家重要发展战略。重视人才培养，强调人才培养质量，是我国教育改革和发展多年来一直坚持的目标和方向。2019年2月，我和刘军伟博士在《光明日报》合作发表了一篇题为《培养拔尖创新人才 要加强高校师生互动与协作》的文章。自此以后，我对拔尖创新人才培养有了更深入的思考。

　　2023年10月13日，我主持申报的河南省教育科学规划重大招标课题"河南省拔尖创新人才贯通培养研究"顺利中标。既出于大学教师的社会责任感与使命感，又出于对拔尖创新人才培养的期望、思考、实践，还出于完成自己的课题结项任务的考虑，经过不懈"劳作"，奋"力"敲打键盘，终于敲完了本书的最后一个字符，完成了这本呈现在大家面前的拙作，有一种如释重负的感觉，更是感慨万千！

　　不少人都说，"评过了教授，拿到了国家社科基金项目，该歇歇脚了"。我也确实"懈怠"了一段时间。没有想到，这一歇就是8年。但是，2020年10

月，我中标了河南省教育科学规划重大招标课题"当代大学生网络犯罪预防机制研究"后，我对学术的热爱之情，又像那干裂柴火一样燃烧起来。

本书从选题、研讨、撰写、初具雏形、修改直至最终定稿、完成，付梓之际，有许多感慨、感谢之言，不由自主地喷涌而出：

我在华中科技大学读博士期间，"大视野、大智慧、大手笔"的博士生导师刘献君教授倡导的"在调查中就会喷发和涌现"的研究理念，让我受益终生！感谢刘老师！

我有幸在华中科技大学和现任中国人民大学教育学院院长、教育评价研究中心主任周光礼教授相遇、相识并成为周老师的博士生！周老师和蔼的态度、优雅的谈吐、热情的鼓励，深深地感动了我。周老师渊博的专业知识、新颖的学术观点、犀利的剖析角度都令我折服，给予了我莫大的自信心、强烈的干劲儿。2008年博士毕业至今，我从事科研的一切动力、源泉都来自我尊敬的周老师对我的潜移默化的影响！本书的完成离不开周老师为我打下的坚实学术基础，在此诚挚地感谢周老师！

河南省教育科学规划与评估研究院院长、教授成光琳女士，河南省教育科学规划领导小组办公室韩和明主任、王惠娟主任，河南省教育科学规划与评估研究院重大教育研究室徐宏升主任、刘丽主任，是您们肯定了我的选题，并参加开题、中期管理。谢谢你们，辛苦了。请放心，我一定带领课题组高质量地完成研究报告，顺利结题。

感谢河南省教育科学规划重大招标课题"河南省拔尖创新人才贯通培养研究"的开题评议专家们：河南省教育科学规划与评估院教育发展研究室徐宏升主任和刘丽主任、华中师范大学王学教授、河南科技大学田虎伟教授、河南理工大学范如永教授、许昌学院张笑涛教授，在百忙之中，专家们抽空参加课题开题报告会，提出真知灼见，使课题组"茅塞顿开"，课题得以顺利开题、有序进行。谢谢开题评议专家们！

感谢中原工学院高等教育研究所所长张明教授、张丽娜副所长和崔守众老师为课题开题、管理等事宜，进行了充分而富有成效的工作。谢谢你们！

感谢中原工学院法学院、知识产权学院王肃院长、曲光华书记、张金艳副院长、柴国生副院长、付琛瑜副院长、陈义珊副书记，让我在法学院这个大家庭有了宽松、舒适的学习工作环境，能够潜心于"拔尖创新人才贯通培养"这个课题的研究。同时，感谢法学院法律系王强主任和全体老师，我们一起相处，其乐融融。谢谢大家！

感谢中原工学院网络空间安全学院的夏冰老师，您精湛的技术专长与我所从事的社科课题研究之间的巧妙融合，每一次深入的交流与思想火花的激荡，都引领我探索并涉猎了全新的知识领域。您的宝贵见解与无私分享，为课题的顺利推进注入了源源不断的灵感与动力。在此，向您表达我诚挚的谢意！

感谢河南师范大学于庆生老师、河南财经政法大学杨金花老师、河南牧业经济学院宋平老师、河南工程学院芦伟老师、中原工学院杨方超老师、孙敬霞老师在问卷发放统计过程中提供的帮助，为课题的顺利推进打下了坚实的基础。谢谢你们！

感谢我指导的硕士研究生郑金良、张羽、徐超、尼涵、段怡珂、尚明启、姜明靖、李少博、姜默晗、张申是等同学们在河南省教育科学规划重大招标课题"河南省拔尖创新人才贯通培养研究"的申报、答辩、开题、中期检查，调查问卷的设计、发放、汇总、统计、分析，花费宝贵时间和精力。在与你们相处的时光里，虽说我履行了教育、管理你们的职责，但你们也让我感受到"知识更新如此快，不须扬鞭自奋蹄"，真正实现了教学相长。谢谢同学们！

特别感谢我的妻子袁巧玲女士，我们相识 30 多年来，在我求学的道路上，给予了我无尽的支持、鼓励，尤其是默默无闻的奉献，使我完成了硕士、博士、博士后求学的"艰难历程"。写作期间，她承揽了做家务的重任，让我能够全身心地沉下心来，完成书稿。在此说一声她听不到的谢谢！

课题研究、书稿写作过程中，我的外甥宝宝悠悠来到了这个世界，给我的生活、学习带来了一定的"不适应"。但，更多的是带来了欢喜、快乐！看到宝宝听到我给他说"书中自有黄金屋，书中自有颜如玉"的"高兴样"的时候，我的困意陡然消失。在此，祝宝宝茁壮成长！

弥足珍贵的谢谢送给我的合作伙伴北京外国语大学公钦正博士、中原工学院法学院、知识产权学院 2024 年度国家奖学金获得者尼涵女士，几次思想火花的"碰撞"，我们之间竟然结出如此灿烂而又让人难以忘怀的"果子"——《服务拔尖创新人才培养的 PBL 教学模式构建与实践》一书。本书的出版完全是"老""小"合作的杰出成果！谢谢二位！

特别感谢知识产权出版社彭小华编辑，本书的出版离不开您的鼎力支持，感谢您认可本书的选题。感谢您对本书稿子的编辑和定稿的辛勤付出。本书能够按期出版，离不开您的大力帮助。道一声特别的谢谢！

是为后记。

吴殿朝

2024 年 11 月 1 日

于郑州·工人新村寒舍